αplus《アルファ プラス》

入試突破

古文解釈詳解

10のレッスン

谷島康敬 編著

開拓社

はしがき

古文の学習とは、古文単語や用言・助動詞などの古文語法を覚え、さらに、古文解釈を繰り返すという慣れによってセンスを磨き、その結果、自力で古文解釈できる力が身につくようになると考えている人が多いことでしょう。しかし、演習量を増やし、古典文に慣れ親しんだとしても、なかなか自力で論理的に古文解釈できるようにはならないのです。

自力で古文解釈できる力は、演習量や慣れによって自然と身につくはずはなく、《単語や語法などの知識を古文解釈に運用する方法》《語句の係り承け》《SP関係》などを論理的に正しく理解し、その一貫した論理に基づいた古文解釈を常に実践していくことによって身につくものだからです。

本書は、論理的に矛盾なく自力で古文解釈できるようになる方法を、基礎のキソから高度な内容まで網羅してありますので、単語や、用言、助動詞などの語法用語を覚えたものの、古文解釈になるとまったく手も足も出ない方々にも喜んでいただけると思います。

また、本書は、一字一句をも蔑ろにせず現代語訳をする姿勢、語学的に正確な理解をしていくために本文に忠実な現代語訳をする姿勢を終始貫いております。それは、古語の意味とその用法が現代語訳という形で表現できた時に、はじめて古文がわかったと実感でき、それが自信へとつながるからでありますす。センスやカンに頼り、状況論で片づけ、曖昧な箇所を残し、なんとなく内容がつかめたとか、なんとなく訳せたという程度では、それは何もわかっていないことに等しく、不安が募るばかりとなってしまいます。わずか一語でも不明な点を残してはいけません。最初は、一語一語じっくり学ぶことはかなりの時間を要するかもしれません。しかし、その繰り返しによって、やがて高速学習に結びつき、試験時間内処理に到達するようになるのです。本書を仕上げた後、開拓社既刊の『古文解釈トレーニング』をチャレンジしてみると、スムーズに読み解けていると実感できると思います。

なお、本書は、実際の大学入試問題をそのまま使用することも、また、出題傾向や出題頻度などを記すこともしておりません。それは、入試で初めて目にする未知の古文であったとしても、論理を通して矛盾なく解釈できる力を身に付けていれば確実に点数に結びつくからなのです。また、それこそが《本物の実力》であるのです。実際の入試問題に触れることで、既習の問題に出会うことを期待したり、既習の問題に出会うことを予期した受験校決定をしたり、また、その程度の学習で古文がわかったなどと喜び安心したり、というのではあまりにも軽佻浮華な学習にすぎません。

本書を利用することで、古文解釈のために必要な方法や技術を身に付け、初めて目にする未知の古文が出題されたとしても、自信をもって読み解くことができれば著者としてこれ以上の喜びはありません。なお、本書は国語学出身の先生方の御尽力により完成しました。改めて謝意を申し上げます。

二〇一一年　一二月　谷島康敬

目次

重要項目索引

レッスン 1

助詞・名詞の補訳

■逐語訳

古文学習において、最も効果的な学習は**逐語訳を常に作る**ことである。逐語訳とは、**置換法による解釈**、つまり、古語の一語一語を、原則として語順を換えることなく、現代語に置き換えることである。

逐語訳＝置換法による解釈

古語	＿甲＿	＿乙＿	＿丙＿	（そこら　の　うつくしき　人）
	⇩	⇩	⇩	⇩　⇩　⇩　⇩
現代語	＿＿＿	＿＿＿	＿＿＿	（たくさん　の　かわいらしい　人）

たとえば、右の板書のように甲乙丙と古語が並んでいた場合、それを現代語にする際には、語順をかえることなく置き換えることである。つまり、「そこらのうつくしき人」とあった場合には、「たくさんのかわいらしい人」と置き換えるのである。それは、古語も現代語も同じ日本語であるので、原則的に語順は変わらないからである。一部、現代語にはない用語・用法などを訳出する際に、語順を変え

なくてはならないこともあるが、まずは原則としてこの置換法による解釈を常に心がけることである。

■助詞の補訳

現代語に置き換える際に、古典文中には記されていないが、そこに特定の語を補わないと訳出できないことがある。その際に、特定の語を補うことを**補訳**という。この補訳は、感覚で何となく補ってよいものではない。どんな時にどのような語を補訳するのかをあらかじめしっかりと定め、それ以外は補ってはならない。

まず、その一つとして、**助詞の補訳**がある。ただし、助詞を補訳するといっても、自由な場所に自由に助詞を補うことはできず、一定の法則がある。

助詞の補訳
……名詞〈助詞〉＋助詞以外
(例)
花〈が〉散る。
花〈を〉見る。

現代語では名詞の下に助詞を伴うのが普通であるが、古文においては、特に「は」「が」「を」などの助詞を非表出にすることが多い。もちろん表出することもあるが、古文においては非表出であって

もかまわないのである。そこで、現代語訳をするにあたり、名詞の下の助詞が非表出の際には、係りどころ（＝意味上・語法上つながるところ）をおさえて、そこに助詞を一語補うことになる。たとえば、板書内例文［花散る］は、係りどころ［散る］との関係から「が」などを補訳し、「花が散る」と訳出する。一方、［花見る］であれば、［見る］との関係から「を」を補訳し、「花を見る」と訳出するのである。なお、時を表す表現の下には現代語も助詞を表示しないことがあるように古語も同様に助詞をおかなくてもかまわない。

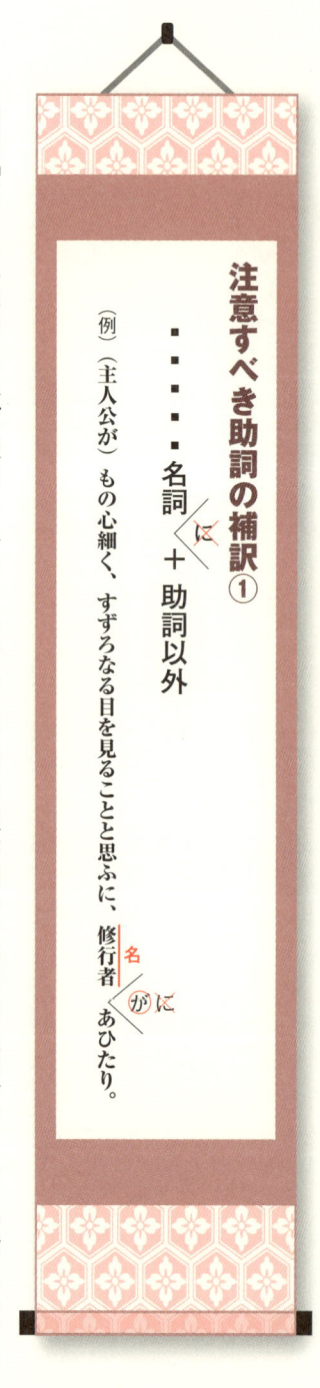

また、原則として助詞の**「に」を補訳することはない**。

注意すべき助詞の補訳①

■■■■■名詞〈~~に~~〉＋ 助詞以外

（例）（主人公が）もの心細く、すずろなる目を見ることと思ふに、修行者〔名〕〈が・~~に~~〉あひたり。

助詞「に」は必要であれば表示されるものである。右の板書内の用例は、誤訳してしまいがちな、『伊勢物語』第九段の一節である。［もの心細く、すずろなる目を見ることと思ふに］は、「（これから主人公が入ろうとする道は）なんとなく心細く、思いがけないめを見ることだと考えている時に」の意であり、それを承けて［修行者あひたり］と記されている。いうまでもなく、名詞［修行者］の下に助詞を補う必要があるのだが、そこに「に」という助詞を補い、主人公である男が「修行者に会った」と誤った訳出をしてしまいやすい。ここは、助詞「が」を補って「修行者が会った」と訳出するところである。一見すると、不自然な訳出に思えるかもしれないが、古文における「会ふ」という語は「相手がこちらに会う」または「相手が主人公に会う」の意で用いることもある。現代語で試すと「今日友達が会う」「彼女が会う」という具合である。ここもそうであり、「修行者が（男に）会った」と訳出しなくてはならない。他にもう一例あげておく。

（例）今は昔、もろこしに、孔子道を行き給ふに、八つばかりなる童あひぬ。（『宇治拾遺物語』）

通釈—今となっては昔、唐の国で、孔子が道中を歩きなさっている時に、八歳ぐらいである童が会った。

解説—傍線部の主体を孔子とし、孔子が童に「あひぬ」としたいのであれば、そこには尊敬語がほしいものである。すると、ここは敬語対象者である「孔子」が客体となるので謙譲語が出なくてよいのかと思うかもしれないが、謙譲語は存在していたときに客体を意識するものであって、なくても斟酌《しんしゃく》する必要はないのである。よって敬語の不一致とはみなさない。（なお、敬語に関してはp.140・敬語の不一致に関してはp.251参照）

■名詞の補訳

第二の補訳として**名詞の補訳**がある。

連体形という活用形は、下の体言（名詞）に意味上係る形であり、そのはたらきから名付けられたものである。たとえば、「咲く花」の「咲く」は名詞「花」に係るところから、連体形であるとわかる。

この用法のことを**連体法**という。

ところが、連体形は常に名詞に係るのが当然なので、係りどころの名詞を表出せずに、連体形そのものに名詞を含みこませる用法として使われるようにもなる。この用法を**準体法**と呼ぶ。

古文においては、準体法が数多く存在するが、現代語には原則として準体法は存在しない。よって、現代語訳をする際は、名詞を補訳しなければならない。

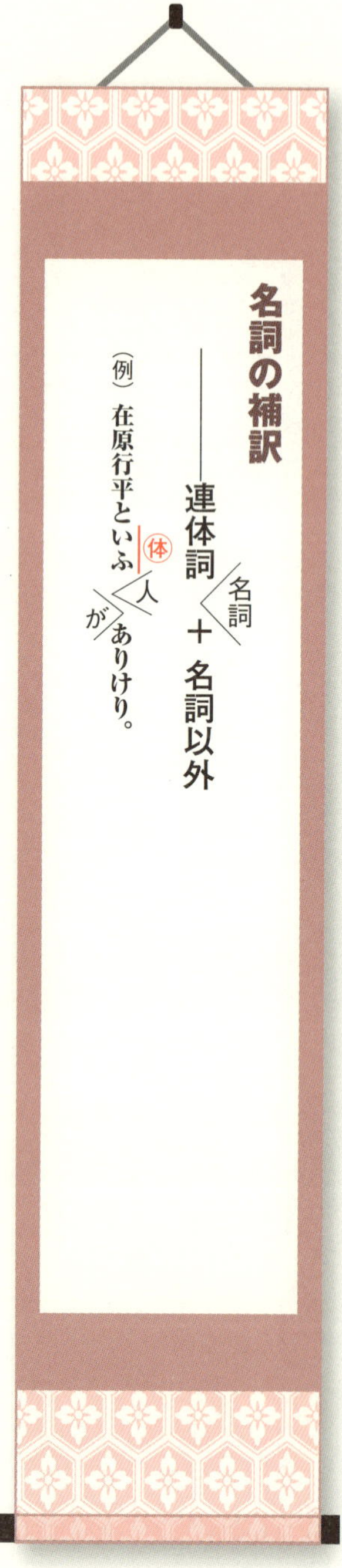

なお、補う名詞の決定は、助詞の補訳と同様に係りどころとの関係から決定するとよい。また、名詞の代用として扱うことができる助詞「の」を補ってもよい。

それでは、右板書内の例文［在原行平といふありけり］を用いて逐語訳を試してみる。まずは、置換法による解釈に従って上から現代語訳をすると、連体形［いふ］の係る名詞が非表出になっていると気付く。いうまでもなく準体法である。そこで、［いふ］の下に名詞「人」などを補訳してみる。すると、名詞「人」を補ったものの、その下にあるはずの助詞も非表出であるとわかるので、助詞の「が」

を補訳する。こうして、「在原行平という人がいた」という現代語訳が完成する。

このように、逐語訳をする際に、どうしても語を補訳しなくてはならないのは、助詞と名詞なのである。この方法に基づくことで逐語訳は原則として可能となる。

すると、助詞や名詞の補訳以外にも古文には省略が多いのではないか、と思うかもしれないが、それは省略が多いというのではなく、「言う必要がないので言わないで済ましている」だけである。現代語においても、たとえば、交際している恋人に向かって、「私はあなたを」という関係を出さなくても、単に「好きだよ」といえば伝わるのである。これは、古語にも現代語にも共通して起こりうるものであり、前者の省略とは本質的に異なるものである。

《実践演習》 次の文を逐語訳せよ。

① 夕暮れは火の燃え立つも見ゆ。（『更級日記』）

② 吉野を出でて、奈良の都ゆかしく侍りて、（『吉野拾遺』下）

③ 絵仏師良秀といふありけり。（『宇治拾遺物語』）

《解説・解答例》

① ［火の燃え立つ］の［の］は格助詞で、用言に係っていく際は主格の用法（p.31参照）で「が」と訳出する。［燃え立つ］は連体形であり、係りどころの名詞がないので準体法とみる。よって、「様子」または「様」「の」などを補訳してみるとよい。［見ゆ］は下二段活用動詞で、上一段活用動詞［見る］

に、上代の自発・可能・受身の助動詞［らゆ］がついて［見らゆ］となり、それが［見ゆ］となったもの。よって、「見る」という意に自発や可能、受身の意味を含んだ「見える・見られる」などと訳す。なお、この［見ゆ］は使役的な意味も加わって「見せる」と訳出することもあるので注意を要する。

解答

夕暮れは火が燃え上がる様子も見える。

② ［ゆかしく］は、形容詞［ゆかし］の連用形である。ある対象に心がひきつけられ、そこに心が行く状態が［ゆかし］である。「見たい・知りたい・聞きたい」などと訳すとよい。ここでは「見たい」または「知りたい」の意。ここで注意すべきことは、名詞［都］の下に助詞がないので、そこに助詞を補訳することになるが、「都を見たい」としてはならないことである。それは、形容詞は目的語を必要としないので、助詞の「を」を補訳することはできないからである。

注意すべき助詞の補訳②

——名詞（~~を~~）＋形容詞

よって、［都ゆかし］は名詞［都］の下には助詞「が」を補って「都が見たい」「都が知りたい」と訳出するとよい。現代語においても、「富士山を美しい」とか「ハンバーグを美味しい」などと目的

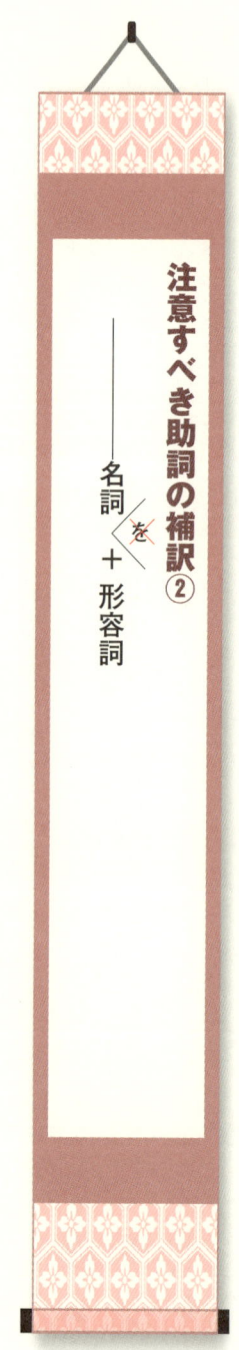

語を用いることはないので自明であろう。
なお、形容詞についた［侍り］は、文法的には補助動詞であるが、訳出の際は［あり］の丁寧語とみなし、「あります・おります・います・ございます」という訳語をあてるのが最善である（p.170参照）。

解答　吉野を出て、奈良の都が見たくございまして（＝見たいと思いまして）、

③　［いふ］は連体形である。係りどころの名詞が非表出なので準体法である。よって、名詞「人」などを補うとよい。すると、助詞も非表出であるとわかるので、その下に「が」などの助詞を補うとよい。

解答　絵仏師良秀という人がいた。

レッスン2

SPの係り承け

■SPの係り承け

古文解釈をしていると、とりわけ難しい古文単語や語法がないにもかかわらず、文全体の意味・内容がつかめなかったり、「誰が」「誰に」「誰を」などという人物関係がつかめなかったりするときがある。単に、古文単語や語法が難しいのであれば、それらの知識を十全にすることで処理できるが、比較的平易な古文単語や語法であった場合、意外にも処理方法がわからずに右往左往してしまうものである。そのような際は、係り承けに着目し、大きく全体を見通すことが大事である。その中でも、主・述の関係（＝SP関係）や名詞の説明部をおさえることで意味や内容、そして人物関係などを把握できるようになる。そこで、このレッスン2ではSPの係り承けや名詞の説明部について考えることにする。

古文も日本語であるので、原則として文構造は現代語と同一である。主語（＝S）は述語（＝P）に意味上係るものなので、難解な箇所は、主語と、係りどころの述語を優先して考えてみるとよい（なお、二文節以上にまたがる場合は、主部・述部というのが本来だが、本書では便宜上まとめてS・Pという呼び方で統一する）。

まずは、基本的な文構造から順に説明する。

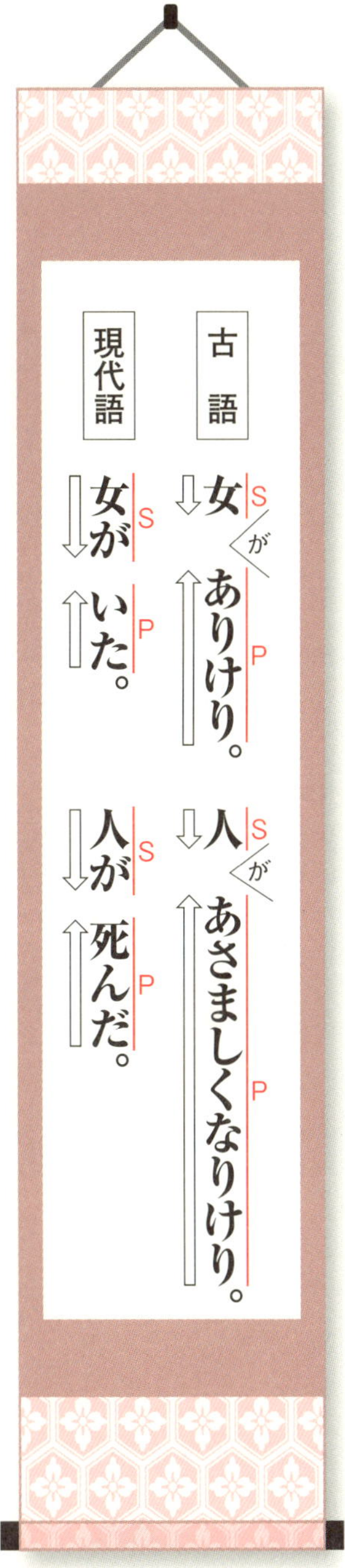

この板書の文は、S［女］の直下にP［ありけり］がくる最も基本的な文構造である。このような構造の場合は、SとPの関係が容易に把握できるので、古文単語や語法の知識力のみで、瞬時に現代語訳にたどりつくはずである。同様に、［人あさましくなりけり］であれば、［人］がS、［あさましくなりけり］がPとすぐに見抜けるはずなので、あとは、［あさましくなる］が「死ぬ」の意と判断できれば、「人が死んだ」と容易に訳出できるのである。

次に、この基本構造に語句を付け加えた例文をみることにする。

(例1) 男、かたゐなかに住みけり。（『伊勢物語』）

(例1)は［男］がSで、係りどころのPは［住みけり］である。そのSとPの間に［かたゐなかに］

という表現が入り込んだ形である。このように、日本語はSとPとの間に様々な語句を入れ込むことができる。この（例1）においては、間にはさまれる語句が「かたゐなかに」だけであるので、Sの係るPが見抜きやすいが、長い語句が入り込み複雑になることもある。ちなみに、この（例1）は「男が、辺鄙な地に住んだ」と訳出する。

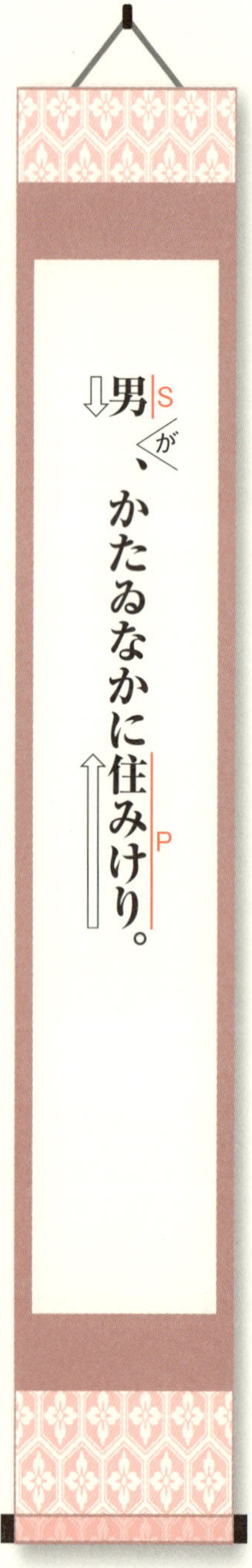

（例2）紀有常といふ人ありけり。（『伊勢物語』）

（例2）は「紀有常といふ人」がSで、係りどころのPは「ありけり」である。基本的にp.15の板書内例文「女ありけり」と同じ文構造だが、名詞「人」のみがSとなるところに、「人」の説明部として「紀有常といふ」を付け加えた形式である。

　このように名詞の説明部が付け加えられることで文構造が複雑に思われた場合には、名詞の説明部をまとめておくと内容がつかみやすくなる。ここは「紀有常という人がいた」という意。

なお、（例２）の構造を板書してみると次のようになる。

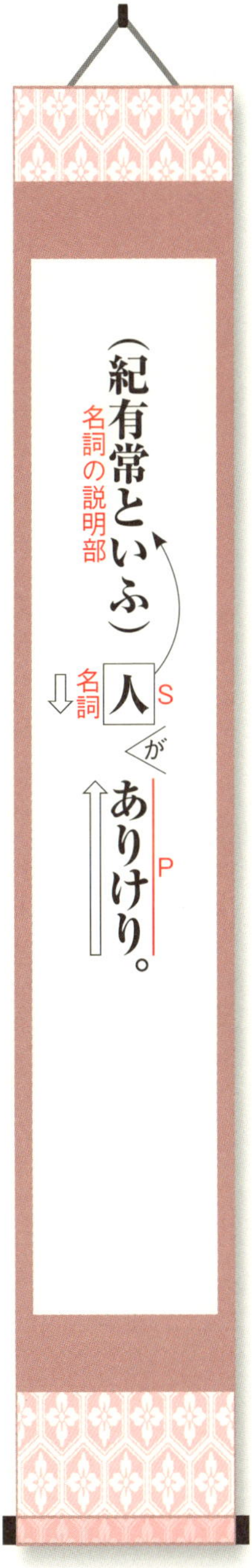

（例３）平中といふ色好みの、いみじく思ふ女の若く美しかりけるを、妻のもとに率て来て置きたり。

（『古本説話集』）

この（例３）は、「平中といふ」が名詞「色好み」の説明部であり、また、「色好みの」の「の」は主格を表す格助詞なので、「色好みの」がSとわかるのである。次に、係りどころのPを探すのだが、「いみじく思ふ〕または〔美しかりけるを〕には係らないとわかる。そこで、〔率て来て置きたり〕に係ると判断するのである。つまり、「平中という色好みが、…ひき連れて来て置いている」というSP関係を第一に捉え、その間に〔いみじく思ふ女の若く美しかりけるを〕という表現が入り込んだ構造とみるのである。

なお、〔いみじく思ふ〕は〔女〕の説明部である。普通、〔思ふ〕は〔「〜」と思ふ〕などという形となり、〔思ふ〕内容が記されるのだが、ここでの使われ方のようにその内容が記されていない場合、多く「恋しく思う・愛する」などの意となる。また、〔女の〕は〔美しかりける〕に係る。よって、この〔の〕は主格として捉えることもできるが、連体形〔ける〕の下に補う名詞が〔の〕の上接の名詞と同じ「女」であるので、同格とみなし「で」と訳してもよい。

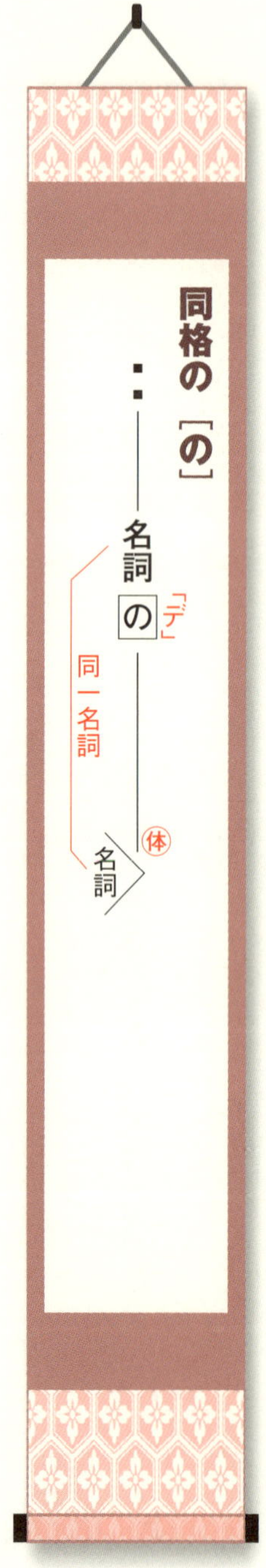

以上のことを板書にて図示しておく。

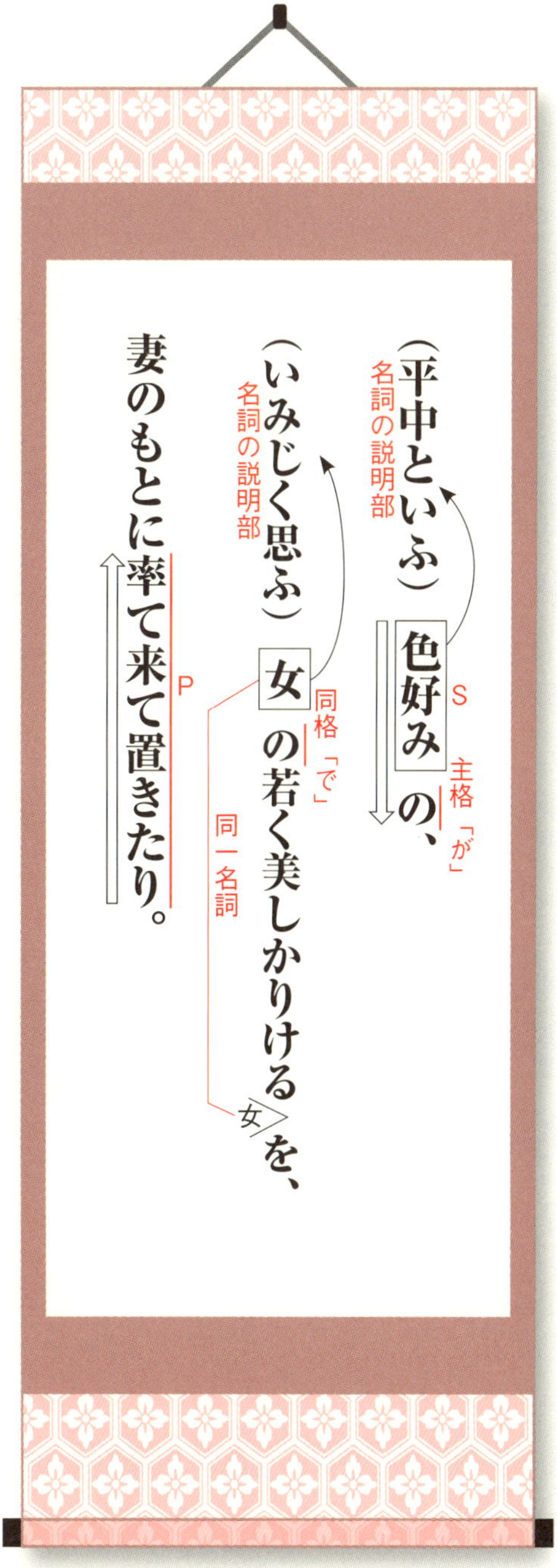

なお、この**（例3）**の現代語訳は「平中という色好みが、たいへん恋しく思う女で若く美しかった女を、妻の所にひき連れて来て置いている」となる。

■係り承け連鎖

主語が二連続となる文構造、いわゆる**係り承け連鎖**について考えてみる。この文構造が把握できないと、難しい単語や語法がなくても理解するのが困難となってしまう。

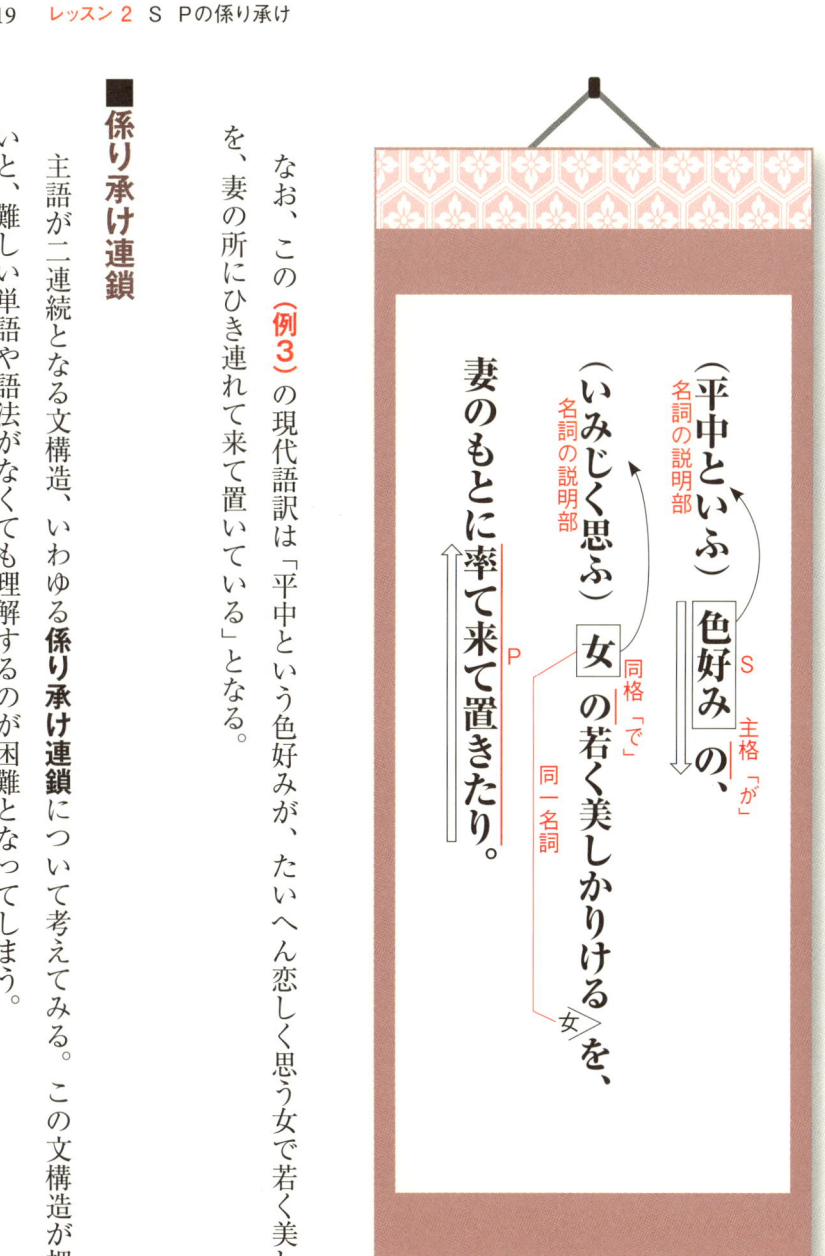

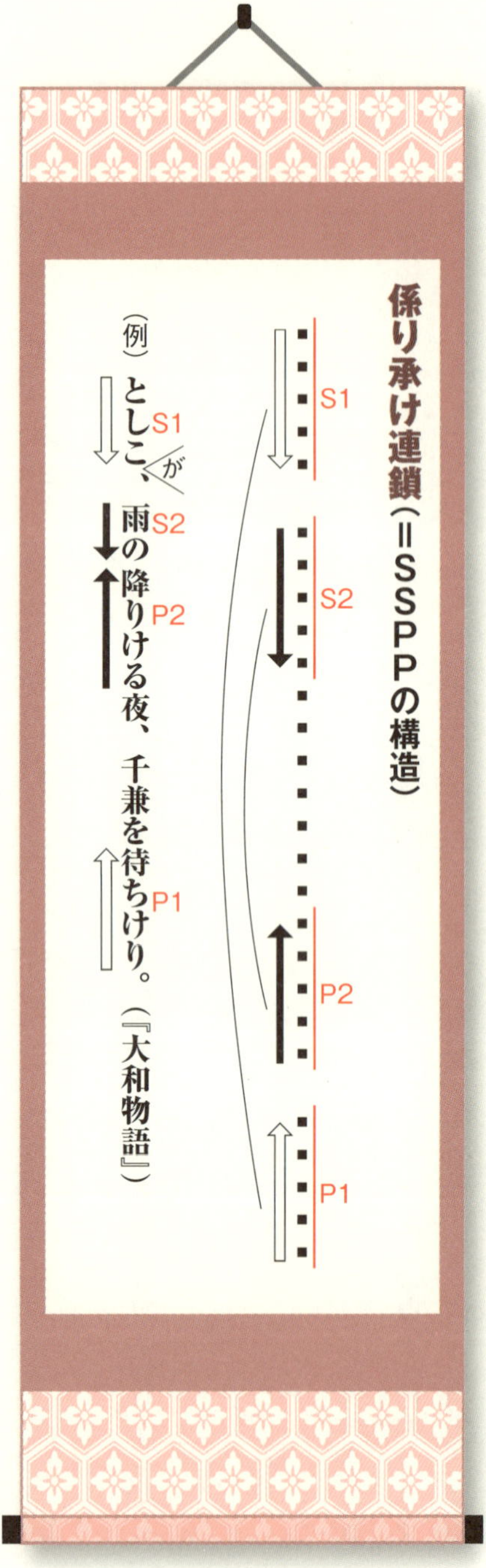

Sが二連続の構文の場合、主語S1は述語P1に係り、主語S2は述語P2へ係ることが多い。この構文を**係り承け連鎖**と呼ぶことにする。

実際に、板書内の例文「としこ、雨の降りける夜、千兼を待ちけり」を用いて説明してみる。まず、名詞「としこ」があるので、その下に助詞「が」などを補い、それをSと捉えることはいうまでもない。さらに、その下にS「雨の」があるので、これを係り承け連鎖と判断する。そこで、S1「としこ」はP1「待ちけり」へ係り、S2「雨の」はP2「降りける」へ係るとみる。すると、矛盾なく解釈することができるはずである。また、一つ手掛かりがみつかれば、次から次へとわかってくるもので、係り承け連鎖を見抜くことによって、「雨の降りける」は「夜」の説明部であると判断できる。

《実践演習》 次の文を逐語訳せよ。

① 女のあだなる男の形見とておきたる物どもを見て、（『伊勢物語』）

② 在中将、二条の后の宮、まだ帝にも仕うまつり給はで、ただ人におはしましける世に、よばひ奉りける時、（『大和物語』）

《解説・解答例》

① ［女の］も［あだなる男の］もSであるところから、係り承け連鎖として判断する。よって、S1［女の］はP1［見て］へ係り、S2［あだなる男の］はP2［おきたる］へ係るとみる。このように、どのSがどのPに係るのかを見抜くことで容易に解釈できるはずである。

なお、［あだなる］は形容動詞［徒なり］の連体形で「浮気だ」の意。反対の意として［まめなり］［まめやかなり］（＝「まじめだ」の意）がある。また、ここまで構造把握ができれば、［あだなる男の形見とておきたる］は［物ども］の説明部であると見抜けるはずである。

解答 女が、浮気な男が「形見だ」といっておいてある物などを見て、

② 名詞［在中将］、［二条の后の宮］の下に助詞がないので、それぞれ助詞を補訳すると、［在中将］も［二条の后の宮］もSであると見抜ける。よって、この文も係り承け連鎖と判断できる。そこで、S1［在中将］はP1［よばひ奉りける］へ係り、また、S2［二条の后の宮］はP2［おはしましける］へ係るとみる。すると、［二条の后～おはしましける］は名詞［世］の説明部と見抜けるはずである。このようにして、多少難解に思われる箇所は、最初にSPの係り承けを考え、その上で細かく単語・語法をみるようにするとよい。

なお、［ただ人］とは「普通の人」という意。［帝にも仕うまつり給はで］の［給ふ］は、その動作をする人（主体）を敬うためにおかれた尊敬語であり「～なさる」と訳出する（p.140参照）。ここの主体は「二条の后の宮」なので、「二条の后の宮」に対する敬意と見抜ける。また、［よばひ奉りける］の［よばふ］は「求婚する」の意、［奉る］は謙譲の補助動詞で「お～申し上げる」という意である。謙譲語とは動作の客体（「～を・に」という助詞が下につく）を敬うものである（p.142参照）。しかし、ここでは、敬うべき客体が記されていない。そこで、この文章において敬語を用いて敬っている人物（**敬語対象者**と呼ぶことにする）は二条の后の宮とわかるので、二条の后の宮に対する敬意と考える。つまり、「二条の后の宮に求婚し申し上げた時」とするのである。

なお、ここでおさえておきたいのは、「よばひ奉りける」の箇所に尊敬語が出ていないことである。よって、主体である「在中将」は敬意対象ではない（＝非敬語対象者）ということがわかるのである。

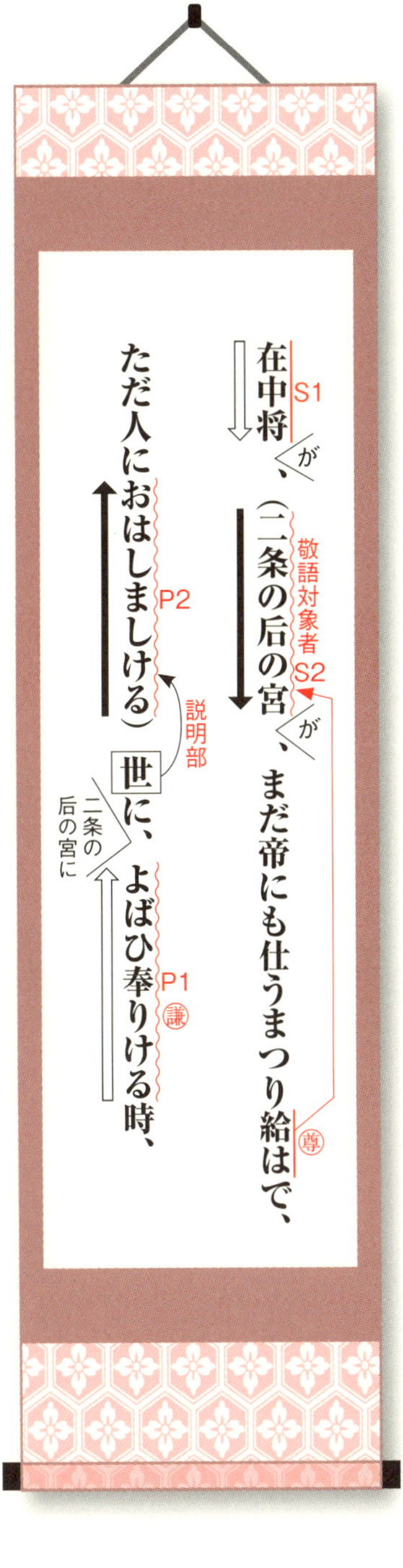

解答

在中将が、二条の后の宮が、まだ帝にもお仕え申し上げなさらないで、普通の人でいらっしゃったときに、求婚し申し上げた時、

■SPP構文

助詞や名詞を補訳する際に、係りどころとの関連性がよくわからないために何を補えばよいのか戸惑ってしまうことがある。それは次のような構文のときが多い。

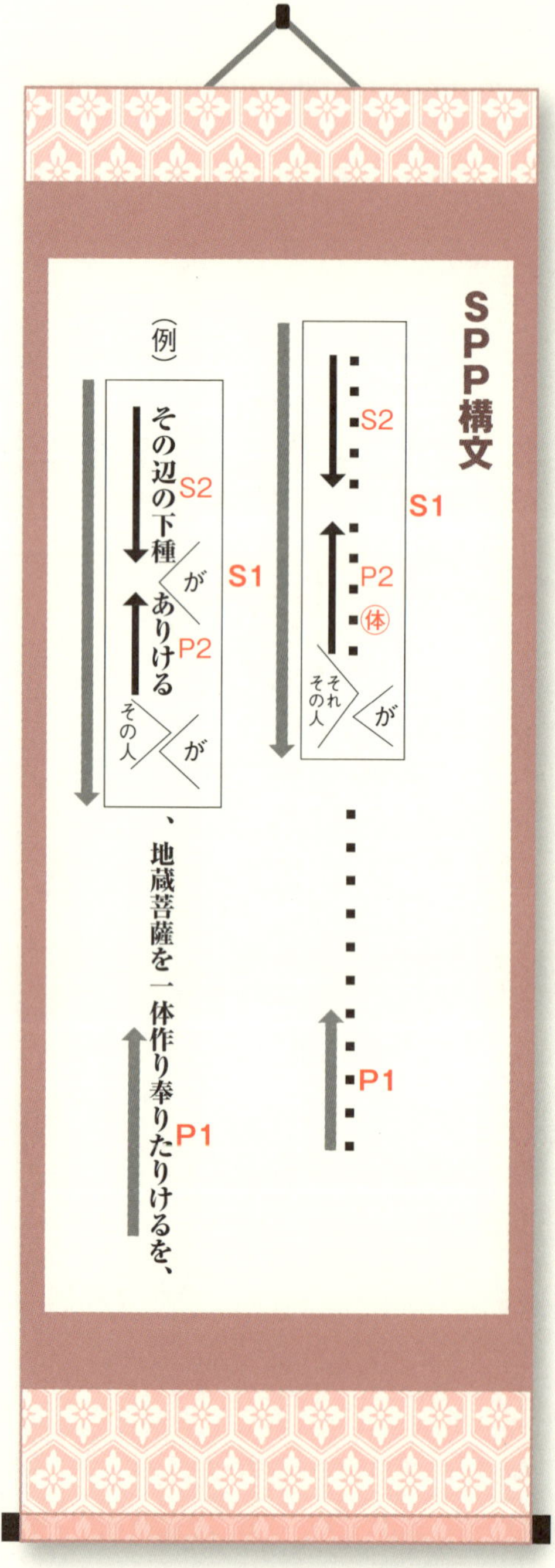

S2はP2に係るので、そこまででSP関係が成立していることはすぐに気付くはずである。ところが、P2は連体形である（＝準体法である）ので、その下に名詞と非表出の助詞を補訳することになるのだが、適当な語を補いにくいのである。そのようなときは、S2とP2をまとめてS1と捉え、その下のP1に

係る構造（＝**SPP構文**）と考える。その際は、「その人・が」または「それ・が」などの語を補うとよい。

それでは、板書内の例文で解説を付け加えておく。この例文は『宇治拾遺物語』の一節である。［下種］とは「身分の低い人」の意。［その辺の下種］がS2となり、P2［ありける］に係ることはいうまでもない。［ける］は連体形で、係りどころの名詞が非表出であるところから準体法とみる。よって、名詞を補訳し、さらに非表出の助詞も補訳しなくてはならないのだが、係りどころを見ても容易に補訳ができない。そこでSPP構文と判断し、［その辺の下種ありける］全体をS1と捉え、下のP1［作り奉りたりける］へ係ると考える。そして「その人が」などと補うことで、訳出は「その辺りの身分の低い人がいた、その人が地蔵菩薩を一体お作り申し上げていたが」となり、文意がつながる。もちろん、「その人」と補うのではなく、具体的に「身分の低い人」と補って、「その辺りの身分の低い人がいた、その身分の低い人が地蔵菩薩を一体お作り申し上げていたが」と訳してもかまわない。

《実践演習》次の文を逐語訳せよ。

帝の御娘、いみじうかしづかれ給ふ、ただひとり御簾のきはにたち出で給ひて、柱に寄りかかりて、御覧ずるに、

（『更級日記』）

《解説・解答例》

［帝の御娘］の下には助詞「が」などを補訳する。すると、［帝の御娘］がS2でP2［かしづかれ給ふ］に係ると判断できる。［かしづく］は「大切に育てる」の意。［れ］は受身の助動詞［る］の連用形（p.52参照）で「帝の御娘が帝にとても大切に育てられていらっしゃる」と訳出する。［給ふ］は連体形なのでその下に名詞を補訳し、さらに助詞を補訳しなくてはならない。補うべき語は係りどころとの関連性で決定するのだが、その係りどころは［たち出で給ひて］なのである。そこで、これもＳＰＰ構文と判断するのである。

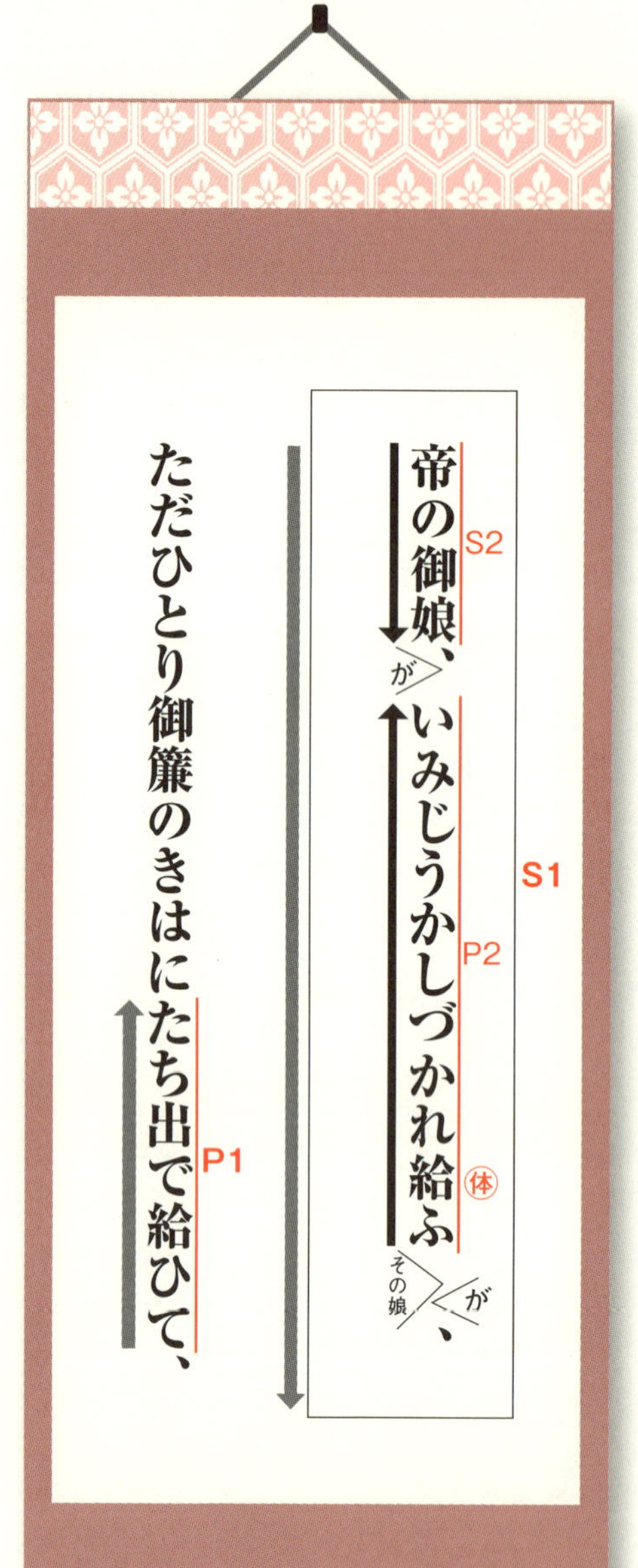

つまり［帝の御娘、いみじうかしづかれ給ふ］全体をS1と捉え、それがP1［たち出で給ひて］へ係ると考えるのである。なお、補訳すべき語は「その人が」または「その娘が」とする。あとは、［きは］が「端」、［御覧ず］が「ご覧になる」の意とわかり、連体形［御覧ずる］の下に名詞「とき」などを補訳することで訳出は完成する。

解答　帝の御娘が、とても大切に育てられていらっしゃる、その娘が、たった一人で御簾の端にお出になって、柱に寄りかかって、ご覧になるときに、

レッスン3

重要語法（助詞・助動詞）の用法

今回は、助詞や助動詞の用法について考えてみることにする。単に、活用表や職能（意味）、用法などを暗記することで済ますだけでは、古典文の中で助詞や助動詞を自身で発見し、処理する力は身につかず、また、語法用語に振り回されてしまい、なぜそこに助動詞や助詞が置かれているのかという本質の理解もできなくなってしまう。そこで、古典文の中で助詞・助動詞の用法を考えることにする。

■助動詞［たり］［なり］

《問題❶》次の文を逐語訳せよ。

富士川といふは、富士の山より落ちたる水なり。

（『更級日記』）

●富士川といふは

［富士川といふは］の［いふ］は連体形である。その下に係りどころの名詞が非表出なので準体法とみる。よって、「川」などの名詞を補訳し、「富士川という川は」と訳出するとよい。

●落ちたる水なり

［落ちたる水なり］の［なり］は、名詞についているところから、断定の助動詞とわかる。**名詞や連体形につく［なり］は断定の助動詞で、「である」または「だ」と訳出**するとよい（p.58参照）。

また、［落ちたる水］の［たる］は助動詞［たり］の連体形である。よく、この助動詞［たり］は、完了・存続の助動詞というが、**助動詞というものは、本来、一つの助動詞につき一つの意味しかない**のである。本質の理解がないまま、完了・存続などと覚えても、それは単に語法用語に振り回されているだけとなってしまう。そこで助動詞［たり］について詳説しておく。

この［たり］は、接続助詞［て］にラ変動詞［あり］が付いた［**てあり**］からできた語である。たとえば［咲きたる花］とあった場合、それは［咲きてある花］のことなのである。現代語に置き換えると「咲いている花」となる。また、「咲いている花」ということは、花が咲いた状態が続くことであり、そこから、**表現者がその動作・状態が継続しているという気持ちを表すために置かれる語**であるとわかる。

この助動詞［たり］は、**継続**の意を表す助動詞というのが本来なのである。また、「咲いている花」とは「咲いた花」と言いかえることもできるので、訳語としては「**ている**」または「た」のどちらをあててもかまわない。

なお、この助動詞［たり］を完了や存続の意というのは、本来の継続の意を用法上の相違から分類したものである。過去において起きた動作や状態の結果が現在に至るまで継続している際に、動作そのものは終了しているところから**完了**と分類し、また、過去に起こった動作や状態がそのまま現在に至るまで継続している際に**存続**と呼び分けるのである。よく、「た」と訳出した際は完了、「ている」と訳出した際は存続などと分類してしまいがちだが、たとえば、「咲いている花」も「咲いた花」も、また、「尖っている鉛筆」も「尖った鉛筆」も同じ意であって、「ている」「た」の訳語の相違からの分類はできないのである。この助動詞「たり」は、完了や存続などと分類することよりも、その動作や状態が継続しているということを理解しておくとよい。

助動詞「たり」の職能

(a)「てあり」→「たり」となったもの。

(b)本来の意味＝継続

(c)用法上分類
- 完了＝過去の動作や状態の結果が継続。
- 存続＝過去の動作や状態が現在まで継続。

(d)訳　出　＝～ている・～てある・～た

さて、ここの「落ちたる水なり」の「たる」は、富士の山から流れた状態が過去の時点からそのまま現在に至るまで続いていることを示しているのである。完了または存続に分類することよりも、富士

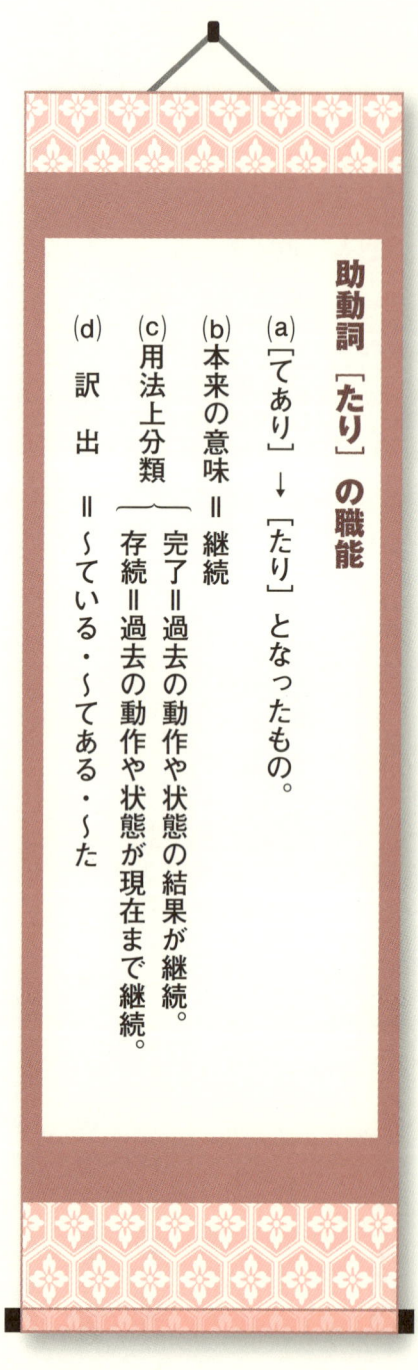

の山から流れている状態が現在に至るまで続いている、すなわち、継続ということをおさえた上で、解釈にあたるとよい。ここは、「富士の山から流れている水である」または「富士の山から流れた水である」と訳出する。

解答　富士川という川は、富士の山から流れている水である。

■格助詞［の］・係り結びの用法

《問題❷》次の文を逐語訳せよ。

人の語り出でたる歌物語の歌わろきこそ本意なけれ。

（『徒然草』）

●人の語り出でたる歌物語の

［人の］の［の］は**格助詞**である。この格助詞［の］が名詞に係る際は、その用法から**連体格**と呼び、「の」と訳す。また、動詞に係る際は、その動詞の主語のはたらきとなることから**主格**と呼び、「が」と訳す。その主格の用法の中で、係りどころの動詞の下に、［の］の上接の名詞と同じ名詞を補訳した場合は**同格**として捉えることもできる。なお、同格の［の］は「で」と訳出する。ここの［人の］は動詞［語り出づ］へ係るので主格と判断できる。

格助詞［の］

(a) 連体格＝……［の］……名詞　（訳＝～の）

(b) 主　格＝……［の］……用言　（訳＝～が）

(c) 同　格＝……名詞［の］………体 → 名詞　（訳＝～で）

（同一名詞）

ここは継続の意を表す助動詞［たり］があるので、その訳語もしっかりと表出し、「人が語り出している歌物語」と訳出する。なお、［歌物語の］の［の］は名詞［歌］に係るので連体格である。

●歌わろきこそ本意なけれ。

名詞［歌］の下に助詞が非表出なので、そこに助詞を補うことになるが、形容詞に係るので「を」を補うことはできない（形容詞は目的語をとらない）。ここは、「が」を補訳するとよい。また、［わろき］は、形容詞［わろし］の連体形で、「よくない」の意。係りどころの名詞がないので準体法である。下に「こと」などの名詞を補訳する。［こそ］は係助詞である。

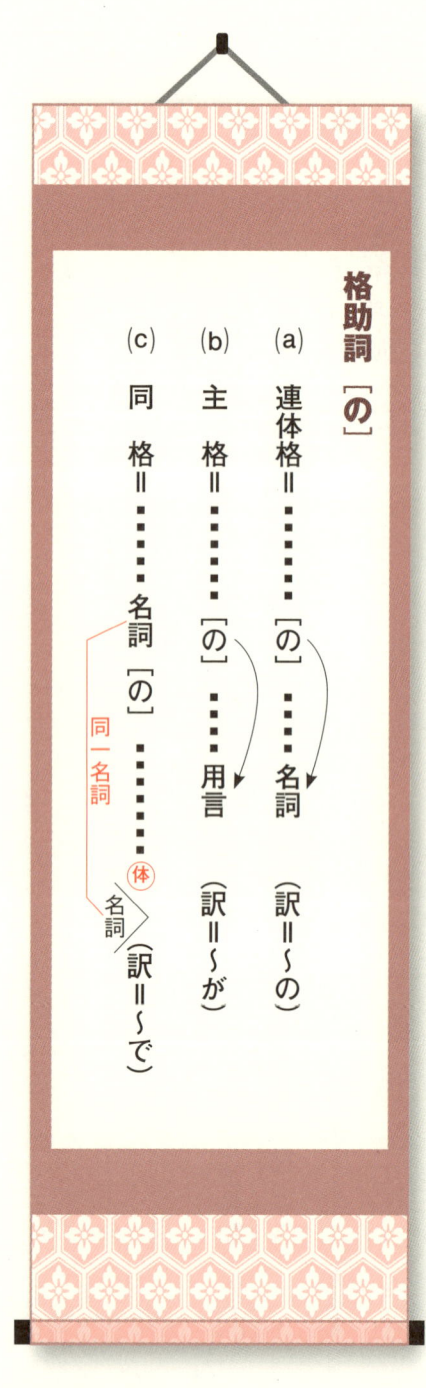

古文の**係助詞は［は・も・ぞ・なむ・や・か・こそ］がある**。この係助詞は、係助詞を含む文節全体で、下の用言に係る。そのうち、［ぞ・なむ・や・か］が文末の活用語に係る際は連体形で結ばれ、［こそ］の場合は已然形で結ばれる。これを**係り結び（の法則）**という。

係り結び（の法則）

［ぞ・なむ・や・か］――――連体形。

［こそ］――――――――已然形。

また、**［ぞ・なむ・こそ］は、この係助詞を含む文節を強めるはたらき**がある。たとえば、［花ぞ野に咲く］であれば［花］を強め、［花は野にぞ咲く］であれば［野に］を強めている。しかし、現代語においては、文節を強めるはたらきとなる係助詞は存在しないので、訳出の際は、強めている箇所を意識しながらも、係助詞をはずして（ないものとして）考えるとよい。たとえば、［花ぞ野に咲く］であれば、［花］を強めていると理解した上で、［ぞ］をないものとして扱う。すると、名詞［花］の下に助詞が非表出となるので、「が」や「は」などの助詞を補訳し、「花が野に咲く」などと訳出する。

係り結びの解釈（強意）

［―A―ぞ―B―・―A―なむ―B―・―A―こそ―B―］

意味＝強意（Aを強める）
訳出＝ないものとして考える

一方、**［や・か］は疑問の意**となる。［や］を用いた場合は、**［や］の係りどころ（左の板書内のB）を疑問**にしているのである。たとえば、［花や咲く］とあった場合、疑問の中心は［咲く］である。つまり、花があるのはわかっているが、それが咲いているのか、咲いていないのかを尋ねているということである。

また、［か］を用いた場合は、**その［か］を含む文節**（左の板書内のA）**を疑問**にしている。たとえば、［誰かある］とあった場合、人がいるのはわかっているが、それが一体誰であるのかと尋ねているのである。なお、現代語には疑問を表す係助詞が存在しないので、［ぞ・なむ・こそ］同様に、まずはないものとして扱い、さらに、**疑問の終助詞「か」を文末に添える**ことで疑問表現にする。

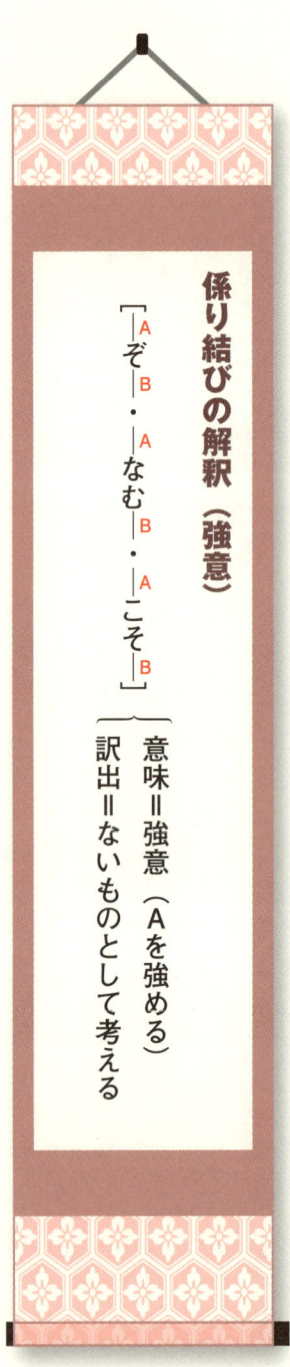

係り結びの解釈（強意）

「A―や―B・A―か―B」
（Bを疑問）（Aを疑問）

意味＝疑問（「や」はBを疑問・「か」はAを疑問）
訳出＝文末に疑問の終助詞「か」をつける。

この「や・か」は**反語**の意になることもある。

反語とは、疑問文の形をしている否定表現のことである。「**～か、いや～ない**」などと訳出するとよい。それは、反語は疑問文の形をしているので、まずは「～か」と疑問文のように訳出する。次に、疑問の形をしているが、実際は否定表現であるため、「いや～ない」と否定表現を付け加えて訳出するのである。なお、反語を訳出する際は、**当然（ハズダ）・可能（デキル）・推量（ダロウ）などのニュアンスを添えてもかまわない**。たとえば、「花や咲く」であれば、「花が咲くか、いや咲かない」と訳しても、当然の意を加えて「花が咲くはずか、いや咲くはずはない」などと訳してもよい。

ここでおさえておきたいのは、**疑問になる表現は常に反語になる可能性がある**ということと、強い疑問表現は反語になりやすいので、強めを表す「は」を伴い、「**やは**」または「**かは**」という形になりやすいということである。

反語

(a)定義　疑問文の形をしている否定表現

(b)訳出　――か、いや――ない。（疑問の意／否定の意）

⇨ 当然・可能・推量などのニュアンスを加えて訳出してもよい

そこで、［歌わろきこそ本意なけれ］を考えてみる。係助詞［こそ］があるので、係りどころの文末は形容詞［本意なし］の已然形［本意なけれ］となっている。［本意なし］は「不本意だ・がっかりだ」という意。訳出にあたっては、係助詞［こそ］はないものとして扱う。すると、連体形［わろき］の下に名詞が非表出なので「こと」を補い、さらに、助詞「は」などを補訳する必要があるとわかる。

解答　人が語り出した歌物語の歌がよくないことはがっかりだ。

■接続助詞［ば］の基本・助動詞［き］［ぬ（つ）］・副助詞［のみ］

《問題❸》次の文を逐語訳せよ。

しづかに思へば、よろづに過ぎにし方の恋しさのみぞせんかたなき。

（『徒然草』）

●しづかに思へば、

［しづかに］は形容動詞［しづかなり］の連用形で「落ち着いている・穏やかである」の意。また、［思へば］の［思へ］は四段活用動詞の已然形なので、その下の接続助詞［ば］は確定条件の意となる。詳しいことはp.108で述べることにするが、まずは、**［已然形＋ば］は確定条件**とおさえることである。また、この確定条件を表す［ば］は、「**〜と・〜ところ・〜ので**」などと訳出する。どの訳語が適当なのかは、係りどころとの関係を常に考えた上で判断しなくてはならない。なお、ここの［思へば］は、「思うと」と訳出する。

また、この接続助詞［ば］には、已然形につく確定条件の［ば］以外に、「**〜ならば**」と訳出する**未然形につく［ば］がある**。この未然形につく［ば］は**仮定条件**を表す（p.108参照）。

よって、接続助詞［ば］があった際は、［已然形＋ば］なのか、［未然形＋ば］なのかを必ず確認した上で訳出にあたることである。

接続助詞〔ば〕

未然形＋〔ば〕＝仮定条件（～ならば）

已然形＋〔ば〕＝確定条件（～と・～ところ・～ので）

●よろづに過ぎにし方の恋しさのみぞせんかたなき。

〔よろづに〕は副詞で「何かにつけて」という意。〔過ぎにし方の〕の〔の〕は名詞〔恋しさ〕に係るところから連体格で「の」の意。また、〔し〕は、名詞〔方〕がその下にあるところから連体形とわかる。連体形が〔し〕となるのは過去の助動詞〔き〕である。さらに、過去の助動詞〔き〕は連用形接続なので、上接の〔に〕は助動詞〔ぬ〕の連用形と見抜ける。

では、この助動詞〔ぬ〕とはどのような性質であるのかを考えたい。よく、〔ぬ〕や〔つ〕は完了または強意の助動詞というが、〔ぬ〕も〔つ〕もともに、**表現者がはっきり確かに述べたいという気持ちを表すために置かれる語であり、確述の助動詞という**のである。たとえば、〔花咲きぬ〕とあった場合、花が咲くことをはっきり述べようという気持ちを表明しているのである。特に、終了したことがらや、確定したことがらは揺らぐことのない事実なので、はっきり述べやすい。そのため、この［ぬ］や［つ］は、それらのことがらに付きやすい。そこで、終了したことがらや確定したことがらに用いた場合、それを**完了**と用法上分類し、さらに、［ぬ］と［つ］の全体の名称として用いられているのである。

しかし、まだ終了していない未確定なことがら、未了なことがらに対してもはっきり述べることはできる。その際、はっきり述べることは強く述べることに等しいことから**強意**と呼びわけたのである。この強意は、具体的には推量や命令、当然、願望などの未確定表現を伴うことが多いが、それらを伴わないこともある。たとえば、『伊勢物語』第九段に「はや船に乗れ。日も暮れぬ」とあり、そこに推量などの未確定表現を用いていないが、未了なことがら（「日がまだ暮れていない」という未確定表現）なので、それは強意となる。

なお、訳語としては、完了・強意ともに「**～てしまう・～てしまった**」などとするとよい。また、形容詞や形容動詞などについた場合には「～てしまう・～てしまった」という訳語をあてることはできないので、「～た」という訳語をあてるとよい。

また、古文における助動詞は、現代語の助動詞または補助動詞で訳出するのが原則なので、「きっと」という副詞を用いた訳出はなるべく避けたいものである。

助動詞［ぬ］［つ］の職能

(a) 本来の意味＝確述（表現者が、はっきり確かに述べたいという気持ちを表している。）

(b) 用法上分類｛完了＝終了したことがらに対して用いる。
強意＝未了なことがらに対して用いる。

(c) 訳　出＝〜てしまう・〜てしまった・〜た

ここの［過ぎにし方］の［に］は過去の助動詞がその下にあり、終了したことがらであるとわかるので、分類すると完了となる。「過ぎてしまった方面」などと訳出する。

［恋しさのみぞせんかたなき］の［のみ］は限定を表す副助詞で「だけ」という意であり、名詞＋［のみ］全体で一つの名詞（＝体言相当）として扱うことができる。すると、係助詞［ぞ］をないものとして扱うので、体言相当の［恋しさのみ］の下に助詞を補訳する必要がある。そこで「は」などを補訳する。また、係助詞［ぞ］の結びであるため、「どうしようもない」という意の形容詞［せんかたなし］は連体形［せんかたなき］となっている。ここの構造を次に板書しておく。

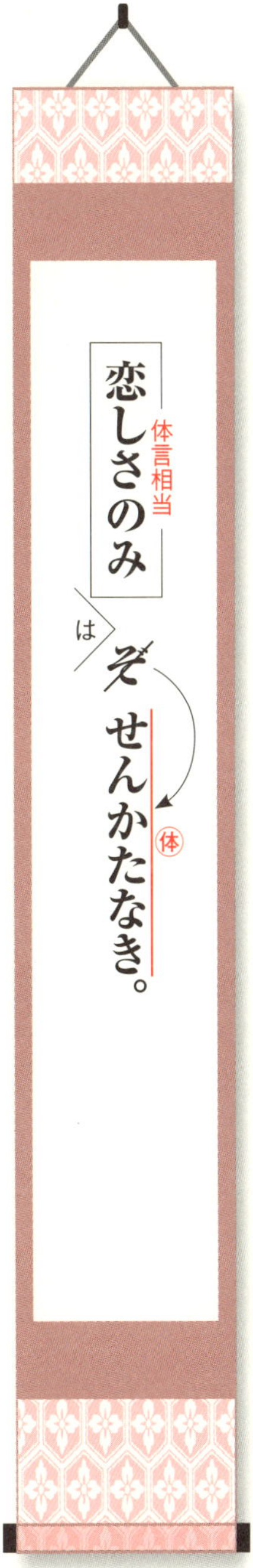

解答　落ち着いて思うと、何かにつけて過ぎてしまった方面の恋しさだけはどうしようもない。

■助動詞［む］

《問題④》次の文を逐語訳せよ。

にしとみといふ所の山、絵よく書きたらむ屏風を立てならべたらむやうなり。

（『更級日記』）

●にしとみといふ所の山

［にしとみといふ］は名詞［所］の説明部である。［の］は下の名詞［山］に係るので連体格とわかる。

名詞［山］の下には「は」などを補って訳出する。

●絵よく書きたらむ屏風を立てならべたらむやうなり。

名詞［絵］の下に助詞が非表出なので、係りどころの［書きたらむ］との関係から「が」などを補訳するとよい。［絵よく書きたらむ］の［む］は、下に名詞［屏風］があるところから、連体形であるとわかる。よって、［絵よく書きたらむ］は名詞［屏風］の説明部とわかる。

次に、ここに［む］という助動詞があるので、単に「婉曲」などといって処理するだけではなく、その本質を考えておきたい。

この**助動詞［む］**は、本来「ン」と発音するが、平安初期には［ん］という仮名表記が使われなかったために、［む］という表記で代用していた。やがて［ん］という仮名表記を使うようになったことにより、［む］ではなく［ん］という表記を次第に用いるようになった。よく［む］も［ん］も同じであるというが、そのような経緯から生じたものである。また、さらに時代が経つにつれて［ウ］という発音になり、表記の上でも［う］となる。現代語の「行こう」「帰ろう」などの「う」に相当する古語は、この助動詞［む］である。つまり、［行かむ］→［行かん］→［行かう］→［行こう］はすべて同じなのである。また、［せむ］であれば、［せん］となり、やがて［せう］となる。同時に［せう］は［ショウ］と発音していたが、次第に［ショウ］という発音に変化し、表記の上でも同様になる。よって、現代語の「勉強をしよう」「テニスをしよう」の「よう」にあたる古語も［む］であるとわかる。つまり、古語の［む］は現代語の「う」「よう」に相当するということなのである。

すると、「行こう」といえば、まだその段階においては行っていないことであり、また、「しよう」

といえば、まだその段階ではしていないということである。それを古語で言いかえると、「行かむ」「せむ」となる、よって、現代語の「う」「よう」および古語の「む」は**表現者がそのことがらは断言できない未確定なものであると表明するための語とわかる**。つまり、**未確定**の助動詞というのが本来なのである。その未確定とは、将来に関わることを推し量るところから、**推量**という語法用語を用いることで「む」全体の名称として用いられているのである。その中でも、一人称主体（＝「私が」）に関わる未確定表現のことを**意志**と分類する。訳語としては「**う・よう**」、そして、現代語の断定の助動詞「だろ」を伴った「**だろう**」が相当する。

よく、「う」「よう」という訳語をあてた際は意志、「だろう」と訳した際は推量などというが、「だろう」についても未確定に関わる箇所は共通の「う」であり、なぜ断定の「だろ」をつければ推量になり、「だろ」をつけない時は意志になるのか、訳語による分類では説明がつかなくなる。

また、「花が咲こうとしている」などと、花が主語の時に「う」と訳したとしても、花に意志は存在しないのである。よって、訳語からの意志・推量の判断には無理があると言わざるを得ない。

次に、文中において「咲かむ花」などとあった際、もちろんまだ咲いていない、これから咲くという未確定表現であるのだが、前述の「う・よう・だろう」という訳語を用いて「咲くだろう花」とか「咲こう花」とすることはできない。そこで、未確定表現である文中用法の「む」は**婉曲（仮定）**と称し、「**ような・たりする・ならばそれは**」などの訳語をあてることになる。

さらに、会話文中において**二人称動作に用いた場合は、話し手と聞き手との身分関係や言葉の語**

気、聞き手への意識から、勧誘や適当として処理すると上手くいくことがある。たとえば、「（アナタハ）許してむ」とあった際、「む」の存在から未確定表現であるのはいうまでもなく、また、「あなたは許してしまうだろう」などと従来どおりの訳出もできるが、確述の助動詞「つ」をつけて、はっきり強く述べているところから、「あなたは許してしまった方がよい」という**適当**や、「あなたは許してしまってくれないか」という**勧誘**として訳すことも可能となる。このように、この勧誘や適当は、相手に強く述べる際に用いられることが多いため、古典文においても強めの表現を伴い、「**～てむ（や）**」「**～なむ（や）**」「**こそ～め**」などの形になることが多い。

助動詞「む」の職能（「む」＝「ん」）

(a)本来の意味＝未確定

(b)文末用法
- ……………「む」。↑推量（訳＝ウ・ヨウ・ダロウ）
- 一人称主語（私が）……「む」。↑意志（訳＝ウ・ヨウ・ダロウ）
- 二人称主語（あなたが）…「む」。↑勧誘・適当（訳＝タ方ガヨイ テクレナイカ）

(c)文中用法＝……「む」……↑婉曲（仮定）（訳＝ヨウナ タリスル ナラバソレハ）

そこで、［絵よく書きたらむ屏風を］について考えてみる。すると、そこには、未確定を表す［む］があるので、名詞［屏風］の説明部である［絵よく書きたらむ］は、まだ絵を上手に書いていない状態、すなわち未確定表現であると理解できる。そして、文中にあるところから婉曲の意として捉え、「ような」などの訳語をあてる。ここは、「絵が上手に書いてあるような屏風を」と訳出することになる。

また、［立てならべたらむ］の［たら］は、継続の意を表す助動詞［たり］の未然形で「ている」または「た」などと訳出する。また、ここの［む］も文中にあるので婉曲の意である。

解答 にしとみという所の山は、絵が上手に書いてあるような屏風を立て並べているような様子である。

■助動詞［る（らる）］［べし］

《問題❺》次の文を逐語訳せよ。

をかしき事を言ひてもいたく興ぜぬと、興なき事を言ひてもよく笑ふにぞ、品のほどはかられぬべき。

（『更級日記』）

●をかしき事を言ひてもいたく興ぜぬと、

［をかしき～いたく興ぜぬ］と、次の［興なき事を言ひてもよく笑ふ］は同形の文構造になっている

とわかる。そのような際は、対の関係を形成しているとみる。対の表現は、並列関係となり、それぞれの意味内容が互いに対応しているのである。ということは、［をかしき事］の［をかし］は、多義語で「趣がある・おもしろい・かわいらしい・すぐれている・おかしい」などの意になるが、その意味決定は、対の［興なき事］との関係から決めることができるということである。すると、［興なき事］とは「面白みのない事」の意なので、そこから、［をかしき事］は「面白いこと」の意と判断できるのである。

また、［いたく興ぜぬと］の［ぬ］は注意したい助動詞である。一つは、打消の助動詞［ず］の連体形であり、もう一つは確述の助動詞［ぬ］の終止形である。

活用の確認

	未然形	連用形	終止形	連体形	已然形	命令形
打消［ず］→	○	ず	ず	**ぬ**	ね	○
	ざら	ざり	○	ざる	ざれ	ざれ
確述［ぬ］→	な	に	**ぬ**	ぬる	ぬれ	ね

［ぬ］の意味決定は、［ぬ］が終止形なのか、連体形なのかを考えればよいことである。さらに、**打消の助動詞［ず］は未然形接続、確述の助動詞［ぬ］は連用形接続**なので、［ぬ］の上接の語が何形であるのかを考えてみるとよい。すると、ここの［ぬ］の上は、サ行変格活用動詞［興ず］（「面白がる」の意）の未然形［興ぜ］なので、［ぬ］は打消の助動詞［ず］の連体形と判断できる。また、連体形の下には名詞が非表出なので準体法である。「こと」などの名詞を補訳するとよい。

さらに、副詞［いたく］は「ひどく」という意だが、係りどころに打消表現がある際は、「**あまり～ない・それほど～ない**」と訳出する。いわゆる**呼応の副詞**である。ここは、［ぬ］が打消の助動詞と見抜くことで、［いたく］は呼応の副詞と判断できる。「面白い事を言ってもそれほどおもしろがらないことと」と訳出するとよい。ここまでの構造を板書しておく。

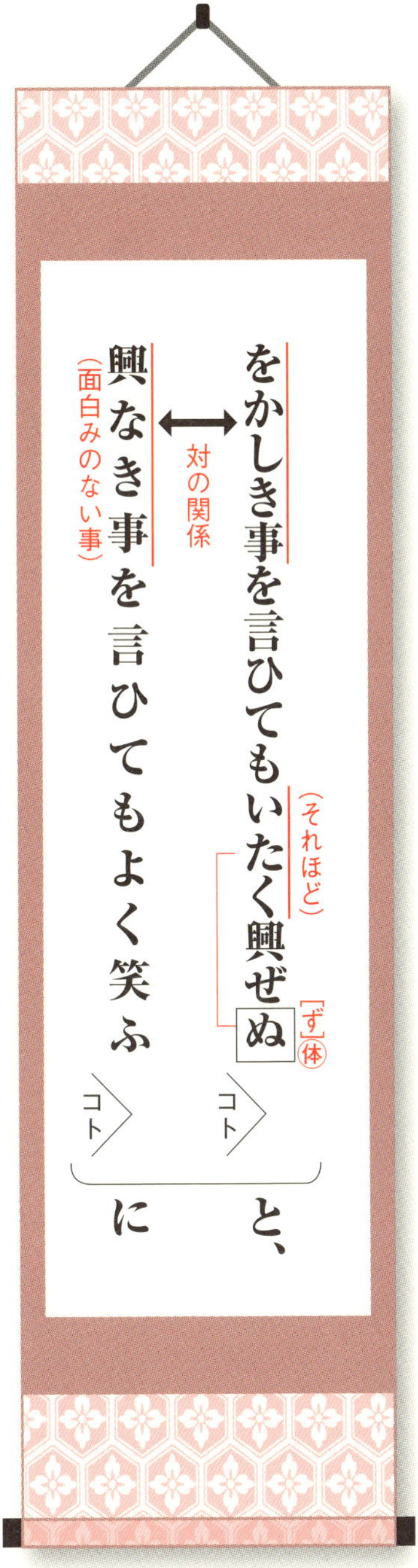
をかしき事を言ひてもいたく興ぜぬ
（それほど）
［ず］体
コト
と、
対の関係
興なき事を言ひてもよく笑ふ
（面白みのない事）
コト
に

●興なき事を言ひてもよく笑ふにぞ、品のほどは、はかられぬべき。

［笑ふ］は連体形だが、下に名詞が非表出なので準体法である。「こと」などの名詞を補訳するとよい。また、係助詞［ぞ］があるので、文末は連体形［べき］で結ばれている。［品］とは「品格・身分」の意。［品の程］で「品格の程度」などと訳出する。

［はかられぬべき］の［ぬ］は、下に助動詞［べし］があるところから、［ぬ］は終止形とわかる。よって、確述の助動詞と見抜ける。また、［べき］は助動詞［べし］の連体形である。この［べし］は、職能（意味）がたくさんあるために倦厭《けんえん》される助動詞であるが、本質をきちんと理解することでそれほど難しいものではないとわかる。そこで、この助動詞［べし］について解説しておく。

この助動詞［べし］は、**「なるほど・当然だ」という意の副詞［うべ］が形容詞化された［うべし］を母胎**としたものと考える説が有力である。そこから、**当然の意を［べし］の本質とする。**訳語としては「**当然〜だろう**」が適当である。たとえば、［雨降るべし］であった場合、「雨が**当然**降る**だろう**」となる具合である。すると、「雨が当然降るだろう」ということは、「雨が降る**はずだ**」「雨が降る**に違いない**」などと言いかえることもできるので、これらの訳語はすべて当然の意として考えることができる。

また、この助動詞［べし］は、助動詞［む］と同様に未確定を表すが、［む］よりも当然性・必然性の強い推量表現であるので、［む］とは同質ではない。だからこそ、［花咲くべからむ］などのように、推量の助動詞［む］と［べし］を併用することができるのである。もしも、［む］も［べし］も同じ意味であるならば、「べからむ」などという表現は存在しなかったはずである。

さらに、二人称や一般論などでこの「べし」を用いた場合、たとえば「(アナタハ)行くべし」とか「家の作りやうは、夏をむねとすべし」などは、当然として訳出することもできるが、そこにちょっとしたニュアンスや価値判断を加えることによって、「**～したほうがよい**」などと言いかえることもできる。これを**適当**または**勧誘**などという。それを強めると「**～しなければならない**」(**義務**)、「**～せよ**」「**～しなさい**」(**命令**)などと言いかえることもできる。

また、目上の人から目下の人への発言、目下の人から目上の人への発言、会話文中の表現、地の文の表現などの違いによって訳し方はさらに変わってくる。

(例)「(アナタハ)行くべし」
- 行ったほうがよい。
- 行かなければならない。
- 行きなさい。

(例)「夏をむねとすべし」
- 夏を中心としたほうがよい。
- 夏を中心としなければならない。
- 夏を中心としなさい。

さらに、「(私ハ)行くべし」などのように、一人称主体であった場合には、当然の意として捉えることもできるが、「私は行く**つもりだ**」という訳出をあてることもできる。その際、一人称に関わる未確定表現なので、**意志**と呼ぶこともできるが、当然性の強い意志なので、**決意**ということもできる。

また、可能性を加えることによって、「**～できそうだ**」と訳出することもできる。これを**可能**という。

なお、この「べし」を可能の意として捉える際は、打消語を伴うことが多い。

このように、「べし」は、当然の意を共通要素としているので、はっきりと一つに限定することはできないのである。それを必要以上に分類しようとするとかえって混乱をまねくのである。よって、まずは、当然の意として捉え、そこから適する訳語を考えるように心がけたい。

助動詞「べし」の職能

(a)「うべ」→「うべし」→「べし」
(b)本来の意味―**当然**（当然～ダロウ・～ハズダ・～ニ違イナイ）
(c)二人称・一般論――「べし」←**適当**（**勧誘**）・**義務**・**命令**
(d)一人称（私が）――「べし」←**意志**・**決意**
(e)「べし」――打消語←**可能**

「はかられぬべき」の「れ」は、連用形であるところから、助動詞「る」と判断できる。

この助動詞「る（らる）」は自発・可能・受身・尊敬の四つの職能を持つが、本質は**自発**と考えられている。それは、次の説を助動詞「る（らる）」の語源と考えるからである。たとえば、動詞に「倒る」という語がある。「倒す」は人為的・作為的な動作によって「倒す」のだが、それに対してこの「倒る」

は「自然と倒れる」という意で自発的動作を表すのである。この自発的動作を表す動詞の語尾［る］を助動詞［る］の語源と考えている。また、一方で奈良時代の「自然と生まれる」意の下二段活用動詞［生《あ》る］が語源と考える説もあるが、いずれにしても、本来の意は自発と考えられている。その自発の意が、自然とそうなるように行うことで可能の意となり、また、客体の動作によって自然とそうなる場合には受身、敬語対象者が主体の場合、それを尊敬の意としたのであり、この四つの意味はまったく異なるものではなく、自発を母胎としてできた職能である。

さて、この［る（らる）］の職能の識別法であるが、それぞれ使い方に制約があるので、それをおさえておくと便利である。

可能は［**る（らる）～打消語・反語**］という形になりやすい。ただし、打消表現を伴わないこともある。その有名な例として『徒然草』に［家の作りやうは、夏をむねとすべし。冬はいかなる所にも住まる］がある。

受身は、［姑に思はるる嫁の君］のように［**～に―る（らる）**］という形になる。なお、［～に］という表現は記されていなくても、［～に］を想定できればよい。また、**無生物主語の受身は極力避ける**。それは、古文においては「窓が壊されている」などという無生物主語の受身表現は用いないのが原則だからである。

尊敬は、主体を敬う用法である以上、［**敬語対象者主体～る（らる）**］という形になる。なお、尊敬［る（らる）］は**他の尊敬語を重ねて、［れ給ふ］［られ給ふ］［思さる］［御覧ぜらる］などと用いることは**

ない。 つまり、［る（らる）］が尊敬の意となる時は他の尊敬語を併用しないのである。

自発は、**可能・受身・尊敬の職能として考えることができない場合**と考えるとよい。よく、心情語につく［る（らる）］は自発というが、必ずしも心情語につくとは限らない。また、**命令形［れよ（られよ）］となった場合は、尊敬か受身**のどちらかとなる。それは、可能と自発に命令形は存在しないからである。

助動詞［る（らる）］の職能

(a)本来の意味―自発
(b)可能（デキル）　識別法　［る（らる）］～打消語・反語
(c)受身（レル・ラレル）　識別法　［～に―る（らる）］無生物主語は極力避ける
(d)尊敬（ナサル）　識別法　［敬語対象者主体～る（らる）］他の尊敬語と併用しない
(e)自発（セズニハイラレナイ 自然ト～レル）　識別法　右以外は自発となる

※命令形［れよ・られよ］は尊敬または受身の意のどちらかとなる。

ここの［はかられぬべき］の［れ］は、打消表現がないので可能の意でもなく、敬語対象者が主体ではないので尊敬の意でもない。また、いうまでもなく受身の意として考えることもできないので、そこで、自発の意とみる。ここは、自発の［る］、確述の［ぬ］、当然の助動詞［べし］の職能をそれぞれ訳に反映させることが大事である。

解答　面白い事を言ってもそれほど面白がらないことと、面白くない事を言ってもよく笑うことで、品格の程度は自然と推し量られてしまうに違いない。

■断定の助動詞［なり］・係助詞［か］

《問題❻》次の文を逐語訳せよ。

ふと心おとりとかするものは、男も女もことばの文字いやしう使ひたるこそ、よろづのことよりまさりてわろけれ。ただ文字一つにあやしうあてにもいやしうもなるは、いかなるにかあらむ。

（『枕草子』）

●ふと心おとりとかするものは～まさりてわろけれ。

［ふと］は副詞で「たやすく・簡単に」の意。または、動作のすばやい様子を表し「さっと・急に」などの意にもなる。ここは「急に」の意。［心おとり］は「予想したよりも劣っている」と感じられることから「期待はずれ・見劣り」などと訳出することができる。反対語として［心まさり］がある。［い

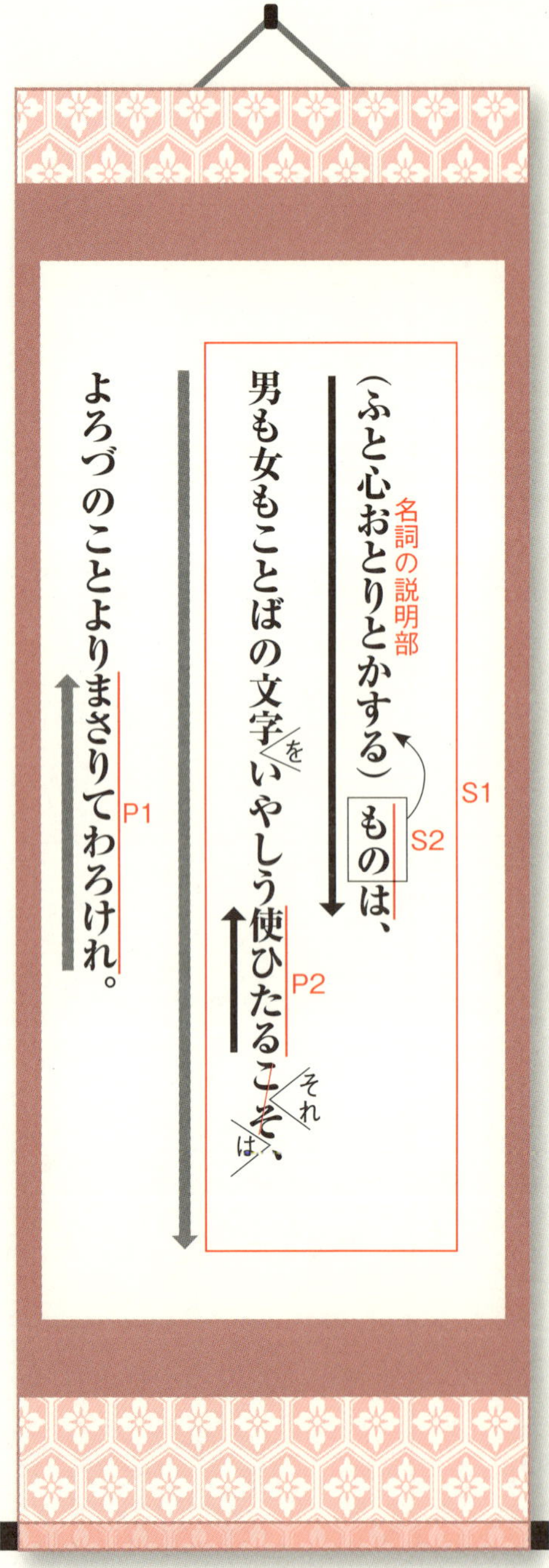
（ふと心おとりとかする）ものは、
名詞の説明部
S2
S1
男も女もことばの文字
を
いやしう使ひたるこそ、
それ
は
P2
よろづのことよりまさりてわろけれ。
P1

やしう」は形容詞［いやし］の連用形［いやしく］がウ音便となったもので、普通は「身分が低い・みすぼらしい」などと訳出するが、ここは、文字に対して［いやし］というので、「下品だ」と訳出するとよい。また、［男も女も］は「男についても女についても」などの意。［わろけれ］は形容詞［わろし］の已然形で、係助詞［こそ］の結びである。「よくはない」の意。

ここまでで、難しいと思われる語に関してはすべて説明したが、語単位を細かくみるだけでは文全体の解釈にまで到達しないことがわかる。ここは、レッスン2で学習した**SPP構文**であると見抜いてはじめて解釈できるところである。

［ふと心おとりとかする］は名詞［もの］の説明部と考える。その下に助詞［は］があるので、［ふと心おとりとかするものは］全体でS2とみる。係りどころとなるP2を探すと［使ひたる］であるとわかる。［たる］は連体形なので、その下には名詞を、さらに助詞が非表出なので助詞を補訳することになる。

しかし、係りどころと関連づけても適当な名詞・助詞が見当たらない。そこで、S2 P2の全体がその下のP1に係ると考え、**SPP構文**と判断する。つまり、［ふと心おとりとかするものは〜使ひたる］のS2 P2関係全体をS1と捉えて、P1［まさりてわろけれ］へ係るとみる。そこで、「それ・は」などを補うことになる。

なお、ここで注意しておきたいのは［ふと心おとりとかする］の係助詞［か］の使われ方である。係助詞［か］は、それを含む文節を疑問にするものなので、多くは［誰かある］［何をか見る］などのように、疑問語がつくのが一般的である。［誰かある］は「いるのはわかっているけれど一体誰がいるのか」、［何をか見る］は「見るのはわかっているけれど一体何を見るのか」という使われ方をする。しかし、［ふと心おとりとかする］の［か］を含む文節には疑問語がないのである。このような表現のときも係助詞［か］は使えるもので、たとえば［米か食ふ］であれば、係助詞［や］のように［食ふ］を疑問にしているのではなく（＝食べるのか食べないのかと尋ねているのではなく）、あくまでも［米か］を疑問にして「食べるのはわかっているが、それが米なのか何なのか」という意で用いているのである。もちろん、ここもそうであり、係助詞［か］を用いているのは、「期待外れといってよいのかどうか」という気持ちの表明なのである。ここは、「急に期待外れとかするものは、男についても女についても言葉の文字を下品に使っている、それはすべてのことよりもまさってよくない」などと訳出するとよい。

●ただ文字一つにあやしう、あてにもいやしうもなるは、いかなるにかあらむ。

［文字］は「用語」の意。［あやしう］は形容詞［あやし］の連用形ウ音便である。［怪し］と漢字をあてる場合は「不思議だ・妙だ」の意で、［賤し］とあてる場合には「身分が低い・粗末だ」などの意となる。ここは、まず、次の［あてにも］［いやしうも］が対（＝並列表現）になっているので、そこから、この［あやしう］は［（あてにもいやしうも）なる］に係ると見抜くことである。

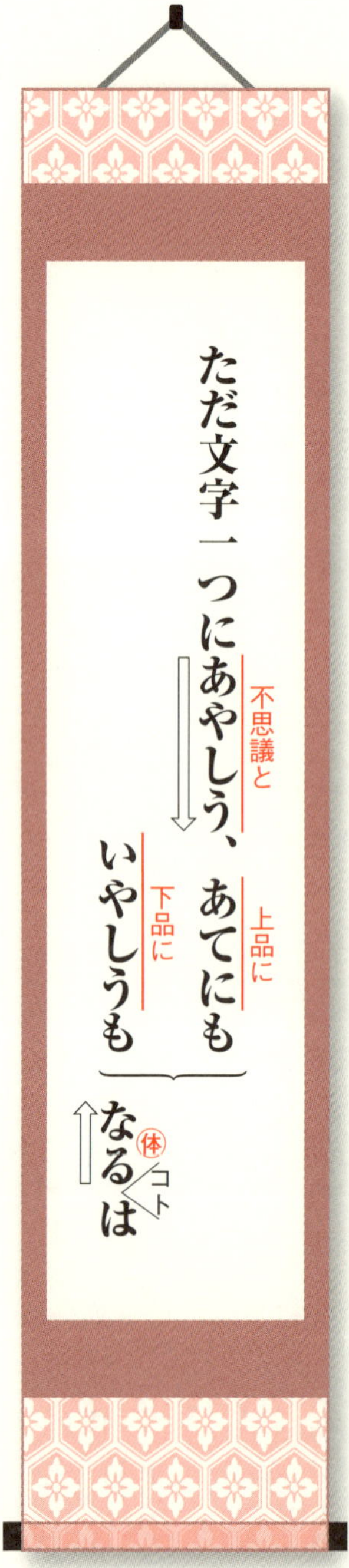

すると、ここの［あやしう］は「不思議と」の意で捉えると文意がつながるとわかる。

また、［あてなり］は形容動詞で［貴なり］と漢字をあてるところから「高貴だ・上品だ」などの意となることがわかる。ここでは、「下品だ」という意の［いやし］の対の表現となっているところから、「上品だ」の意がふさわしい。

●いかなるにかあらむ

［いかなる］は、疑問を表し「どのような・どういう」の意。疑問語［いかなる］を用いているところから［や］ではなく［か］を用いている。また、［にかあらむ］の［に］は断定の助動詞［なり］の連用形である。

断定の助動詞［なり］は、［にあり］から生じた語である。［なり］と記されることもある。それは、現代語の断定の助動詞においても、たとえば「彼は立派である」とも「彼は立派だ」ともいうことができるのと同じ具合である。その際、「彼は立派である」の「ある」は存在の意にはならない。もちろん、古文の［にあり］の［あり］も同様である。なお、存在を表す本来の動詞［あり］ではないので、この［あり］は補助動詞として扱うことになる。また、［にあり］の［に］は断定の助動詞［なり］の連用形とする。それは、断定の助動詞［なり］の分割表現が［にあり］であり、［あり］の品詞は動詞である以上、［に］を助動詞として認めないと助動詞の成分がなくなってしまうからである。

また、現代語においても「学校に行ったのは彼でもある」などと「である」の間に助詞をはさむことがあるように、古文においても［にあり］の間に助詞をはさみ、［**に**もあり］［**に**はあり］などとなることがある。

さらに、［あり］を丁寧表現にすると［侍り・候ふ］となり、また、尊敬表現にすると［おはします］となるので、文章中には［**に**侍り］［**に**候ふ］［**に**おはします］などと記されることもある。

なお、よく間違えてしまうものとして、たとえば［山にある花］の［に］などがある。形としては［にあり］となっているが、「山に存在している花」という意で、この［あり］は存在の意である。つまり、補助動詞ではない。そこで、この［に］は格助詞とする。［にあり］という形だけをみて、［に］は断定の助動詞［なり］の連用形と判断すると思わず間違ってしまうことがある。

断定の助動詞［なり］の職能

(a) ［にあり］→［なり］となったもの

(b) 訳出＝〜デアル・〜ダ

(c) ［にあり］となることもある

［あり］＝補助動詞（存在の意はない）。
間に助詞をはさむこともある。
［に侍り・に候ふ］＝〜デアリマス・〜デゴザイマス（［あり］の丁寧表現）
［におはします］＝〜デイラッシャル（［あり］の尊敬表現）

さて、ここの［いかなるにかあらむ］の［に］であるが、下に［あらむ］があり、［あり］に存在の意がないので、断定の助動詞［なり］の連用形と判断できる。その間に係助詞［か］がはさみこまれたのである。なお、［む］は一人称主体ではないので推量の意。訳出の際は、文末に疑問を表す「〜か」をおくこと。

解答　急に期待外れとかするものは、男についても女についても言葉の文字を下品に使っている、それがすべてのことよりもまさってよくない。ただ用語一つで、不思議に、上品にも下品にもなるのは、どういうわけであろうか。

■助動詞［り］［まし］

《問題7》次の文を逐語訳せよ。

高倉の一宮の女房、花見に白河にまかれりけるに、詠み侍りける

何事を春のかたみに思はまし今日白河の花見ざりせば

伊賀少将

（『後拾遺和歌集』春上・一一九）

和歌を解釈する際は、和歌だけで処理をしようとするのではなく、必ず本文と関連付けた上で解釈することである。出典が和歌集であればそれを詞書《ことばがき》というが、その詞書を関連づけた上で解釈にあたるとよい。それは、和歌が詠まれた理由や和歌が詠まれる経緯などが記されているからである。

また、和歌は会話文・心内文として扱わなければならない。相手に向かって詠んだ和歌であれば会話文として扱い、相手が存在しないで詠んだ和歌であれば心内文として扱うのである。多くの和歌は、和歌の後に［と詠む］のように、引用止めの助詞［と］があるので、和歌にカギカッコを施すことが容易にできるが、この問題文のように、和歌の後に［と詠む］とないこともある。いずれにしてもカギカッコを施して解釈するとよい。

さらに、和歌には句読点を施していないので、特に句点は適宜施すとよい。なお、句点を施すパターンは次の通りである。

(a)　和歌の途中に終止形があったとき
(b)　和歌の途中に終助詞があったとき
(c)　和歌の途中に命令形があったとき
(d)　和歌の途中に係り結びの結びがあったとき

このような時には句点を適宜施し、そこまでで意味内容をまとめてみるとよい。

和歌の解釈の手順

1 和歌と前文・詞書を関連付ける。
2 会話文・心内文として扱う。
3 和歌に句点（。）を施す。
(a)――――終止形。／
(b)――――終助詞。／
(c)――――命令形。／
(d)――――係り結びの結び。／

●**高倉の一宮の女房、花見に白河にまかれりけるに、**

まずは、詞書を踏まえてみる。名詞［高倉の一宮の女房］の下に助詞が非表出なので「が」などを補訳することになる。［花見に白河にまかれりけるに］の［まかれ］は荘重体表現（p.196参照）で「参る」という意。この［まかる］は、客体を敬う謙譲語ではなく、改まりかしこまって述べるためにおかれたものである。［り］は助動詞である。

この助動詞［り］は、［あり］という動詞が助動詞化したものだといわれている。たとえば、四段活

用動詞［咲く］に［あり］がつくと［咲きあり］となるが、これをローマ字で表すと［saki|ar・i］となり、母音［・i］と［a］が連続する。母音の連続のことを連母音というが、このような場合は単母音化されて中間音の［e］音となり、その結果、［咲きあり］は［咲けり］となる。すると、［咲きあり］であれば、［咲き］も［あり］も動詞として扱える。しかし、［咲けり］ともなると、［咲け］は四段活用動詞として扱えるが、［り］だけが余ることとなる。そのため、この［り］を助動詞として扱うようになったのである。また、［あり］は存在の意なので、［咲きあり］からできた［咲けり］は、咲いた状態が存在していることを表明しているとわかる。そこから「咲いている」と訳すことになる。さらに、「咲いている花」ということは、「咲いた花」と言いかえることもできるので「た」と訳出してもよい。なお、この助動詞［り］は、［あり］を母胎とするものなので、「てある」と訳出することもできる。

また、この助動詞［り］は、**四段活用動詞の已然形またはサ行変格活用動詞の未然形にしかつかない**。それは、動詞の連用形が［・i］音であり、その下に［あり］がつくことで連母音となり、それが単母音化されて［e］音になるという条件と、その動詞の活用の中に［e］音を備えている条件とを満たすものは、この四段活用動詞とサ行変格活用動詞しかないからである。

ちなみに、四段活用動詞で［e］音というと命令形語尾も同じとなるので、そこから命令形に接続していると考えることもできる。

助動詞［り］の職能

(a)［あり］を母胎とする

(例)［咲く＋あり］→［咲きあり］→［咲けり］

(b)訳出＝～テイル・～テアル・～タ

(c)接続に注意

四段活用動詞(已)
サ行変格活用動詞(未)　［e］音　［り］　（例　花咲け［e］音り）

よって、ここは［まかる］［り］の訳出に注意し、さらに、［ける］は準体法なので、「とき」「折」などの語を補訳して「花見に白河に参りましたときに」などと訳出するとよい。

●詠み侍りける

動詞の下につく［侍り］は丁寧の補助動詞で「ます」という意。よって、［詠み侍り］は「詠みます」と訳出する。［ける］は準体法なので「歌」などを補訳するとよい。

●何事を春のかたみに思はまし今日白河の花見ざりせば

この和歌には助動詞［まし］が用いられている。助動詞［まし］は、［む］と同様に未確定表現であるが、事実に反する推量を中心義とする。多くは「**〜ましかば…まし**」「**〜せば…まし**」という形になるが、それ以外にも「**〜未然形＋ば…まし**」「**〜形容詞（型助動詞）連用形＋は…まし**」「**〜ずは…まし**」「**〜むは…まし**」の形になることもある。「〜」にあたるものは、事実に反する内容（＝反実）が記され、「…」はそれに対して想定した表現である。そこで、事実と反対のことがらを仮に想定するので、この用法を**反実仮想**と呼ぶ。大切なことは、**反事実を述べている**ことである。また、訳出は「〜ならば、…なのに（であろうのに）」となる。たとえば、「花咲かましかばうれしからまし」は、「もし花が咲くならばうれしいのに」と訳出し、事実は「花が咲いていないのでうれしくない」ということである。

なお、この「ましかば」の「ましか」は、未然形として扱う説と、已然形として扱う説とがある。未然形として扱う理由としては、反実仮想とは事実に反することを仮定しているので、仮定条件を表すための「未然形＋ば」を用いることからの判断である。一方で、「已然形＋ば」は確定条件を表すことになるが、全体で反事実を述べている以上、結果として確定していないことがらとなる。つまり、全体で仮定の意を表すので、そこから、已然形として扱うこともできるのである。この已然形「ましか」を認めると、「ましかば」の「ましか」は、「案内せさせてこそおりさせ給はましか」（『落窪物語』）のように、「こそ」の結びとなる「ましか」と同じ已然形として統一することができ、未然形「ましか」は必要がなくなるのである。

また、この「まし」は、疑問を表す言葉を承けた場合は、**ためらい意志**の意となり、「**〜しようかしら**」と訳出する。意志とは、一人称の動作に関わる未確定表現であるところから、「私」が主体となる。たとえば「何を書かまし」とあった場合は「私は何を書こうかしら」と訳出する具合である。また、ためらい意志の多くは、「誰・など・何」などの疑問語を伴うが、疑問の意を表す係助詞「や・か」を伴うこともある。たとえば、「せずやあらまし」（「私はしないでいようかしら」の意）などがそうである。

それ以外にも用法はあるが、その場合の「まし」は「む」に近い意味として考えるとよい。

助動詞「まし」の職能

(a) 反実仮想（訳＝～ナラバ…ナノニ（デアロウノニ））
「～ましかば…まし」「～せば…まし」
「～未然形＋ば…まし」「～形容詞（型助動詞）連用形＋は…まし」
「～ずは…まし」「～むは…まし」

(b) ためらい意志
疑問語～「まし」（訳―～シヨウカシラ）

(c) それ以外は、「む」と同じ意。

さて、「何事を春のかたみに思はまし今日白河の花見ざりせば」の和歌の解釈であるが、まず、和歌にカギカッコを施してみる。次に、この和歌に句点を施せるかどうか検討する。すると、「思はまし」

の［まし］が終止形なので、ここに句点を施すことができる。また、結句（第五句）までみると、接続助詞［ば］で和歌が終わっていると気付く。つまり、和歌が完全に終止していないということである。このように、結句できちんと文が終止していないときは、原則として、途中で句点を施すところがあり、その箇所と倒置表現になっていることが多い。この和歌も倒置であり、本来の語順でいうと［今日白河の花見ざりせば、何事を春のかたみに思はまし］なのである。すると、語順を戻すことによって［〜せば…まし］という形の反実仮想も見抜けるようになる。

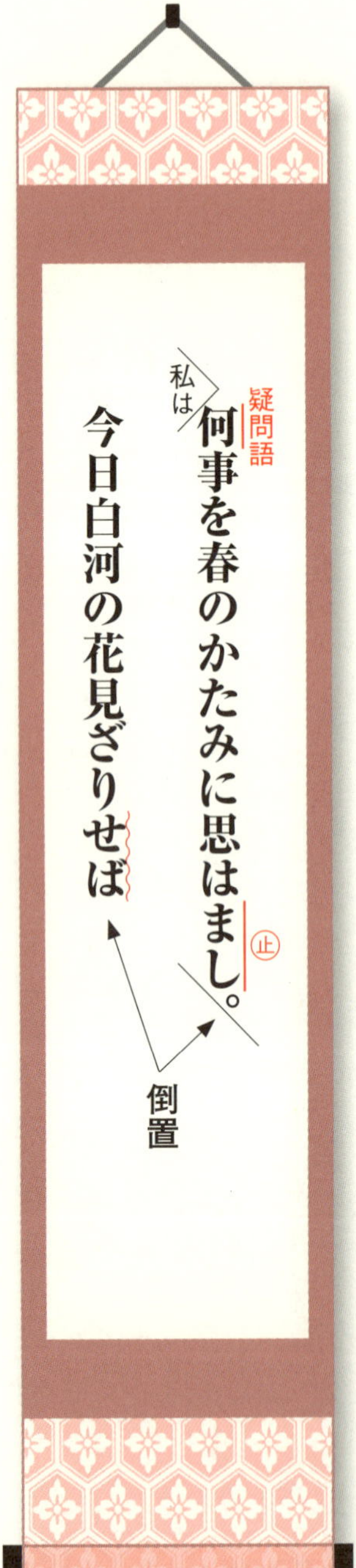
私は
疑問語
何事を春のかたみに思はまし。
止
今日白河の花見ざりせば
倒置

また、［何］という疑問語を用いているので、この［まし］はためらい意志の意にもなっているとわかる。訳出の際は、反実仮想とためらい意志の意をきちんと反映させることである。

解答

どんな事を春の形見として思おうかしら。今日白河の花を見なかったならば、

発展　和歌の中で多用される助動詞［まし］の用法

和歌の中でよく目にする表現に［〜（な）ましものを］［〜（な）ましを］がある。［なましものを］は、確述の助動詞［ぬ］に助動詞［まし］と終助詞［ものを］がついたもの。また、［なましを］は、確述の助動詞［ぬ］に助動詞［まし］と助詞の［を］がついたものである。**訳出の際は、［〜（な）ましかば、よからましものを］［〜（な）ましかば、よからましを］**の意として捉えるとよい。

（例1）白玉か何ぞと人の問ひしとき露と答へて消えなましものを　（『伊勢物語』）

［消えなましものを］は「消えなましかば、よからましものを」の意として考えるとよい。

訳―白玉か何だと人が尋ねたとき、露と答えて消えてしまうならば、よかったのになあ。

（例2）やすらはで寝なましものを　（『後拾遺和歌集』）

［寝なましものを］は［寝なましかば、よからましものを］の意として考える。

訳―ためらわないで寝てしまうならば、よかったのになあ。

レッスン 4

中止法について

■連用法・副詞法・連用中止法

連用形とは、その名称どおり、用言に連なる（＝下の用言に係る）用法のことである。たとえば「吹き飛ばす」であれば、連用形「吹き」は動詞「飛ばす」へ係るのである。この用法を**連用法**と呼ぶ。その中でも形容詞や形容動詞が用言に係る際は**副詞法**と分けることもできる。たとえば、「うつくしく咲く」であれば、この連用形「うつくしく」は動詞「咲く」に係るところから副詞法とみる。

ところが、連用形が下の用言に直接係らない場合がある。その際は、連用形でいったん文を中止しているのである。この用法を**連用中止法**と呼ぶ。なお、この連用中止法は、文を単に切るだけの使い方もするが、後に続く箇所と対の関係になるときは注意したい。

（例）**海を見**㊊**、山を見まほし。**

この例文は、「海を見」となっており、上一段活用動詞「見る」の連用形でいったん文が終わっている。いうまでもなく連用中止法であり、さらに、下に続く箇所と対の関係になっているとわかる。このとき、連用形までの箇所をAとし、対の関係となる箇所をBとし、その下に続く語をCとしてみる。

(例) 海を見、山を見 まほし。
（A＝海を見、B＝山を見、C＝まほし）

すると、対の関係はひとまとまりとして扱うことができるので、関係式でみると（A＋B）C［＝（海を見＋山を見）まほし］となる。ということは、**（A＋B）C＝AC＋BC**なので、解釈する際には、AC＋BC［＝海を見まほし＋山を見まほし］としてみるとよい。

なお、対とは、構文が同等なものを指している（対等の関係となる）ので、次のような関係になることが多い。

1　AもBも同等な文構造である。（例…月を眺め、花をめづ）

2　Aが形容詞・形容動詞であればBも形容詞・形容動詞である。（例…をかしく、あはれなり）

3　Aが動詞であればBも動詞である。（例…泣き、かなしぶ）

また、連用中止法の下には必ず読点が施されているとは限らないので注意したい。

《問題①》次の文を逐語訳せよ。

家居のつきづきしくあらまほしきこそ、仮のやどりとは思へど、興あるものなれ。（『徒然草』）

●家居のつきづきしくあらまほしきこそ、

［家居］とは「家の様子」の意。ここの格助詞［の］は下の用言［つきづきしく］に係るところから、

主格と捉え、「が」と訳出するとよい。

［つきづきしく］は形容詞［つきづきし］の連用形。「ぴったり合う」という意の名詞［つき］を重ねて形容詞化したもの。ぴったり合うということは、適合していることなので、そこから「似つかわしい・ふさわしい」の意となる。その反対語は［つきなし］である。［つき］がない状態を表すので「似つかわしくない・ふさわしくない」の意となる。ここの［つきづきしく］は、連用中止法である。

また、［あらまほし］は、ラ行変格活用動詞［あり］に助動詞［まほし］がついたものである。［まほし］は希望の意で、「～したい・～してほしい」と訳出する。よって、［あらまほし］の訳出は「ありたい・あってほしい・いたい・いてほしい」などとなる。それが次第に、「理想的だ」という意で使われるようになる。その際の［あらまほし］は一語の形容詞として扱うことになる。ここは、連用中止法となる形容詞［つきづきしく］と［あらまほし］は対の関係であるので、形容詞と判断する。また、この［あらまほしき］は連体形なので準体法である。よって、名詞「こと」などを補訳するとよい。

すると、対の関係になっている連用中止法の際は、前述どおり、AC＋BCの関係なので、［つきづきしく］も［あらまほしき］も補訳した名詞「こと」に係ると考える。

●…こそ、仮のやどりとは思へど、興あるものなれ。

係助詞［こそ］があるので、係り結びの法則により、文末の断定の助動詞［なり］が已然形で［なれ］となっている。訳出の際は、［こそ］はないものとして考える。すると、補訳した名詞「こと」の下に、さらに助詞「は」などを補訳することになる。なお、結びがわかることによって、［…こそ］までの内容は［興あるものなれ］に係るとわかる。［仮のやどりとは思へど］には係らないのである。そのような時は、「住居が、ふさわしく理想的であることは、…興味があるものだ」と、係りどころとの関係を先に考え、その次に、［仮のやどりとは思へど］の解釈にあたるとよい。なお、［仮のやどり］とは、我々がいるこの世の中は無常な仮の住まいのようなはかないものと暗示しているもので、「無常な一時的な住まい」などと訳出するとよい。

解答 住居が、ふさわしく理想的であることは、無常な一時的な住まいとは思うけれど、興味のあるものだ。

《問題②》次の文を逐語訳せよ。

簾をかけ、幕などひきたり。

（『更級日記』）

●簾をかけ、幕などひきたり。

［かけ］は「取り付ける」という意の下二段活用動詞［かく］の連用形である。係りどころとなる用言がないので連用中止法である。その下の［幕などひく］と同等な構造の文、つまり、対の関係が成立している。そこで、［簾をかけ］をAとし［幕などひき］をB、その下の［たり］をCとすると、AC［簾をかけたり］＋BC［幕などひきたり］とみることができる。なお、［幕など］は一語の名詞（＝体言相当）として扱うので、下には助詞「を」を補訳する。あとは助動詞［たり］の訳出に留意すればよい。

解答　簾をかけてあり、幕などをひいてある。

■対偶否定法

連用中止法の中で最も気をつけなくてはならないのはCの箇所に打消語が付いたときである。

（例）海を見㊒**、山を見ず**打消**。**

この例文で考えてみると、打消の助動詞［ず］が支配する箇所は［山を見］だけではなく、［海を見］まで及ぶこともある。その際は、「海を見て、山は見ない」と訳出するのではなく、「海をも見ないし、山をも見ない」と訳出したほうがよい。このように、Cにあたるものが打消表現であるときの中止法を**対偶否定法**（＝対偶中止法）と呼ぶ。

なお、この対偶否定法は、現代語にも多く存在する用法である。たとえば、日本国憲法の第三十一条には、次のように記されている。

（例）何人も、法律の定める手続によらなければ、その生命若しくは自由を奪はれ、又はその他の刑罰を科せられない。

もちろん、「生命や自由を奪われないし、またはその他の刑罰も科せられない」の意となる対偶否定法である。

《問題３》次の傍線部を逐語訳せよ。

よき人の、のどやかに住みなしたる所は、(a)さし入りたる月の色も、ひときはしみじみと見ゆるぞかし。(b)今めかしくきららかならねど、木立もの古りて、わざとならぬ庭の草も心あるさまに、簀子・透垣の(c)たよりをかしく、うちある調度も昔おぼえてやすらかなるこそ、心にくしと見ゆれ。

（『徒然草』）

●よき人の、のどやかに住みなしたる所は、

「よき人」は「身分が高く教養のある人」という意。その下の格助詞「の」は、用言に係るので主格とみて「が」と訳出する。「のどやかに」は、「穏やかに・ゆったりと」という意の形容動詞「のどやかなり」の連用形で、下の動詞「住みなし」へ係るところから副詞法とみる。「動詞＋なす」は補助動詞で、上の動詞を意識的に行うことを表している。たとえば、「泣きなす」は「意識して泣く」という具合である。また、継続の意を表す「たり」の連体形「たる」があるので、「よき人の、のどやかに住みなしたる」は名詞「所」の説明部とみることができる。

ここは、「身分が高く教養のある人が、ゆったりと住んでいる所は」と訳出する。

●さし入りたる月の色も、ひとときはしみじみと見ゆるぞかし。

「さし入りたる」は「月」の説明部である。**連体形や名詞につく文末の「ぞ」は「～だ」と訳出する断定の終助詞**である。終助詞とは文末に置かれる語であり、ここは、下に念押しの終助詞「かし」がついているため、断定の終助詞で何ら問題はない。それは、「かし」は文終止につく語だからである。

つまり、文がきちんと終止した、その下につく語が［かし］なのである。よって、断定の終助詞［ぞ］で文が終止し、そこに［かし］がついたと捉えるのである。なお、念押しの終助詞［かし］は、「よ・ね」などと訳出するとよい。

ここは、「差し込んでいる月の光も、一段としみじみと見えるのだよ」と訳出する。

●今めかしくきららかならねど、

［今めかしく］は、「現代風だ・当世風だ」という意の形容詞［今めかし］の連用形である。いうまでもなく、連用中止法である。その下の［きららかなら］は、「きらびやかだ」という意の形容動詞の未然形である。すると、この［今めかしく］と［きららかなら］は、対の関係になっているとわかる。さらに、その下に打消の助動詞［ず］の已然形［ね］があるので、ここは対偶否定法と判断する。つまり、［今めかしく］も［きららかなら］もともに打消の助動詞に係ると考える。よって、「現代風でなく、

きらびやかでないけれど」などと訳出するとよい。なお、何が現代風でもなく、きらびやかではないのかというと、「身分が高く教養のある人が住んでいる所が」である。

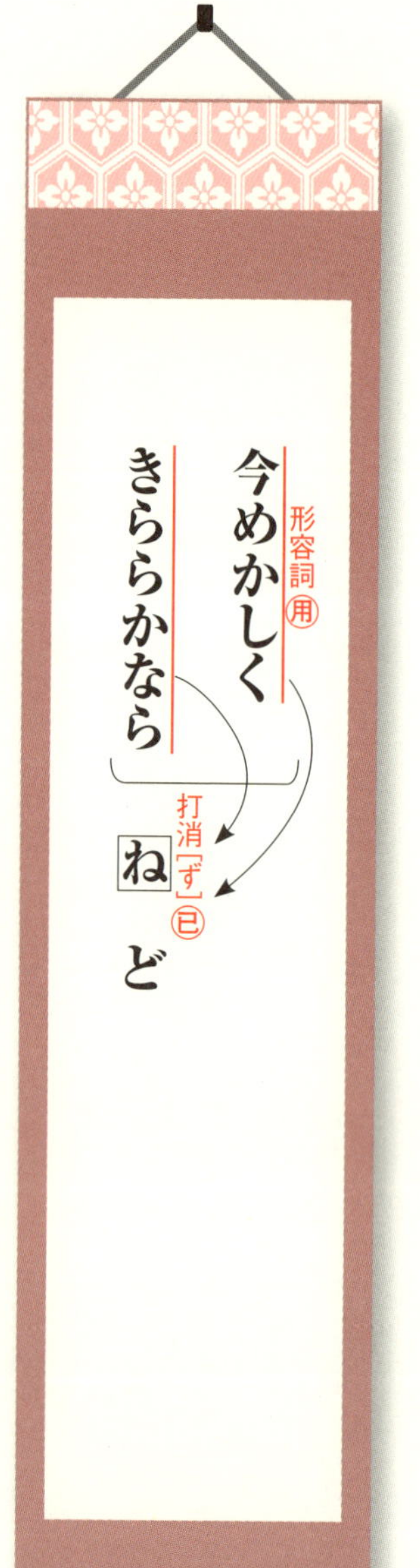

●木立もの古りて、

名詞「木立」は「木々」の意。助詞が非表出なので「が」などを補訳するとよい。「もの古る」とは「なんとなく古くなる」という意。「もの」は接頭語で「なんとなく」という意を表す。現代語にも「ものさびしい」などと使われている。ここは、木々がなんとなく古くなっている様子を述べている。

●わざとならぬ庭の草も心あるさまに、

「わざとならぬ」は「わざとならず」の連体形で「格別ではない・自然のままの」の意。「心あり」は「情趣がある」の意である。「わざとならぬ庭の草も」がSで、「心あるさまに」へ係る。「自然のままの庭の草も情趣がある様子であり」と訳出するとよい。「さまに」の「に」は、格助詞の「に」ではなく、断定の助動詞［なり］の連用形で、連用中止法である。普通、断定の助動詞［なり］の連用形は［にあり］の形になるが、連用中止法の際は［あり］は省略されやすい。

●簀子・透垣のたよりをかしく、

［透垣の］は名詞［たより］に係る。よって、この［の］は連体格で「の」と訳出する。［たより］は多義語だが、「簀子・透垣」を承けていることから、「配置」などと訳すとよい。また、助詞が非表出なので「も」を補訳し、P［をかしく］に係るSと考える。それは、前述の［わざとならぬ…心あるさまに］と対の関係になっていることがわかれば容易である。また、［をかしく］も形容詞［をかし］の連用形なので、連用中止法である。次の箇所と対の関係であるかどうかを意識しながら読み進めるとよい。

●うちある調度も昔おぼえてやすらかなるこそ、心にくしと見ゆれ。

［うちある］は「ちょっと置いてある」の意。また、［昔おぼゆ］は「古風な感じがする」の意。この［うちある調度も］は［昔おぼえてやすらかなる］に係るSとみることができる。よって、ここも対の関係になっているとわかる。なお、［やすらかなる］は形容動詞［やすらかなり］の連体形で、ここでは「わざとらしく凝っていない」などと訳出する。準体法なので、下に名詞「もの」などを補訳するとよい。

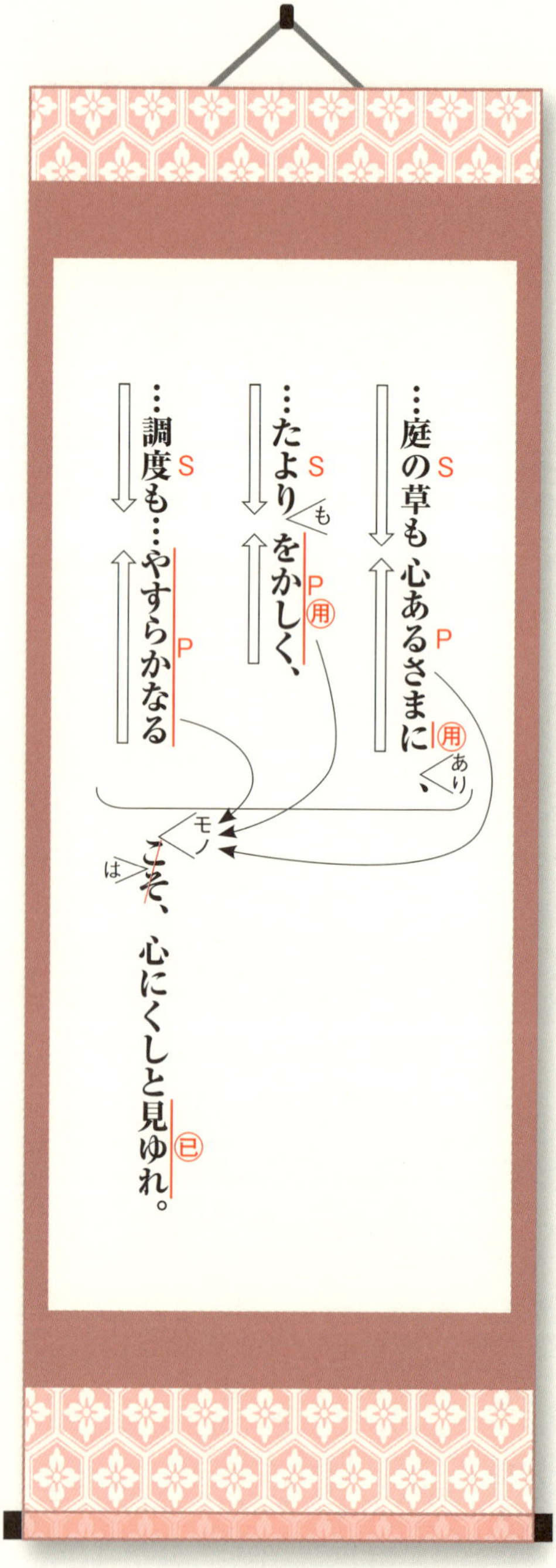

すると、ここは、S［わざとならぬ庭の草も］に対するPは［心あるさまに］であり、また、S［簀子・透垣のたより］に対するPは［をかしく］、さらに、S［うちある調度も］に対するPは［やすらかなる］となっており、同等な文が三つ連続する対の関係となっている。いずれも補訳した「もの」に係るとみることができる。つまり、［わざとならぬ庭の草も心あるさまなるもの］［簀子・透垣のたよりをかしきもの］［うちある調度も昔おぼえてやすらかなるもの］が奥ゆかしいと見て思える（＝［心にくしと見ゆれ］）というのである。ここは、多少難解な語があるが、構造把握をすることで全体の内容が

つかめるところである。

通釈 身分が高く教養のある人が、ゆったりと住んでいる所は、差し込んでいる月の光も一段としみじみと見えるのだよ。現代風でなく、きらびやかでないけれど、木々がなんとなく古くなって、自然のままの庭の草も情趣がある様子であるもの、簀子・透垣の配置も趣があるもの、ちょっと置いてある調度品も古風な感じがしてわざとらしく凝っていないものは奥ゆかしいと見て思える。

レッスン 5

引用文の捉え方

■引用文とは

書き手が読み手に対して説明している語句や文のことを**地の文**という。それに対して、作中人物が聞き手に対して話したり、誰かに向けて書いたりする語句や文のことを**会話文**、自分自身の心の中で思っている語句や文のことを**心内文**という。また、この会話文と心内文を総称して**引用文**という。

この引用文は、「　」（＝引用符・カギカッコ、以下カギと呼ぶ）を施し、その中にまとめることができる。また、引用文の下には、引用止めの助詞と呼ばれる［と］や、［と］の成分を含みこんだ［なにと］から成立した［など］がつき、さらに、［言ふ］や［思ふ］に代表される動詞がつくことが多い。［言ふ］［宣ふ］［申す］などの動詞であった際は、そのカギの内側の内容を会話文、［思ふ］［思す］［思しめす］［覚ゆ］などの動詞であった際は心内文と区別することができる。

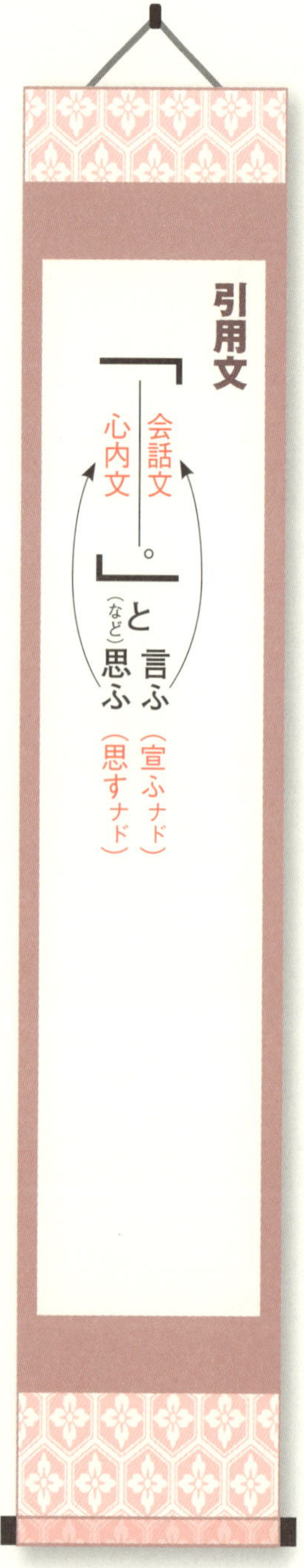

■引用文発見法

実際の入試問題をみると、会話文の際はカギを施していることが多いのだが、心内文に関してはカギを施していないのが普通である。カギが施されていない場合は、会話文・心内文ともにカギを施した上で解釈にあたるとよい。そうすると、誤読するようなことはなくなるであろう。

なお、カギの施し方は、引用文の文末には引用止めの助詞「と」や「など」があるので、まずはそれらの語を探すことでカギを閉めるところからはじめる。次に、**カギの外側の語句（内容）はカギの外側に意味上係り、カギの内側の語句（内容）は内側に意味上係る**ので、その語句（内容）がどこに係るのか意識することでカギのはじまりを探してみるとよい。このように、引用文の範囲の決定は明確に文構造を分析する力が必要となるので、日ごろから語句の係り承けを意識しながら解釈するように心がけることである。

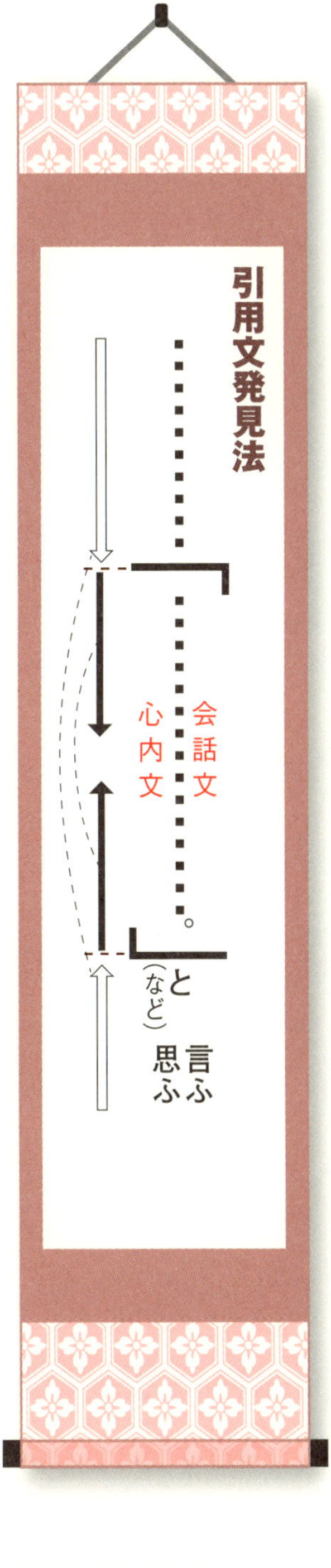

《問題①》傍線部「と」の承ける範囲を指定せよ。

もし、海辺にて詠ままましかば波立ち障《さ》へて入れずもあらなむとも詠みてましや。

（『土佐日記』）

《解説》

一見すると、［もし〜あらなむ］または［海辺にて詠ままましかば〜あらなむ］までを引用文として捉えてしまいやすいが、それは誤りである。

その理由は、前述のとおり、カギの外側にある語句はカギの外側に意味上係り、カギの内側の内容は内側に係るので、ここは［海辺にて詠ままましかば］を地の文として扱わないと、地の文の［詠みてましや］に係らなくなる。つまり、ここは［〜ましかば…まし］という反実仮想なので［詠ままましかば］は［詠みてましや］に係らなくてはならないのである。よって［波立ち障へて入れずもあらなむ］までを引用文と考える。

解答　波立ち障へて入れずもあらなむ

通釈　もし、海辺で詠むならば「波が立ち邪魔をして（月を）入れないでもいてくれよ」とも詠んでしまうのになあ。

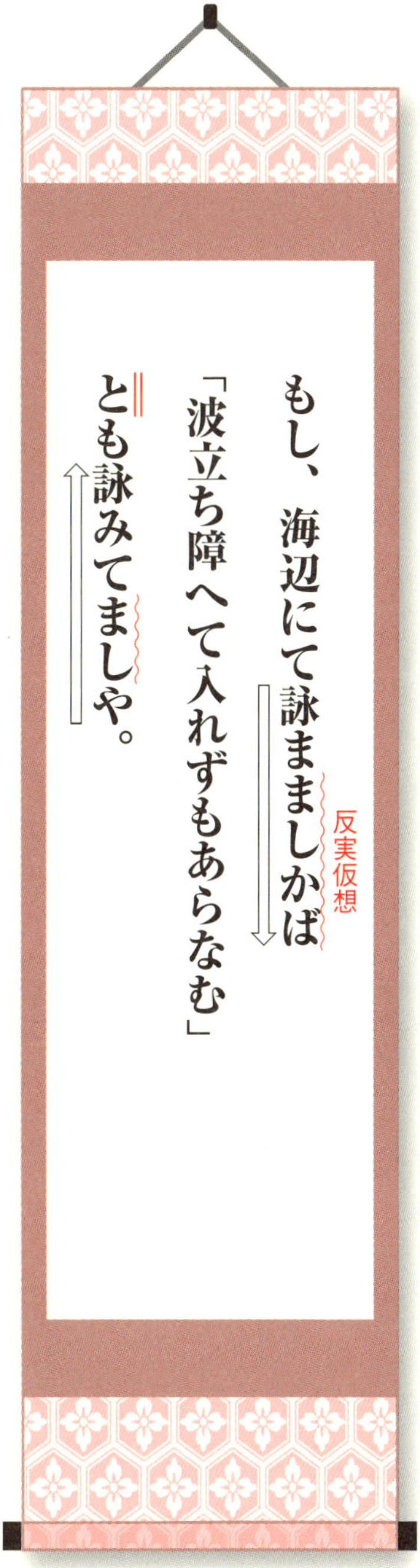
もし、海辺にて詠まましかば
反実仮想
「波立ち障へて入れずもあらなむ」
とも詠みてましや。

■引用文の解釈

⑴会話文の解釈

会話文は、話し手と聞き手が存在している。よって、話し手と聞き手が誰であるのか地の文から明確にできる場合は、それをはっきりさせた上で解釈するとよい。なお、**話し手は、その会話の中においては「私」という一人称、聞き手は「あなた」という二人称に設定しながら読むことになる。**よって、話し手と聞き手が誰であるのか明確にできない場合は、「私」と「あなた」の関係を意識しながら解釈することによって、「私」が誰であるのか、「あなた」が誰であるのか判断するとよい。

(2) 心内文の解釈

心内文は、思う人が誰であるのか明確にした上で解釈するとよい。なお、心内文中においては、**思う人は「私」という一人称に設定して読む**ことになる。もちろん、思う人が誰であるのか明確にできない場合は、心内文を解釈しながら「私」が誰であるのか判断することになる。

引用文発見法

❶会話文「〜」と言ふ。↑｛話し手＝私／聞き手＝あなた｝

❷心内文「〜」と思ふ。↑ 思う人＝私

なお、引用文中における解釈問題において人物関係を補う際は、一人称＝「私」二人称＝「あなた」の関係を用いて解答し、人物呼称（＝呼び名）を用いて答えてはならない。それ以外の三人称の場合は、文中で用いられている呼称を使用するのが原則である。

また、引用文中において主語明記がない場合は、とりあえず「私は」と設定し、次に、係りどころの述語をみて「私は」で文意がつながるかどうか考えるとよい。それで文意がつながらないときは、「私」以外の別の主語を考えるようにするとよい。

《問題②》ある老人はどのようなことを聞いたのか、説明せよ。

雨の降りける日、ある人のもとに思ふどちさし集まりて、古きことなど語り出でたりけるついでに、ますほの薄《すすき》といふはいかなる薄ぞと言ひしろふほどに、ある老人の言はく、渡邊《わたのべ》といふ所にこそ、この事知りたる聖はありと聞き侍りしかとおろおろ言ひ出でたりけるを、

（『無名抄』）

《解説》

●雨の降りける日、

［雨の］の［の］は、動詞［降る］に係るところから、主格とみて「が」と訳出する。

●ある人のもとに思ふどちさし集まりて、

［思ふどち］とは「気の合う同士」という意。助詞が非表出なので、その下に「が」などを補訳するとよい。［さし］はちょっとしたニュアンスを加えるためにおかれる接頭語なので訳出しなくてもかまわない。ここは「ある人のところに気の合う同士が集まって」の意。

●ますほの薄といふはいかなる薄ぞと言ひしろふほどに、

引用止めの助詞［と］があるので［ますほの薄といふはいかなる薄ぞ］にカギを施し、そこを会話文

とする。［言ひしろふ］は「互いに言い争う」の意であるところから、話し手は複数いるとわかる。そこで、この会話の話し手を［思ふどち］と定める。

［薄といふ］の［いふ］は連体形なので準体法である。下に「もの」などの名詞を補訳するとよい。［いかなる］は「どんな」という意。［ぞ］は、「〜だ」と訳出する断定の終助詞である。ここは、ますほの薄がどのようなものなのか、みんなで言い争っている場面である。

断定の終助詞［ぞ］

連体形
名　詞
＋［ぞ］。（訳＝〜だ）

●**ある老人の言はく、渡邊《わたのべ》といふ所にこそ〜おろおろ言ひ出でたりけるを、**

［言はく］とあるので、そこからカギを施し、［渡邊といふ所にこそ〜聞き侍りしか］までをある老人の会話文とする（p.92参照）。その会話文中に、［聞き侍りしか］とあるが、主体が明記されていないので「私は」として解釈するとよい。もちろん、「私」とは、話し手である「ある老人」のことである。

では、「ある老人」はいったいどのようなことを［聞き侍りしか］なのか。直上に引用止めの助詞［と］があるので、その［と］が承ける範囲を考えてみる。すると、係助詞［こそ］があり、係り結びの法則から、［聞き侍りしか］に係るとわかる（［しか］は過去の助動詞［き］の已然形）。そこで、［と］の承ける範囲は［この事知りたる聖はあり］と見抜ける。つまり、ある老人は、［この事知りたる聖はあり］という情報を聞いたのである。もちろん、［この事］とはますほの薄のことである。

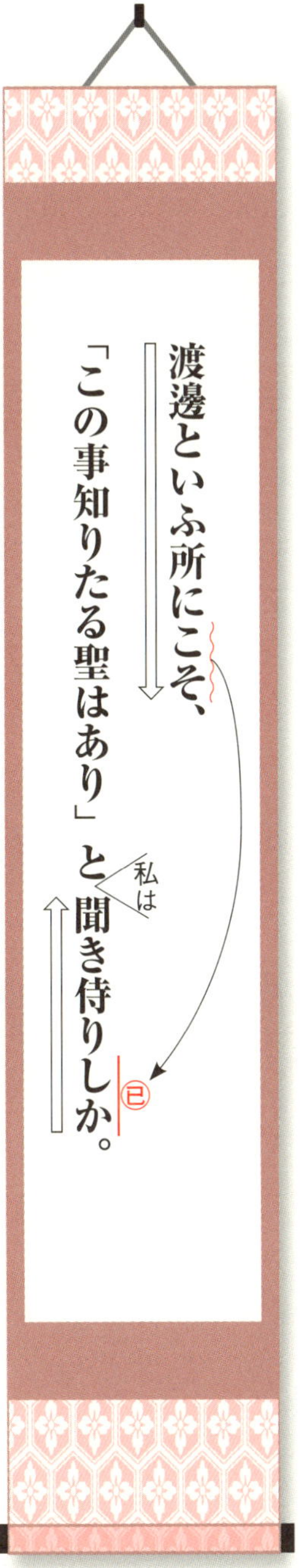
渡邊といふ所にこそ、
「この事知りたる聖はあり」と
私は
聞き侍りしか。
已

一見すると、［渡邊といふ所にこそ、この事知りたる聖はあり］にカギを施して、「ある老人」が「渡邊という場所にこの事を知っている聖がいる」という情報を聞いたと誤読してしまいやすい。しかし、係りどころを意識してカギをきちんと施すことで、そのような誤読は避けられる。つまり、ここは、「ますほの薄の事を知っている聖がいる」ということを渡邊という場所で聞いたのであって、「渡邊にますほの薄の事を知っている聖がいる」とは言っていないのである。

解答 ますほの薄のことを知っている聖がいるということ。

通釈 雨が降った日、ある人の所に気の合う同士が集まって、古いことなどを語り出していた時に、「ますほの薄というものは、どんな薄だ」と言い争う時に、ある老人が言うことは、「渡邊という所で『この事を知っている聖がいる』と私は聞きました」とはっきりしないながらも言

い出していたところ、

《問題③》傍線部「と」の承ける範囲を答えよ。

（堀河帝に仕えていた作者は、堀河帝崩御のために里帰りをしたが、白河院の命令により、幼帝の鳥羽帝に仕えることとなった。次は、鳥羽帝がお休みになっている時の記事である。）

御前の臥させ給ひたる御方を見れば、いはけなげにて大殿ごもりたるぞ、かはらせおはしましましとおぼゆる。

（『讃岐典侍日記』）

《解説》

●御前の臥させ給ひたる御方を見れば、

［御前］とは「鳥羽帝」のこと。［の］は下の用言に係るところから、主格で「が」と訳出する。［見れば］の主体は尊敬語もなく、また、出典が日記であるところから作者であると見抜ける。ここは「鳥羽帝がお休みになっている方を私は見ると」と訳出する。

●いはけなげにて大殿ごもりたるぞ、かはらせおはしましましとおぼゆる。

［いはけなげに］は「子供っぽい」という意の［いはけなし］を形容動詞化したもの。［大殿ごもる］は「お休みになる」という意の尊敬語。継続の意を表す［たり］がその下についているので、鳥羽帝が

お休みになっている状態が続いているとわかる。ここで問題となるのは係助詞［ぞ］の結びである。［かはらせおはしましし］（［し］は過去の助動詞［き］の連体形）に係るのか、それとも［おぼゆる］（下二段活用動詞［覚ゆ］の連体形）に係るのか、ともに文末が連体形なので判断できないのである。［かはらせおはしましし］に係ると考えるのであれば、［いはけなげにて〜かはらせおはしましし］にカギを施し、そこまでを心内文とみることになる。また、［おぼゆる］に係ると考えるならば、［かはらせおはしましし］を心内文とみることになる。どちらに係るのかという判断は、次の時制の係り承けを利用するとよい。

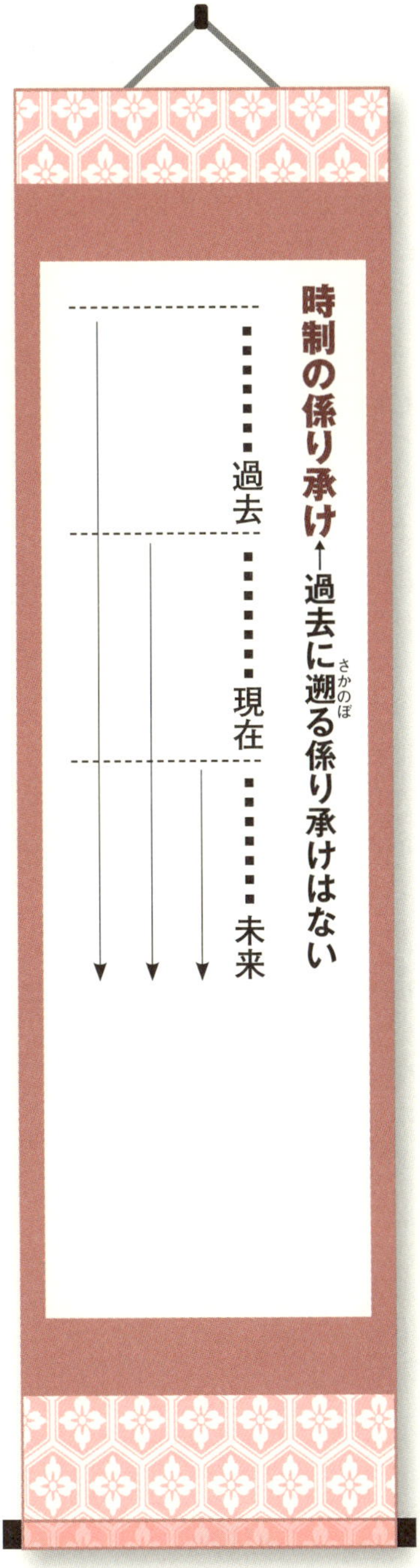

過去の内容は、同一時制である過去、または、その時点より後の現在や未来のことがらに意味上係る。また、現在の内容であれば、同一時制の現在、または未来のことがらに係る。未来の内容で

あれば同一時制である未来のことがらに係るのである。決して、時制を遡る係り承けはしないのである。これは、現代語においても同様で、たとえば「いま私は勉強していて《現在》、昨日学校休んだ《過去》」とか「明日雨が降るならば《未来》、昨日遊びに出かけた《過去》」などと用いることができないのと同じである。

すると、ここは「いはけなげにて大殿ごもりたるぞ」は、その時現在のことがらであるので、過去のことがらの「かはらせおはしましし」には係らないとわかる。よって、「おぼゆる」に係ると捉え、その結果、「かはらせおはしましし」にカギを施し、そこを心内文と決めることができる。

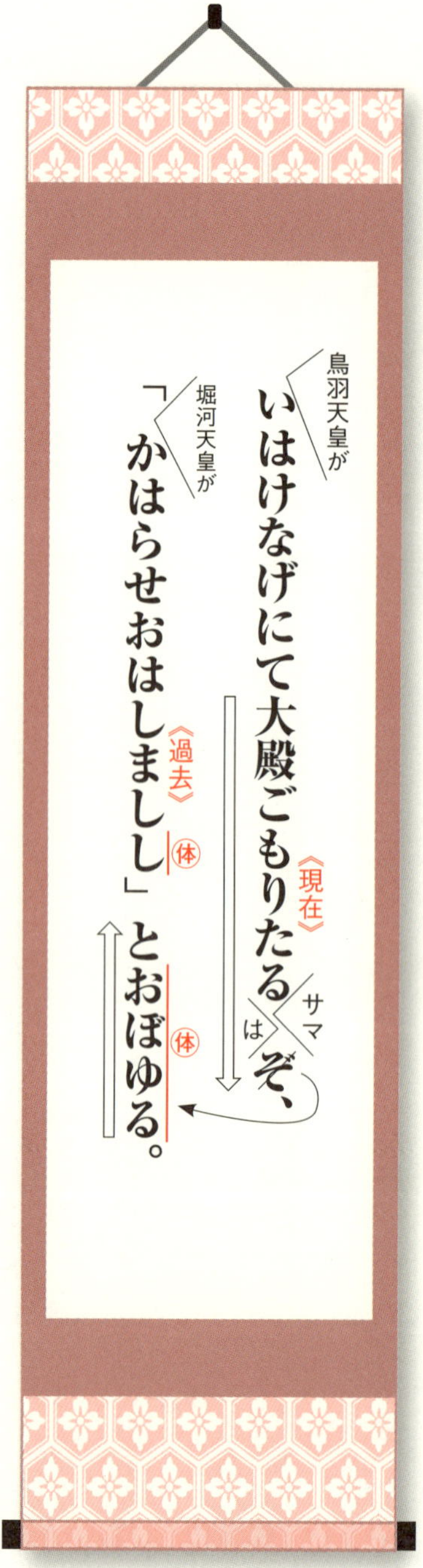
鳥羽天皇が
いはけなげにて大殿ごもりたる
《現在》
サマ
は
ぞ、
堀河天皇が
「かはらせおはしましし」
《過去》
体
とおぼゆる。
体

さて、ここの解釈であるが、まず、連体形「たる」の下に「さま」などの名詞を補訳し、さらに非表出の助詞「は」などを補訳するとよい。また、「いはけなげに大殿ごもりたる」の主体は、尊敬語「大

殿ごもる」の存在と、その時現在のことがらであるところから、鳥羽天皇と見抜ける。また、係りどころの［おぼゆる］の主体は、尊敬語もなく、主体明示もされていないので（日記は作者の存在を意識するところから）作者と判断できる。

さらに、心内文の［かはらせおはしましし］は、過去の助動詞［き］と、最高敬語［せおはします］（p.178参照）の存在から、亡き堀河天皇が主体であるとわかる。なお、ここの心内文は、係り結びの結びでもないのに助動詞［き］の連体形［し］で文が終止しているのだが、引用文の文末を連体形で終えることはよく目にすることである。次に用例をあげてみる。

（例１）（童女ガ尼君ニ）「雀の子を犬君《いぬき》が逃がしつる。伏籠《ふせご》のうちに籠めたりつるものを」とて、いとくちをしと思へり。（『源氏物語』若紫）

このように、文末を連体形で終止するのは、始めは引用文中における用法であった。しかし、次第にこのはたらきが一般化されることで、地の文の文末までもが連体形で終わるようになる。現代語において、形容動詞以外の活用語がすべて終止形＝連体形であるのは、連体形が終止形と同等な役割になった経緯と考えられる。なお、連体形で文が終止した場合の訳出は、準体法として扱って下に名詞を補訳してもよいし、終止形と同じ扱いをしてもよい。または、「ことよ」などという語の省略を考えてもかまわない。

すると、ここの［かはらせおはしましし］は、連体形で文が終止しているので、名詞を補訳して「堀河天皇がお変わりになった姿であるよ」などと訳出するとよい。

解答 かはらせおはしましし

通釈 鳥羽天皇がお休みになっている様子は、「堀河天皇がお変わりになった姿であるよ」と思われる。

■必ずカギがつく引用文の構造

引用文の範囲の決定は、まず、引用止めの助詞［と］や［など］を発見し、その直上でカギを閉じることからはじめ、次に、語句の係り承けを利用しながらカギの始まる位置を判断することになる。しかし、次のような構造のときは、引用文の始まりが必然的に決まる。

(1) 会話文

会話文の場合は、［言はく］［言ふやう］［言ふは］などの表現がくると、その下からカギを施し、そこから会話文が始まるとわかるのである。なお、カギの終わりは［と言ふ］［など言ふ］などとなるのが普通である。ただ、常に［言ふ］になるとは限らず［言ふ］の尊敬語化として［のたまはく］［のたまふやう］［のたまふは］となったり、謙譲語化として［申さく］［申すやう］［申すは］となったりすることもあるので注意を要する。

(例2)（法師ガ）かたへのともがらに言ふやう、はやく痛手を負ひて、いかにも延ぶべくも覚えぬに、この首討てと言ふ。　**（『古今著聞集』）**

この**（例2）**は、［言ふやう］とあるので、その下からカギを施すことができる。また、［と言ふ］とあるので、その上でカギを閉じることができる。つまり、［はやく〜この首討て］までを会話文と定めることになる。

（例3）（童ガ）孔子に問ひ申すやう、日の入る所と洛陽といづれか遠きと。（『宇治拾遺物語』）

この**（例3）**の［問ひ申すやう］は、本来の形は［言ふやう］だが、［言ふ］を［問ふ］という語に置き換え、さらに、客体の［孔子］を敬うために謙譲語の補助動詞［申す］を添加して［問ひ申すやう］となったのである。そこで、［問ひ申すやう］の下からカギを施し、また、引用止めの助詞［と］があるので、［日の入る所と洛陽といづれか遠き］までを会話文とみることができる。なお、ここは、［と］で文が終止しているが、そのようなときは、その下に［言ふ］などの動詞の省略を考えてみるとよい。ここでは、敬語対象者の孔子に尋ねるところから［問ひ申す］の省略と考える。

(2) 心内文

心内文の始まりがわかるパターンとしては［思ふは］［思ふやう］［心に］という形式の時である。これらの表現を見つけた時は、その下からカギを施すことができる。また、カギの文末は［と思ふ］［など思ふ］となることが多い。もちろん、このパターンも、敬語化して［思すは］［思すやう］［御心に］となったりすることもある。

必ずカギがつくパターン

❶会話文
言はく
言ふやう
言ふは
「……」と言ふ

❷心内文
思ふは
思ふやう
心に
「……」と思ふ

※敬語化されることもある。
例 「のたまはく」「のたまふやう」「のたまふは」
「申さく」「申すやう」「申すは」
「思すは」「思すやう」「御心に」
※助動詞を伴うこともある。

このような構造をおさえておくと、カギの始まりが容易に判断できるので、順序よく上から解釈することが可能となる。なお、「言ふ」や「思ふ」の箇所が敬語化されるだけではなく、さらに助動詞を伴って、「のたまひけるは」とか「思しけるやう」などとなることもある。しかし、原形をしっかりおさえておくことで処理できるはずである。

■特殊な構造の引用文❶

たとえば、現代語において、「あなたは遊びに行こうと思っているのか」と話し手が聞き手に対して述べたとする。もちろん、そこには引用止めの助詞［と］があるので二重カギを施すことになり、厳密には「あなたは『遊びに行こう』と思っているのか」と記すことになる。すると、実際は、「思っているのかどうか」ということだけではなく、「遊びに行くのかどうか」ということも尋ねているのだが、現代語においては二重カギの内側を疑問表現にすることはほとんどなく、多くは、外側だけを疑問表現にするのである。ところが、**古文においては、カギの外側だけを疑問表現にすることも、逆に、内側だけを疑問表現にすることもあるので注意を要する。**

(例4)（俊恵ガ入道ニ）「御詠の中には、何《いづ》れかすぐれたりと思す。…」と聞こえしかば、（『無名抄』）

(例4)は、鴨長明の師である俊恵が五条三位入道に話しかけている場面である。その会話文の中に［と思す］とあり、引用止めの助詞［と］が用いられている。よって、そこに二重カギを施すことになるが、［すぐれたり］の［たり］は終止形なので、［何れか］の［か］は係助詞である以上、そこに係らないのである。つまり、［すぐれたり］に二重カギを施して、［何れか］は［思す］に係るとみるのである。訳語としては「あなたの詩歌の中では、どちらを『すぐれている』とお思いでいらっしゃいますか」となる。一見すると、［いづれか優れたり］の箇所に二重カギを施し、「どちらが優れているのか」としたくなる。しかし、ここは、二重カギの内側の［優れたり］に疑問を用いていないので、そこに疑問の意を含んだ訳出は避けなくてはならない。

（例5）（翁ガかぐや姫ニ）「思ひのごとくにも宣ふものかな。そもそも、いかやうなる心ざしあらむ人にかあはむと思す。…」と言ふ。（『竹取物語』）

（例5）は、『竹取物語』の一節で、求婚者たちの愛情も知らないで結婚するわけにはいかないと、結婚拒否を続けているかぐや姫に対して、竹取の翁が結婚を勧めている箇所である。［思ひのごとくにも宣ふものかな］とは「思いのままにあなたはおっしゃるものですなあ」という意。［そもそも］は「それにしても」という意である。

さて、ここで気になるのは次の箇所である。翁の会話文の中に［と思す］とあり、引用止めの助詞［と］が用いられているので、そこに二重カギを施すことになるが、［いかやうなる心ざしあらむ人に］は、内容上［思す］には係らないので、［いかやうなる心ざしあらむ人にかあはむ］に二重カギを施し、［そもそも］は［思す］に係るとみる。疑問の箇所は［いかやうなる心ざしあらむ人にかあはむ］であって、二重カギの外側の［思す］ではない。現代語であれば、二重カギの外側を疑問文にして、「それにしても『どのような愛情があるような人と結婚するのだろう』とあなたはお思いになっているのか」としたいところだが、古文では二重カギの内側を疑問にする形式も多いようである。ここもそうであり、二重カギの内側の［いかやうなる心ざしあらむ人にかあはむ］を疑問にしている。そこで、訳出の際は、疑問文になっている箇所のみを疑問の訳出とし、疑問文に該当しない箇所までに及ばないような訳出を心がけるとよい。

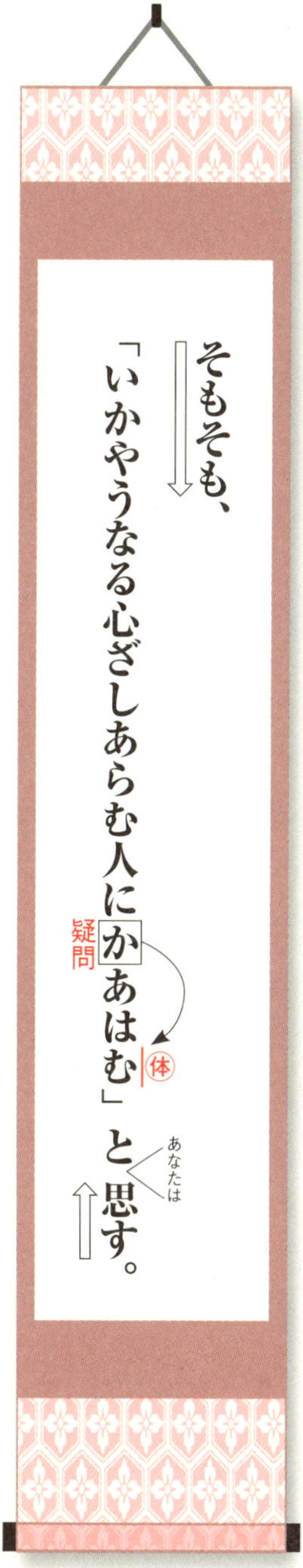
そもそも、
「いかやうなる心ざしあらむ人にかあはむ」と思す。
疑問
体
あなたは

そこで、ここは「あなたは思いのままにおっしゃるものですなあ。それにしても、『どのような愛情があるような人と結婚するのだろうか』とあなたはお思いになるのだ」などと訳出する。

■特殊な構造の引用文❷〔高揚的引用文〕

心内文であったはずの内容が、最終的には会話文となってしまう特殊な構文について考えてみたい。その場合の多くは、「**思ふやう**「～」**と言ふ**」「**思ふは**「～」**と言ふ**」のようにカギの手前が「思ふ」で、承けるところが「言ふ」となる構造になる。これは、**自分自身の心の中で思っていたことがらを、途中から気持ちが高まったことで言葉に発してしまった、いわゆる独り言のようなもの**と考えられる。

このような引用文を**高揚的引用文**などと呼ぶこととする。

高揚的引用文の構造

思ふやう
思ふは ｝「・・・・・」と言ふ。

《問題④》 傍線部「と」の承ける範囲を答えよ。

（仙命上人が覚尊上人の住まいに訪れた際、覚尊上人は家に置いてあるものを盗まれないように封印をして出かけてしまった後の記事である。）

この聖（＝仙命上人）思ふやう、いと心わろきしわざかな。よも歩きの度にかくもしたためじ。我を疑ふ心にこそ。はや帰れかし。このことを恥ぢしめんと言ふ。

（『発心集』）

《解説》

●この聖思ふやう、

「思ふやう」とあるので、その下からカギを施し、「いと心わろき～恥ぢしめん」までを引用文とみる。ここで気になるのは、普通は、「思ふやう「〜」と思ふ」となるはずだが、ここは「思ふやう「〜」と言ふ」となっているのである。そこで、この引用文を高揚的引用文と判断するのである。

覚尊上人が、客人である仙命上人を自邸に残したまま出かけることとなり、物を盗まれないように封印をして出て行ったことに対して、仙命上人は怒りの気持ちを思わず言葉に出してしまったのである。カギの内側を解釈すると、その状況がはっきりと伝わってくる。

●**いと心わろきしわざかな。**

「心わろし」とは「気分がよくない」という意で、反対語として「心よろし」がある。「かな」は詠嘆の終助詞。「心わろきしわざかな」で「気分が良くない行為だなあ」と訳出する。

●**よも歩きの度にかくもしたためじ。**

「よも」は副詞である。この副詞は「じ」と呼応し、「よも〜じ」となることが多い。「まさか〜まい」または「まさか〜ないだろう」などと訳出する。また、「よも〜じ」となった際は、一人称主体になることは極めて稀である。よって、ここの主体は覚尊上人とする。「歩きの度」とは「外出の度」、「したたむ」は「整理する」の意。「覚尊上人はまさか外出の度にこのようにも整理するまい」と訳出する。物を封印するのは自分がいるからであると仙命上人は思うのである。

●**我を疑ふ心にこそ。はや帰れかし。**

「にこそ」の下には「あれ」や「あらめ」などを補うとよい。「に」は断定の助動詞「なり」の連用形である。自分の事を覚尊上人は物を盗むのではないかと疑っているのであろうというのである。

「はや帰れかし」の「かし」は念押しの終助詞で「～よ」という意。この「かし」は、文終止の下につく。係助詞「こそ」がないところから、「帰れ」は命令形とわかる。それは、命令形は文末に出る表現だからである。

命令法

「……………命令形」

条件｛会話文中に出る。
　　　主体＝「あなたは」

命令形の用法のことを**命令法**という。**命令形は、聞き手に対して命令するので会話文中に出るのが原則である。また、「あなた」を主体とする。**しかし、ここは、相手である覚尊上人は出かけてしまっており、聞き手は存在しないのである。そこで、純粋な会話文ではないので人物関係を補って訳出する際は、「あなたは」とはせずに、「覚尊上人は早く帰ってこいよ」などとする。ここは、仙命上人の怒りの気持ちが高まり、その気持ちを思わず言葉に出してしまった箇所なのである。だからこそ、存在しない相手に対して命令したのである。高揚的引用文においては、このような現象がよく起こるのである。

●このことを恥ぢしめん

主体が明記されていないので「私は」とする。［恥ぢしめん］の［しめ］は、漢文訓読文で多く用いられる助動詞［しむ］の未然形である。ここは、登場人物の仙命上人が僧侶である（僧侶は漢文調の経に慣れている）という表現者の意識から、あえて［しむ］を用いたのであろう。

なお、この助動詞［しむ］は、尊敬語を伴って［しめ給ふ］となった場合は、使役または尊敬の意となる。よって、常にどちらが適当であるのか検討しなくてはならない。しかし、尊敬語と併用しない場合の［しむ］は必ず使役の意となる。ここの［恥ぢしめん］の［しむ］も尊敬語を用いていないので使役の意とわかる。

また、助動詞［ん］は、文末用法であり、一人称主体であるところから意志の意とわかる。ここは、「私は（覚尊上人に）このことを恥ずかしめてやろう」などと訳出する。

解答　いと心わろきしわざかな。よも歩きの度にかくもしたためじ。我を疑ふ心にこそ。はや帰れかし。このことを恥ぢしめん。

通釈　この聖（＝仙命上人）が思うには、「たいへん気分がよくない行為だなあ（＝実にけしからんことだなあ）。まさか、覚尊上人は外出の度にこのようにも整理する（＝封印をする）まい。自分を疑う心であろう。覚尊上人は早く帰ってこいよ。私はこのことを恥ずかしめてやろう」と（独り言を）言う。

レッスン 6

［て・ば］のはたらき・条件法

古典文を解釈していく上で、**接続助詞［て］や［ば］を意識することによって、文構造がより鮮明となったり、人物関係が明瞭となったりする**ことが多い。そこで、接続助詞［て］と［ば］の用法について考えることにする。

■動作性の語につく接続助詞［て］

まず、接続助詞［て］が動作性の語についた時の用法からみることにする。

［A―て―B］とした場合、**［A―て］は［B］の先行動作になっている**のである。それは、現代語においても同じであり、たとえば、「電車に乗って、家に帰る」という表現であれば、「電車に乗る」という動作は「家に帰る」動作よりも先に行われる動作ということである。

この接続助詞［て］のはたらきで最も大切なことは、**［A―て］は常に［B］に係るので、［A―て］で文をまとめることはできない**ということである。つまり、［山に行きて。］［里に帰りて。］などのように、［て］で文を終止することはできず、次の用言（おもに動詞）に意味上係ることになる。従って、［山に行きて］とあった場合には、それがどこに係るのか検討しながら読み進めるとよい。つまり、［〜てドウスル］と読んでいくのである。

また、時制表現が必要とされる場合は、［——A——て］の係りどころの最後に時制を出すことになる。**そして、その時制が全体を支配するのである。**たとえば、［車に乗りて、山を越えて、内裏に参りけり］などとあった場合、［車に乗りて］や［山を越えて］には時制は出さず、［内裏に参りけり］に過去の時制を出す。すると、全体を過去の内容として捉えることができる。そこで注意すべきことは、たとえば「学校に行って、勉強をしよう」とあった場合は全体が未来に関する内容となり、「学校に行って、勉強をした」とあった場合は全体が過去の内容となるので、「学校に行って」の箇所だけでは時制の相違を判断できないのである。従って、接続助詞［て］があるときは、**係りどころをきちんと捉え、大きく全体を見通す必要がある。**

動作性の［て］
A
［て］
B〈時制〉
用言
性質
1　［——A——て］は［——B——］に係る。
2　［——A——て］で文をまとめることはできない。
3　時制は係りどころの最後に出すことでまとめる。

また、この接続助詞［て］は、主語・主体を見抜く手段として取り上げられることが多いが、［A て］の係る箇所［B］の主語・主体が同一となるのかどうかという判断は、係りどころとの関係を見通した上での結果論であって、［て］の存在だけで断言することはできない。ただし、［A て］は表現をまとめることができず、次の動作［B］に係ることになるので、結果として［A て］が係る［B］の主語・主体は同一になりやすい傾向はある。

（例1）童、海に行きて、魚を釣る。

この（例1）は、［海に行きて］の箇所に接続助詞［て］が用いられている。よって、まず係りどころを探し、［釣る］に係るとみる。その上で、先行動作［海に行きて］の箇所と、係りどころの［釣る］との関係をみた結果、ここは主語・主体を同一の［童］として捉えることができる。

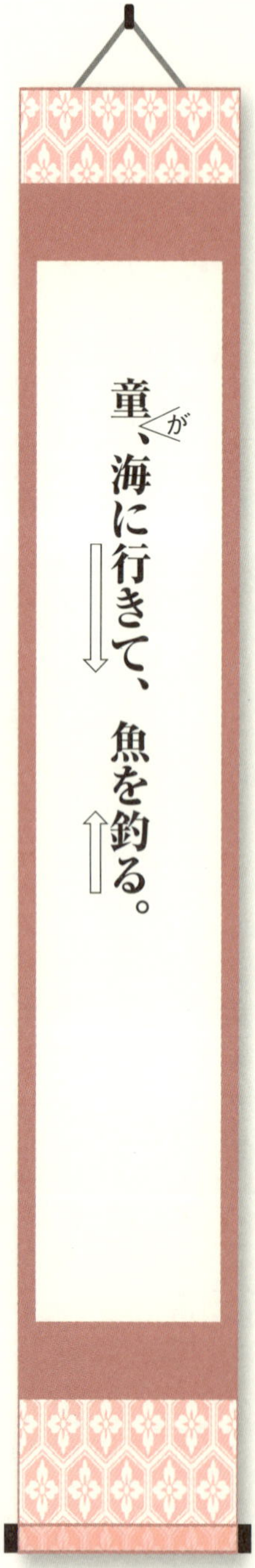

なお、［海に行きて、童は魚を釣る］などのように、その動作の主語・主体が［A て］ではなく係りどころの［B］に明記されることもある。しかし、この現象は古文に限るものではなく、現代語

においても同じである。「走って彼は帰った」「泣いて彼女は喜んだ」などという表現がそうである。

次に、［―Aて］の箇所と、係りどころの［―B］の箇所の主語・主体が同一とならない場合の例をあげてみる。主語・主体が同一とならない場合には、表現者が主語・主体を変えるという意識を持っているので、それを表現の中で示すことが多い。その例が次である。

(例2) 童旅立ちて、母悲しむ。

この(例2)は、［童旅立ちて］の箇所に接続助詞［て］があるので、係りどころを探し、［悲しむ］に係ると判断する。また、名詞［母］の下に助詞がないので、そこに「が」などを補うことになる。すると、先行動作の主語・主体は［童］であるが、係りどころの主語・主体は［母］であるとわかる。このように、**係りどころの主語・主体が同一とならないときは、係りどころにはっきりと主語・主体が記されることが多い**。

(例3) 父亡くなりて、悲しむ。

この(例3)も、［亡くなりて］の箇所に接続助詞［て］があるので、まずは［悲しむ］に係ると見抜く。その係りどころには主語・主体が明記されていないが、亡くなった父が悲しむわけにはいかない。そこで、この［悲しむ］の主語・主体は［父］以外の誰かとみる。このように**［―Aて］の係りどころである［―B］の意味内容から、主語・主体が異なると判断できるときは、その主語・主体は記さない**

こともある。それは現代語においても同様で、「花が咲いて喜んだ」などとあった場合、「喜んだ」の主語・主体は「花」でないことは自明なので記さないのである。

なお、**主語・主体が異なるときは、[A て]が[B]の理由を表していたり、または、[A て]と[B]が逆接の関係になっていたりすることが多い。**この(例2)の「童旅立ちて、母悲しむ」も、また、(例3)の「父亡くなりて、悲しむ」も、ともに[A て]が[B]の理由を表しているとわかる。

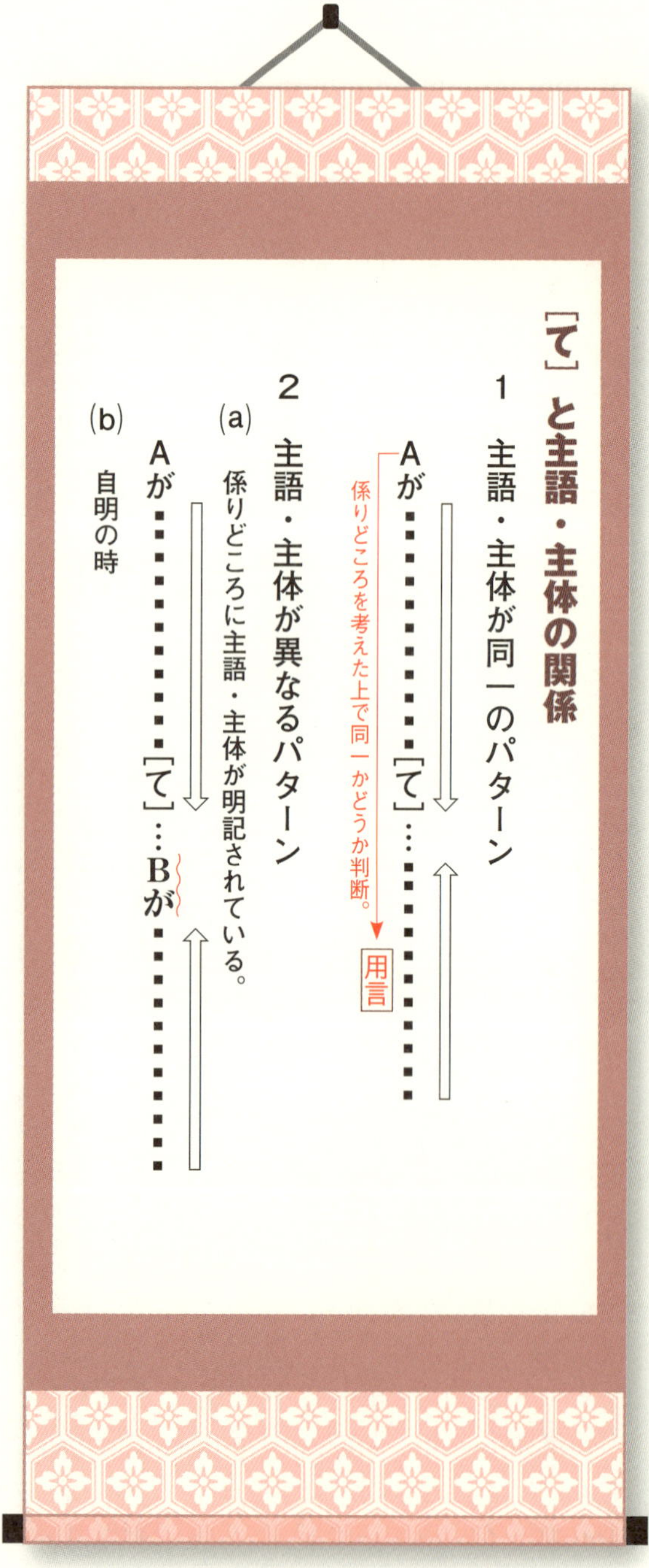

[て]と主語・主体の関係
1 主語・主体が同一のパターン

2 主語・主体が異なるパターン
(a) 係りどころに主語・主体が明記されている。

(b) 自明の時

いずれにしても、係りどころの主語・主体は同一であるとも断言できないし、逆に、異なるものとも断言できるものでもない。断言できることは、［て］は表現をまとめることができないということと、［―A―て］は［―B―］の先行動作になっているということだけなのである。

■状態性の語につく接続助詞［て］

この接続助詞の［て］は状態性の語につくこともある。状態性の語とは、形容詞、形容動詞、副詞の［かく］、または、［見ゆ］や［あり］などの動詞を指す。そのような状態性の語につく接続助詞の［て］は、どんな状態であるのかをより明確にするはたらきがあるので、「〜状態で」「〜様子で」「〜気持ちで」などという訳出をあてるとよい。次に用例をあげてみる。

(例4) 三寸ばかりなる人、いとうつくしうてゐたり。 **（『竹取物語』）**

この(例4)は『竹取物語』の一節である。［いと］は副詞で「とても」という意、［うつくし］は、慈愛の気持ちを表す語で、現代語にすると「かわいらしい」という意の形容詞である。その形容詞に接続助詞の［て］がついているので、この［て］は状態を表している。そこで、「三寸ぐらいである人が、とてもかわいらしい状態で座っている」または「かわいらしい様子で座っている」などと訳出するとよい。

■二種類ある接続助詞［ば］

接続助詞の［ば］は、p.37で説明したとおり、未然形接続の［ば］と已然形接続の［ば］の二種類がある。

> **二種の［ば］**
> **未然形＋［ば］＝仮定条件（訳＝～ならば）**
> **已然形＋［ば］＝確定条件（訳＝～と・～ところ・～ので）**

［未然形＋ば］は、「～ならば」と訳出する仮定条件となる。また、［已然形＋ば］は、「～と」「～ところ」「～ので」などと訳出する確定条件となる。よって、接続助詞［ば］の上につく語が未然形なのか、已然形なのかを常に考えなくてはならない。

■仮定条件の用法

仮定条件を表す［ば］で最も注意したいことは、**未確定表現に意味上係る**ということである。未確定表現とは、推量・意志・当然・適当・命令・願望などの表現のことであり、これから後に起こる動作のことである。決して、過去の叙述や現在の叙述に意味上係ることはない。それは現代語においても同様で、「明日雨が降るならば、彼女は遊びに出かけないだろう（未確定表現）」ということはできるが、「明日雨が降るならば、昨日遊びに出かけなかった《過去》」とか「明日雨が降るならば、今日遊びに出かけている《現在》」などということはできないのである。

また、［未然形＋ば］の他に**［形容詞(用)＋は］［形容詞型助動詞(用)＋は］［打消の助動詞［ず］(用)＋は］**なども仮定条件を表す。一部、［〜くば］［〜ずば］の形で仮定条件を表すこともあるが、この［〜ずば］［〜くば］は、未然形につく［ば］ではなく、［形容詞(用)＋は］［打消の助動詞［ず］(用)＋は］のことなのである。それは、たとえば、形容詞［なし］を仮定条件にした場合、本来は［なくは］となるのだが、撥音の［ん］を入れこむことで［なくんば］とし、さらに撥音無表記となって［なくば］と記すようになったからである。また、打消の助動詞［ず］の仮定条件である［ずは］も同様で、撥音の［ん］を入れることで［ずんば］となり、その撥音を無表記にして［ずば］となったのである。

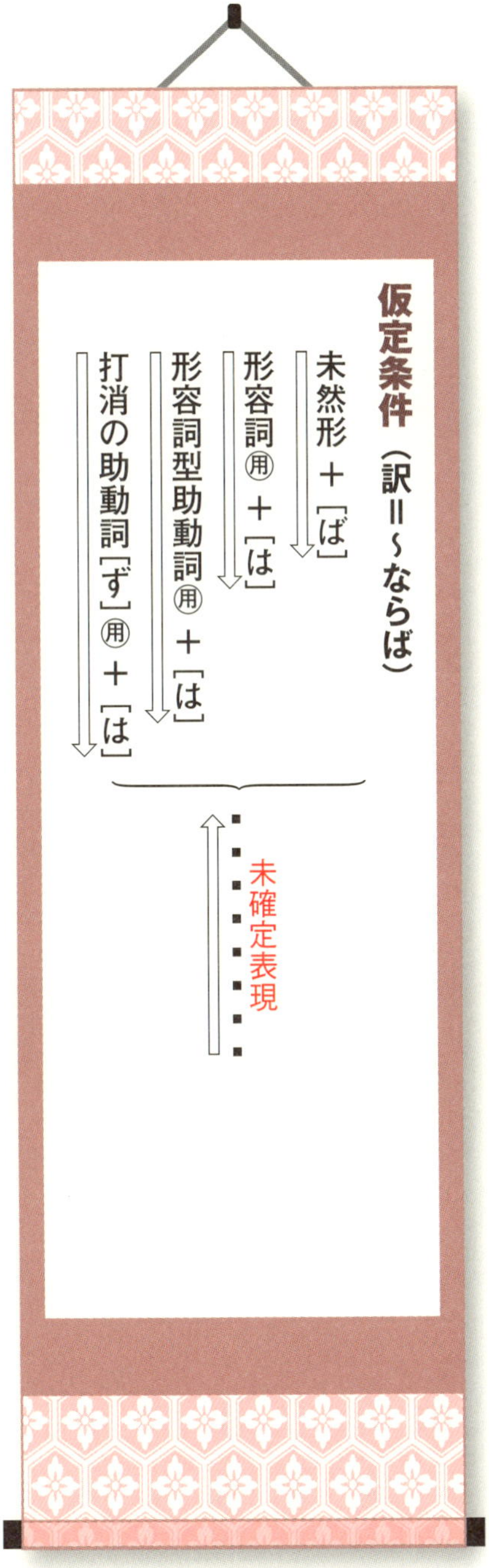

なお、仮定条件の中には、「〜としても」と訳出する逆接の意を表す用法として用いられることもある。古文においては、**［終止形＋とも］［形容詞㊊＋とも］［形容詞型助動詞㊊＋とも］［打消の助動詞［ず］㊊＋とも］の形式**のときである。この逆接の意を表す仮定条件も未確定表現に係る。

逆接の仮定条件（訳〜としても）

終止形＋［とも］

形容詞㊊＋［とも］

形容詞型助動詞㊊＋［とも］

打消の助動詞［ず］㊊＋［とも］

未確定表現

《問題①》 次は『太平記』の一節で、謀反を起こしたために鎌倉幕府に捕えられて佐渡国の本間邸に移された中納言日野資朝に会うために、息子の阿新殿《くまわかどの》が訪れたところ、丁重にもてなされて邸内に入る場面である。傍線部ⓐⓑの「と」が承ける範囲をそれぞれ現代語訳せよ。

阿新殿これをうれしと思ふにつけても、同じくは、父の卿をとく見奉らばや(a)と言ひけれども、今日明日斬らるべき人にこれを見せては、なかなか黄泉路《よみぢ》の障りともなりぬべし。また関東の聞こえもいかがあらんずる(b)とて、父子の対面を許さず。

（『太平記』巻第二）

《解説》

●阿新殿これをうれしと思ふにつけても、

「これ」とは、父中納言日野資朝が捕えられている本間邸に、丁重にもてなされて入ることができたことを指す。それを「うれし」と思ったのである。また、形容詞は目的語をとらないところから、この「と」の承ける範囲は「うれし」と見抜ける。つまり、「これを」は「思ふ」に係るとみるのである。

●同じくは、父の卿をとく見奉らばやと言ひけれども、

「同じくは」は、形容詞「同じ」の連用形に「は」がついて仮定条件を表す（p.109参照）。仮定条件は未確定表現に係るので、ここは「見奉らばや」に係ると判断する。それは、未然形についた「ばや」は「～したい」と訳出する願望の終助詞（＝未確定表現）だからである。よって、「と言ひけれども」の「と」の承ける範囲は「同じくは、父の卿を見奉らばや」と定めることができる。謀反人の息子であるにもかかわらず、丁重なもてなしなどの御厚意・御情けをかけてくれたので、同じように、父に会うことも許してほしいと阿新殿は思い、「同じくは、父の卿を見奉らばや」というのである。なお、「ばや」

は自分の行動に対して用いられる願望表現なので、「私は」と主体設定をすることができる。なお、［見奉らばや］の［奉る］は謙譲の補助動詞で「お～申し上げる」と訳出する（p.156参照）。いうまでもなく、父資朝に対する敬意である。［ども］は、係りどころと逆接の関係を表す。よって、ここは、［対面を許さず］に係ると考え、その係りどころと逆接の関係になっているとおさえておくとよい。

「『（丁重なもてなしなどの御厚意や御情けをかけてくれたので）同じならば、私は父の卿をはやくお見申し上げたい』と言ったけれども」と訳出する。

●今日明日斬らるべき人にこれを見せては、～とて、父子の対面を許さず。

［斬らるべき人］の［べし］は当然の意。「斬られるはずの人」などと訳出するとよい。［これ］とは息子である阿新殿を指している。［なかなか］は「かえって」と訳出する副詞である。［黄泉路の障り］とは「あの世の差し支え」という意。死んで後世に行く時には、この世に対する執着は残してはならない。そこで、間もなく斬られて死ぬことになる父に息子を会わせると、息子のことが気になり、この世に対する執着が残ってしまうので［黄泉路の障りともなりぬべし］というのである。［ぬべし］の［ぬ］は確述の助動詞、［べし］は当然の助動詞なので、それらを忠実に訳出すると「あの世の差し支えともなってしまうに違いない」などとなる。また、ここの［今日明日斬らるべき人にこれを見せては］は［なかなか黄泉路の障りともなりぬべし］に係る。

［関東の聞こえ］とは「鎌倉幕府の評判」の意。［いかがあらんずる］の［いかが］は［いかにか］の約。［いかにか］の［か］は係助詞である。よって、係り結びの法則から［むず］は連体形で［むずる］となっ

ている。「どんなものであるだろうか」と訳出する。また、［とて］は「と思ひて」の約であり、［て］は接続助詞である。その［て］の性質を利用して係りどころを探すと、［対面を許さず］に係るとわかる。また、主体は［父子の対面を許さず］から邸の主である本間と見抜ける。では、なぜ本間が父と息子の対面を許さないのか。それは［と］の承ける心内文の内容［今日明日〜いかがあらんずる］までを解釈することでわかる。そこで、この心内文を解釈してみると、今日明日斬られてしまう人に息子を会わせると、あの世に対する差し支えとなってしまうはずであり、また、鎌倉幕府の評判もどんなものであろうかと思ったので本間は父子の対面を許さなかったと見抜けるのである。

解答

(a) 同じならば、私は父の卿をはやくお見申し上げたい。

(b) 今日明日斬られるはずの人に息子阿新殿を見せては、かえってあの世の差し支えともなってしまうに違いない。また、鎌倉幕府の評判もどんなものであろうか。

通釈

阿新殿がこれ（この丁重な御厚意や御情け）を嬉しいと思うにつけても、「（その御厚意や御情けをかけてくれるということで）同じならば、父の卿をはやくお見申し上げたい」と言ったけれども、「今日明日斬られるはずの人にこの息子阿新殿を見せては、かえってあの世の差し支えともなってしまうに違いない。また、鎌倉幕府の評判もどんなものであろうか」と思って、父子の対面を許さない。

■確定条件の用法

已然形につく「ば」を含む文節を、仮に「A—ば」とすると、その**「A—ば」の内容は確定したことを述べているのである。**たとえば「花咲けば」とあった場合、「花が咲く」のは確定したことを示している。そこから、この「已然形＋ば」を確定条件と称するのである。もちろん、**「A—ば」で文は終わらないので、意味内容は下の叙述に係る**ことになるが、その係りどころを「B—」とすると、**「A—ば」の多くは、係りどころ「B—」の先行動作・先行事態**を表すことが多い。なお、訳語としては「と」「ところ」などがよい。

（例5）花咲けば、風吹く。

この（例5）の「ば」は、「咲く」の已然形「咲け」についているので確定条件を表している。つまり、「花が咲く」のは確定したことを示しているのである。さらに、「花咲けば」が係る箇所は「風吹く」なので、「風が吹く」前の先行事態が「花咲けば」であるとわかる。そこで、訳出は「花が咲くと、風が吹く」とする。

ところが、**「A—ば」は、係りどころの「B—」に対する原因や理由を述べることもできる。**そのようなときは「ので・から」などという訳語をあてるとよい。また、まれに係りどころ（＝「B—」）と逆接の関係になる事もある。その際は「けれど」などの訳語をあてることになる。

（例6）花咲けば、人喜ぶ。

この（例6）は、［人喜ぶ］の理由として［花咲けば］と記されているのである。そこから［花咲けば］は、「花が咲くので」「花が咲くから」と訳出するとよい。

さて、ここで注意しておきたいのは、「と」と訳出する（例5）も、「ので」と訳出する（例6）も［花咲けば］の箇所は同じ表現になっているということである。つまり、［已然形＋ば］の箇所だけでは適当な訳語は決定できない。係りどころとの関係によって、（例5）は「花が咲くと」と訳出し、（例6）は「花が咲くので」と訳出したのである。よって、**［　A　ば］だけでは［ば］の訳語は判断できないので、つねに係りどころとの関係によって適当な訳語を判断しなければならない。**

《問題2》次は、修行をするために宋に渡った阿闍梨に対して、母が自分の気持ちを知らせたくて書き綴った『成尋阿闍梨母集』の一節である。傍線部を現代語訳せよ。

八月十一日の夜の夢に、阿闍梨おはして、阿弥陀の讃と申すものの古きを書き改めて、「これを見よ」とて、取らせ給へりと見る。また、この十三日の夜の夢に、「無量義経を読め」とて、取らせ給へりと見るに、おどろきても、この世にうち捨て給へるはつらければ、後の蓮の上と契り給ひし志は忘れ給はぬなめりとあはれにおぼゆれど、おぼつかなさはやむ方なし。

（『成尋阿闍梨母集』）

《解説》

●八月十一日の夜の夢に、

［夢に］とあった場合、その下から夢の具体的内容が記されることになる。また、夢の記事が終了する箇所には［と見る（見ゆ）］と記されることが多い。ただし、［と見る（見ゆ）］という表現を記さないで夢の記事が終了することもあるので、その際は、「目がさめる」という意の［おどろく］などの語を探し、その直前までを夢の記事と判断してみるとよい。いずれにしても、夢の記事の範囲をおさえることが大切である。

夢の記事の構造

夢に〈――夢の記事――〉と見る（見ゆ）。

夢に〈――夢の記事――。〉おどろきて、……

すると、ここの［夜の夢に］は［見る］に係ると見抜ける。よって、［阿闍梨おはして～取らせ給へり］は作者が見た夢の記事と判断する。

●阿闍梨おはして、～取らせ給へり

ここは、作者が夢を見た具体的な記事である。その夢の中に息子阿闍梨が現れたのである。

ここは、接続助詞［て］の存在から、［阿闍梨おはして］は［書き改めて］へ係り、さらに［取らせ給へり］へ係ると見抜ける。よって、全体の主体を阿闍梨と定めることができる。また、［おはす］は「いらっしゃる」意の尊敬語なので、そこから阿闍梨は敬語対象者と見抜ける。［書き改めて］には尊敬語が記されていないが、係りどころの最後である［取らせ給へり］に尊敬語が出ているので問題はない（これを**尊敬語の中抜き**と呼ぶことにする）。尊敬語は係りどころの最後にまとめて出せば、途中にはあってもなくてもかまわない（p.157参照）。［阿弥陀の讃と申すものの］の［の］は同格である。［これを見よ］の［見よ］は命令形なので、主体を「あなたは」と設定することができる（p.100参照）。敬語対象者が主体である以上、［とて］は［とのたまひて］の約として考える。ここは、「阿闍梨がいらっしゃって、阿弥陀の讃と申すもので古いものを書き改めて、『あなたはこれを見よ』とおっしゃってお与えになった」と訳出する。

●十三日の夜の夢に〜と見るに、

［夜の夢に］は［見る］へ係るので、間の［「無量義経を読め」とて、取らせ給へり］を夢の記事と判断する。いうまでもなく、作者が見た夢である。その夢の中をみると、まず、命令形［読め］とあることに気付く。そこで、主体を「あなたは」とする。［とて］は下の［取らせ給へり］に係るとわかる。すると、尊敬語があるので、主体を阿闍梨と判断できる。ここは、作者の夢に阿闍梨が現れ、「『あなたは無量義経を読め』とおっしゃって、無量義経をお与えになる」という夢を見たのである。

●おどろきても、

「おどろきても」は「目覚めても」の意。もちろん、目覚めたのは作者である。接続助詞「て」があるので、係りどころを探すことになるが、次の「うち捨て給へるは」には尊敬語の存在から係らないとわかる。また、「つらし」は「つれない」「薄情だ」の意なので、内容上、「おどろきても」に係らないとわかる。そこで、さらに先まで読み進めると、引用止めの助詞「と」があることに気付く。そこで「この世にうち捨て給へるは～忘れ給はぬなめり」にカギを施し、そこまでを心内文としてみる。すると、「おどろきても」は「あはれにおぼゆれど」へ係ると判断でき、意味・内容もわかるようになる。なお、「あはれにおぼゆれど」は「しみじみ思われるけれど」という意。

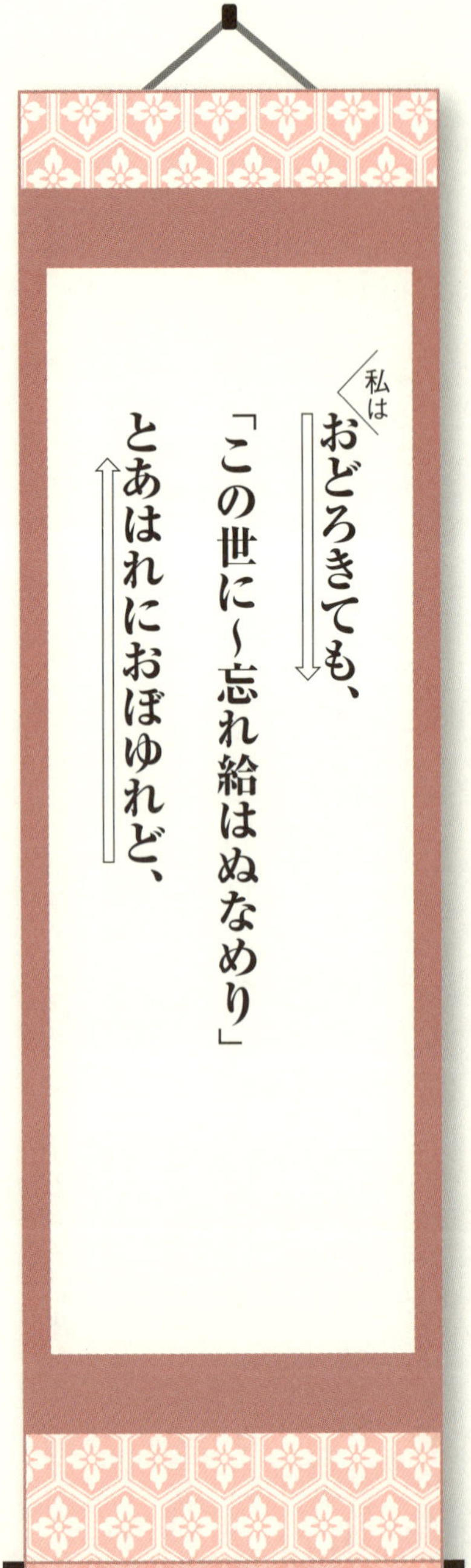
私は
おどろきても、
「この世に～忘れ給はぬなめり」
とあはれにおぼゆれど、

●この世にうち捨て給へるはつらければ、

尊敬語があるところから［うち捨て給へるは］の主体を阿闍梨とする。誰を［うち捨て給へる］のかというと、いうまでもなく「作者のことを」である。また、已然形についた［ば］があるので、ここは確定したことがらであるとわかる。しかし、［ば］の訳語は、係りどころの［後の蓮の上と契り給ひし志は忘れ給はぬなめり］との関係を考えないとわからない。そこで係りどころを次にみることにする。

●後の蓮の上と契り給ひし志は

［後の蓮の上］とは「後世の極楽の上」という意。引用止めの助詞［と］があるので、そこに二重カギを施す。その下には［契り給ひし］とあり、尊敬語の存在から阿闍梨を主体とすることができる。阿闍梨が「『後世の極楽の上』と約束なさった」というのである。［志は］の［は］は「を」の意。現代語においても、「原作は読んだが…」などと「を」の意で用いられることがある。ここは「後世の極楽の上（で再会しよう）と阿闍梨が約束なさった御気持ちを」と訳出する。

●忘れ給はぬなめり

［給はぬ］の［ぬ］は打消の助動詞［ず］の連体形である。

助動詞［めり］は、［見あり］から成立した語で「私には〜のように見える」「私には〜のように思われる」という意であり、**目で見たことによる主観的推定を表す**のがこの助動詞［めり］である。つまり、他の人にはどう見えるかわからないが、自分ではこのように見えると主観的な判断をするために置かれる語なのである。ということは、誰もが見て断定できる客観的なことがらも［めり］をつけることによって、自分の意見として婉曲的に伝えることが可能になる。たとえば、誰もが花が咲いたとわかることがらも、「めり」をつけて「花咲くめり」というと、「花が咲いたと私には見える」→「花が咲くようだ」と婉曲的に用いることができる。よって、訳出は、最低でも「～ようだ」としなくてはならない。「だろう」という訳出は不可である。また、客観的なことがらに助動詞「めり」をつけて主観的推定に転換するので、「めり」の直上にくることがらは、一人称主体は拒絶されるのが普通である。それは、「花が咲くように私には見える」とか「雨が降るように私には見える」ということはできるが、「私は行かないように私には見える」などと用いることは基本的にないからである。

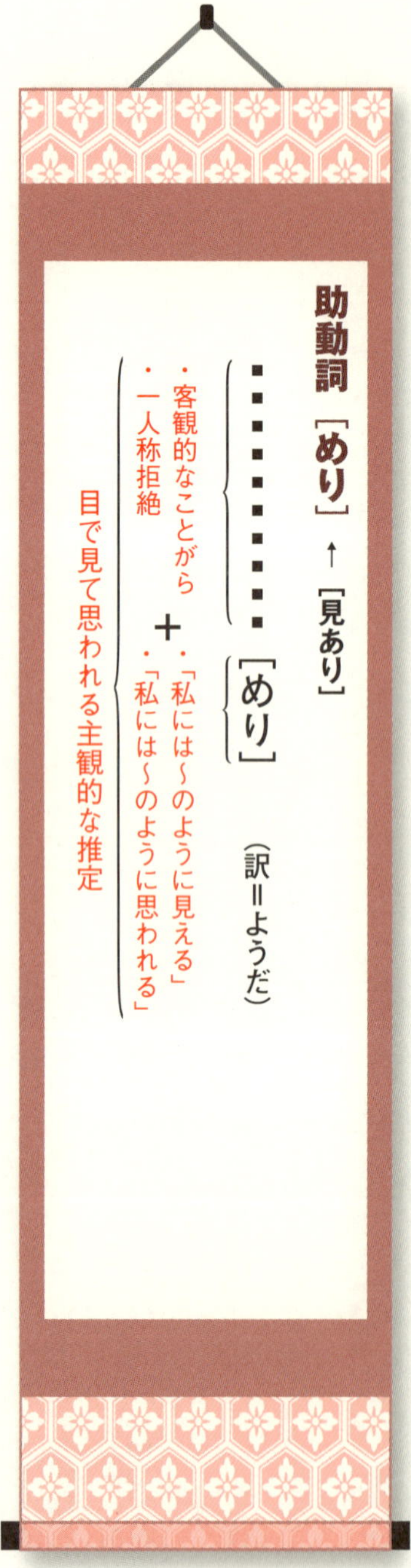
助動詞「めり」←「見あり」
■■■■■■■■■「めり」（訳＝ようだ）
・客観的なことがら
・一人称拒絶
＋
・「私には～のように見える」
・「私には～のように思われる」
目で見て思われる主観的な推定

また、この「めり」は終止形接続の助動詞なので、その上につく語はu音になる。ところが、形容詞や形容詞型助動詞、ラ変動詞、ラ変型助動詞、形容動詞の終止形はi音であるため、「めり」の上にこ

れらの語がついた場合には、連体形接続にすることでu音にそろえるのである。

そこで、この［忘れ給はぬなめり］の［めり］の直上をみると、［な］というa音になっているのである。このようにu音についていない際は、形容詞、形容詞型助動詞、ラ変動詞、ラ変型助動詞、形容動詞のいずれかがついたものとして考え、本来は連体形であったものが撥音便［ん］となり、それが無表記になったとみる。たとえば、［あるめり］→［あんめり］→［あめり］となる具合である。ここも、本来は［なるめり］であったが、撥音便となって［なんめり］、さらに撥音が無表記となって［なめり］となったとみる。訳出の際は、本来の形である［なるめり］で考えるとよい。すると、打消の助動詞［ず］の連体形についているので、この［なる］は断定の意とわかり、さらに、尊敬語の存在から主体は阿闍梨と定めることができる。ここは、「阿闍梨は忘れていらっしゃらないのであるようだ」と訳出するところである。

さて、ここまで解釈することで判断できると思うが、［この世にうち捨て給へるはつらければ］は「後世の極楽の上で（再会しよう）と約束なさった御気持ちを阿闍梨は忘れていらっしゃらないのであるようだ」の意となる［後の蓮の上と契り給ひし志は忘れ給はぬなめり］に係ることになるので、この已然形につく［ば］は逆接の意と捉えて「けれど」と訳出するとよい。つまり、「阿闍梨が私をこの世に捨てていらっしゃっていることは薄情であるけれど」と訳出することで文意が通じるようになる。このように、已然形につく［ば］の訳語は、つねに係りどころとの関係から判断しなければならないのである。

●おぼつかなさはやむ方なし。

解答　［おぼつかなさ］は「気がかりな気持ち」の意。夢の中に阿闍梨が現れ、極楽の上で再会したがっているとわかり、作者はうれしく思われるが、気がかりな気持ちは絶えることはないというのである。

通釈　阿闍梨が私をこの世に捨てていらっしゃっていることは薄情であるけれど

八月十一日の夜の夢に、阿闍梨がいらっしゃって、阿弥陀の讃と申しあげるもので古いものを書き改めて、「あなたはこれを見よ」とおっしゃって、お与えになったと見る。また、この十三日の夜の夢に、「あなたは無量義経を読め」とおっしゃってお与えになったと見る時に、目覚めても、「阿闍梨がこの世に私を捨てていらっしゃることは薄情であるけれど、後世の極楽の上で（再会しよう）と約束なさった御気持ちは忘れていらっしゃらないようである」としみじみと思われるけれど、気がかりな気持ちは絶えることがない。

■人物関係を見抜く［ば］

確定条件を表す［ば］は、人物関係を見抜くための有効な手段として利用することもできる。それは、已然形につく［ば］までの箇所に主体（仮にAとする）と客体（仮にBとする）の人物関係が揃っていた際、原則として［已然形＋ば］の係りどころの主体は、客体であったBと定めることができるのである。たとえば、主体を中将、客体を童として［中将が童に言へば、喜ぶ］とあった際は、［喜ぶ］の主体は［童］となる具合である。

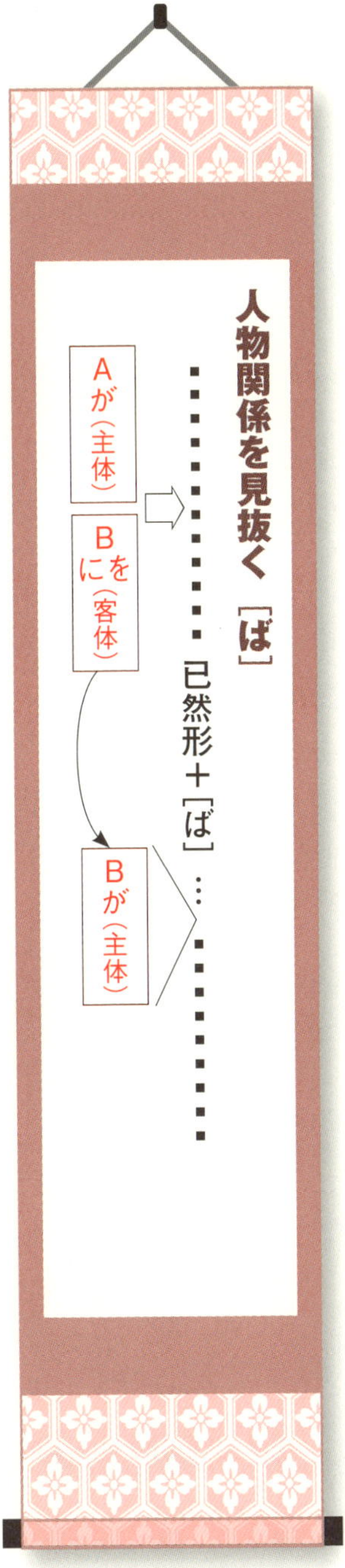

ただし、［已然形＋ば］の係りどころに異なる主体が明記されている場合や、係りどころの述語の成分や内容から自明となる場合は、B以外の人物を主体とすることもある。

《問題③》傍線部は誰が誰にか。

むかし、二条の后に仕うまつる男ありけり。女の仕うまつるをつねに見かはして、よばひわたりけり。いかでものごしに対面して、おぼつかなく思ひつめたること、すこしはるかさむと言ひければ、女、いと忍びて、ものごしにあひにけり。

（『伊勢物語』九五段）

《解説》

●二条の后に仕うまつる男ありけり。

「仕うまつる」は謙譲語で「お仕え申し上げる」という意。客体である二条の后に対する敬意である。よって、二条の后の宮を敬語対象者と判断する。また、名詞「男」の下には助詞「が」などを補って「二条の后にお仕え申し上げる男がいた」と訳出するとよい。なお、ここで主体である男に対しては尊敬語が使われていないので、男は非敬語対象者と判断できる。

●女の仕うまつるをつねに見かはして、よばひわたりけり。

「女の」の「の」は、動詞に係るところから主格とわかる。ここは、誰にお仕え申し上げるのか記されていないが、謙譲語「仕うまつる」の存在から「二条の后にお仕え申し上げる」とわかる。連体形「仕うまつる」の下には名詞が非表出なので、「様子」などを補うとよい。また、女が二条の后にお仕え申し上げる様子を「見かはす」のは内容からも、また尊敬語がないところからも男とわかる。さらに、接続助詞「て」の存在から、「見かはして」が係る「よばひわたりけり」の主体も男と判断できる。「よばふ」は「求婚する」、補助動詞「わたる」は「〜し続ける」の意。ここは、男が女を求婚し続けたというのである。

●いかでものごしに対面して〜

副詞「いかで」は、願望や意志の表現に係る場合は「なんとかして」という意になり、推量表現に係

る場合は「どうして～か」という意になる。［いかで］は、係りどころとの関係から判断する。

［いかで］の識別

［いかで］……願望・意志。（訳＝なんとかして）

［いかで］……推量。（訳＝どうして～か）

ここは、［いかでものごしに対面して］の係りどころがわからない限り、［いかで］の訳出は判断できない。そこで、係りどころを探すことにする。まずは、引用止めの助詞［と］の存在から、［いかで～すこしはるかさむ］までをカギの範囲と定めてみる。それは、次に［女、いと忍びて、ものごしにあひにけり］とあり、その時点までは、男と女は会っていないと判断するところからである。つまり、［いかでものごしに対面して］はまだ男と女が会っていないという未確定表現なので、未確定を表す助動詞［む］が記されている［すこしはるかさむ］に係ると判断できる。

このように、まずはカギの範囲を定め、その次に、カギの内側（＝会話文）を解釈するとよい。すると、そこには主体が記されていない。そこで、主体を私としてみる。そこから、係りどころの「はるかさむ」の助動詞「む」は意志の意とわかる。また、この「いかで」は意志に係るところから「何とかして」と訳出することができる。ここは、「私はなんとかして物を隔てて会って、気がかりに深く思い込んでいることを、少し晴らそう」という意。

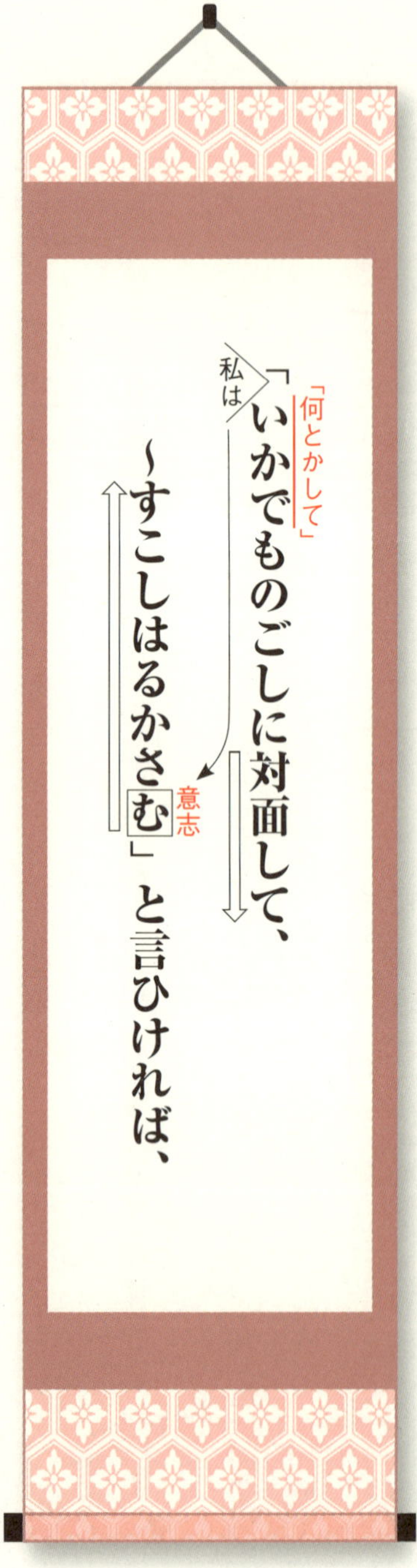

私は
「いかでものごしに対面して、
「何とかして」
意志
すこしはるかさむ」と言ひければ、

●「〜」と言ひければ、女、いと忍びて、ものごしにあひにけり。

この会話文は「言ひければ」の箇所をみただけでは話し手も聞き手も判断できない。そのような際は、会話文の内容から吟味することになるのだが、ここは已然形につく「ば」の性質を利用して見抜くこともできる。つまり、「AがBに〜(已)ば、Bが〜」を利用するのである。

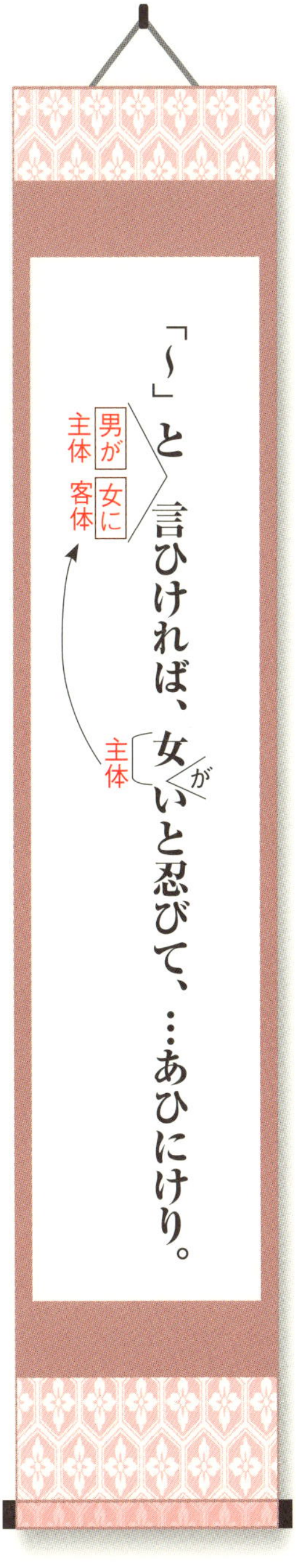

すると、［言ひければ］が係る［いと忍びて、ものごしにあひにけり］の主体は女であると記されているので、そこから、［言ひければ］の客体を女と定めることができる。また、女が客体となる以上、主体は男と決定できるのである。この会話文は男が女に語ったものなのである。

なお、女が男と対面するように至ったのは男の会話の内容が原因であるとわかる。そこで、この已然形につく［ば］は理由の意となる「ので」と訳出するとよい。ここは、「男が女に「〜」と言ったので、女がたいそう忍んで、物を隔てて会ってしまった」の意。

解答 男が女に

通釈 昔、二条の后にお仕え申し上げる男がいた。女がお仕え申し上げる様子をいつも見合わせて、求婚し続けていた。（男が女に）「（私は）何とかして物を隔てて会って、気がかりに深く思い込んでいることを、少し晴らそう」と言ったので、女が、たいそう忍んで、物を隔てて会ってしまった。

《実践演習❶》

問題 次の文章を読み、後の設問に答えよ。

野大弐、純友がさわぎの時、討手《うて》の使ひに指されて、少将にて下りける。おほやけにも仕うまつり、四位にもなるべき(a)年にあたりければ、正月《むつき》の加階賜《かかいたまは》りのことといとゆかしうおぼえけれど、(b)京より下る人もをさをさ聞こえず。ある人に問へば、四位になりたるとも言ふ。ある人はさもあらずとも言ふ。さだかなることいかでか聞かむと思ふほどに、京のたよりあるに、近江の守公忠の君の文をなむ持て来たる。いとゆかしう、嬉しう、開けて見れば、よろづのことども書きもていきて、月日書きて、奥にかくなむ、

たまくしげふたとせ逢はぬ君が身をあけながらやは逢はむと思ひし

これを見て、限りなく悲しくてなむ、(c)泣きける。

（『大和物語』）

㊟野大弐―小野好古《よしふる》。位は五位であった。
㊟純友がさわぎ―純友の乱。
㊟ふたとせ―二年。ここは「ふた」の意と「ふたとせ」の意とが懸《か》けられている。
㊟あけ―朱色。五位の袍《はう》の色を表している。

設問1 傍線部(a)は、どのような「年」であるのか、説明せよ。

設問2 傍線部(b)を現代語訳せよ。

設問3 傍線部(c)は、誰がどうして「泣きける」というのか、説明せよ。

《解説》

今回の出典は平安時代に成立した歌物語『大和物語』からである。

●**野大弐、純友がさわぎの時、討手の使ひに指されて、少将にて下りける。**

名詞［野大弐］の下には助詞「が」などを補うとよい。S［野大弐］に対するPは、［指されて（「指名されて」という意）］である。さらに、接続助詞［て］の存在から、［指されて］は、［下りける］へ係ると見抜ける。ここは全体の主体を［野大弐］とすることができる。

［討手の使ひ］とは「追討の使い」の意。その下の［に］は格助詞である。格助詞の［に］が「に」で訳出しにくいときは、「として」としてみるとよい。なお、［指されて］の［れ］は受身の助動詞［る］

の連用形である。それは、乱鎮圧の部隊として人を指名するのは朝廷なので、ここは「朝廷に指名される」ということであり、「〜に…る・らる」という助動詞「る・らる」の受身のパターンに一致している（p.52参照）。「少将にて」の「にて」も格助詞であり、「として」と訳出する。ここは、「野大弐が純友の乱の時、追討の使いとして指名されて、少将として下った」の意。

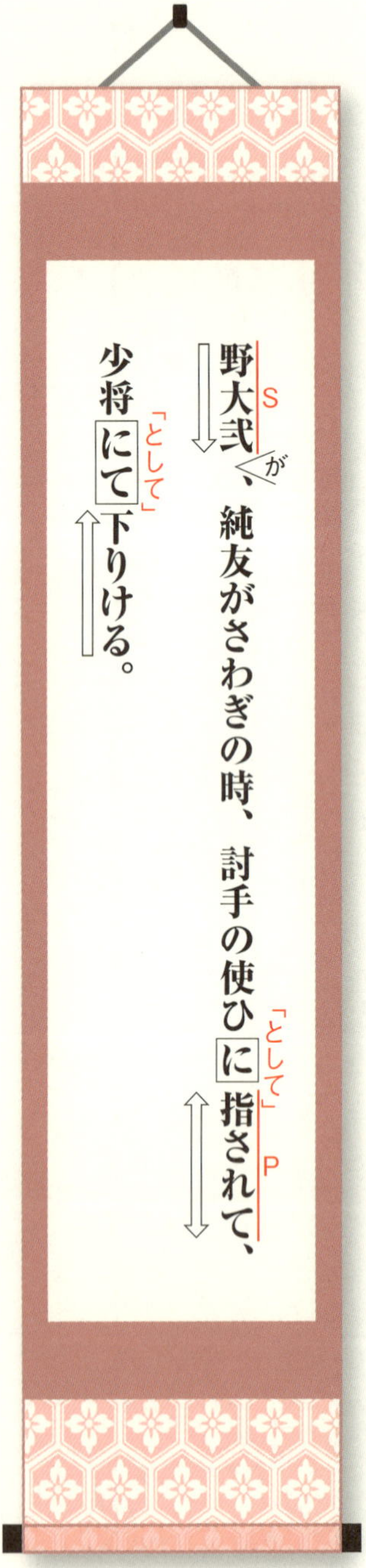

●おほやけにも仕うまつり、四位にもなるべき年にあたりければ、

「おほやけ」とは「帝・朝廷」の意。また、「仕うまつる」は謙譲語で「お仕え申し上げる」の意。謙譲語は客体を敬うので、ここは「おほやけ」に対する敬意とみる。主語・主体は記されていないのだが、物語において主語・主体が未記載のときは、前述に登場した人物の中から検討してみるとよい。ここは、「野大弐が朝廷にもお仕え申し上げる」として何ら問題はない。さらに、「仕うまつり」は連用形であり、下の用言に係らないので連用中止法とみる。「四位にもなる」と対の関係になっているので、ともに［べき年］へ係ると考える。

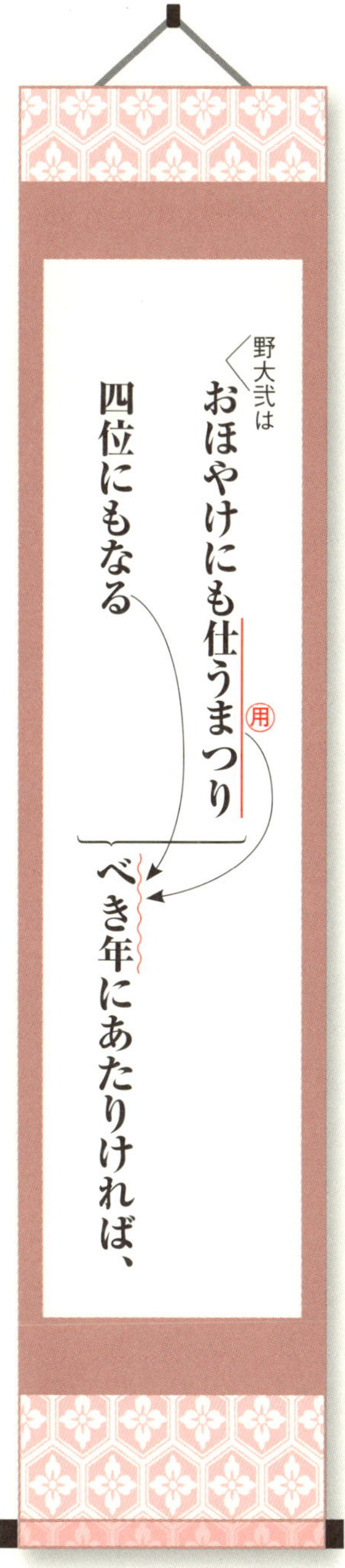
野大弐は
おほやけにも仕うまつり
用
四位にもなる
べき年にあたりければ、

よって、野大弐は「朝廷にもお仕え申し上げるはずの年」であり、「四位にもなる（昇進する）はずの年」の意ということがわかる。なお、［べき］は助動詞［べし］の連体形で当然の意である。

●正月の加階賜りのこと、いとゆかしうおぼえければ、

［加階賜り］とは「位階昇進頂戴」のこと。［ゆかし］は、［行く］という動詞を形容詞化したもので、心がある対象に惹かれ、その対象に向かって心が［行く］状態を表している。そこから、場所に対して心が惹かれた時は「行きたい」、物に対しては「見たい」、情報に対しては「知りたい」などと訳すことになる。ここは［加階賜りのこと］を［ゆかし］なので、「知りたい」などと訳出する。［覚ゆ］は「思われる」の意。もちろん、ここの主体は野大弐である。一月には［県召《あがためし》の除目《ぢもく》］（＝地方官を任命する儀式）があるので、昇進するかもしれない年であった野大弐はとても気になっていたのである。

●京より下る人もをさをさ聞こえず。

［をさをさ］は副詞で、打消語を伴うと「ほどんど〜ない」と訳出する。ここは、［をさをさ〜ず］の形になっている。また、［聞こゆ］は「聞こえる」という意であるが、聞こえてくるものの多くは噂や評判であるところから「噂になる・評判になる」の意にもなる。また、身分の高い人に対して聞こえるようにするためには、きちんと聞こえるように申し上げるしかないので、そこから「申し上げる」という意の謙譲語にもなる。ここの［聞こゆ］は、［京より下る人も］を承けているので、「噂になる」と訳出する。京から下る人がいるということについてもほとんど噂にならないということである。自分が昇進しているかどうかを知りたく思われる野大弐は、都から下ってくる人達に伺いたいのだが、ほとんど下ってくる人がいないので尋ねることができない状態である。ただ、ほとんどいないということは、言いかえれば、少しは都から下る人はいるわけなので、そこで野大弐は、次に出る［ある人］に尋ねることができたのである。

●ある人に問へば、「四位になりたる」とも言ふ。

［ある人に問へば］の主体は、いうまでもなく野大弐である。已然形［問へ］についた接続助詞［ば］は確定条件を表す。係りどころとの関係から、「〜と」と訳出する。さらに、「主体＝野大弐」「客体＝ある人」であり、［已然形＋ば］となっているので、係りどころの［言ふ］の主体を「ある人」と定めることができる。ここは、野大弐が、都から下ってきたある人に向かって、自分が昇進しているかどうか尋ねると、ある人が［四位になりたる］と答えたということである。

野大弐が（主体）
ある人が
ある人に（客体）問へ（已）ば、
「四位になりたる」とも言ふ。

●ある人はさもあらずともいふ。

引用止めの助詞［と］があるので、［さもあらず］にカギを施し、［ある人は］は［いふ］に係るとみる。

［さもあらず］の［さ］は指示副詞で「そのように」の意である。「野大弐は四位になっている」と答えたことに対して、またある人が「そうでもない（四位になっていない）」と答えたのである。

●さだかなることいかでか聞かむと思ふほどに、

ここも引用止めの助詞［と］があるので、［さだかなることいかでか聞かむ］にカギを施すとよい。誰が［思ふ］のか記されていないので、そのような際は心内文を解釈することで［思ふ］人が誰であるのか定めるとよい。

そこで、心内文を解釈してみることにする。［さだかなること］は「はっきりしたこと」の意。その下には「を」などの助詞を補うとよい。［いかでか聞かむ］には主体が記されていないが、引用文中における主語未記載の箇所なので、「私は」としてみる。すると、一人称主語・主体における文末の助動詞［む］は意志の意と見抜けるので、そこから、［いかで］は「何とかして」の意と見抜ける。ここは「『はっきりしたことを私は何とかして聞こう』と思うときに」と訳出する。野大弐が四位に昇進したという情報や、昇進していないという情報が錯綜しているために、「私は何とかしてはっきりしたことを聞きたい」と思うのである。その「私」とは野大弐以外考えられない。そこで、野大弐の心内文と定めるのである。

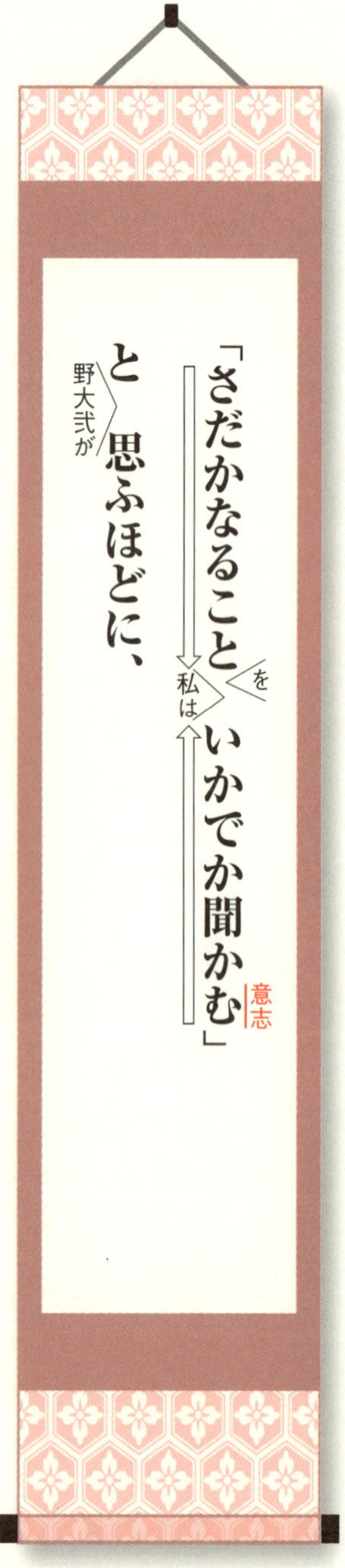

●近江の守公忠の君の文をなむ持て来たる。

［文《ふみ》］とは「手紙」の意。係助詞［なむ］があるので、文末は連体形となっている。訳出の際は、係助詞はないものとして扱う。ここは、「近江の守公忠の君の手紙を持って来ている」と訳出する。なお、京から手紙を持って来た人は誰であるのか記されていないが、京からの情報を欲しがっている野大弐が京から手紙を持って来るわけにはいかないので、野大弐ではないことは自明である。ここは、京か

らやってきた誰かである。

●よろづのことども書きもていきて、月日書きて、奥にかくなむ、

［よろづのこと］は「いろいろなこと」の意。［―V もていく］は「だんだん―V していく」の意なので、［書きもていく］は「だんだん書いていって」と訳出する。［奥にかくなむ］の［なむ］は係助詞であるが、結びとなる連体形が記されていない。そこで、その下に［書く］などを補うとよい。また、接続助詞［て］の存在から、［書きもていきて］は［月日書きて］へ係り、さらに［奥にかくなむ（書く）］に係ると判断する。また、野大弐が開けて見た手紙は公忠の手紙であるところから、ここの主体は公忠と定められる。

●たまくしげふたとせ逢はぬ君が身をあけながらやは逢はむと思ひし

和歌の解釈法に関してはp.60にも記してあるが、前文と和歌を関連付け、さらに、和歌が詠まれるまでの過程をおさえた上で解釈にあたることである。この和歌は、京での事情が記された内容であることを踏まえた上で解釈するとよい。

［たまくしげ］は、本来、「化粧道具を入れた箱」を表すものである。しかし、ここではその意味だと文意がはっきりしない。そこで、この［たまくしげ］は和歌の修辞法の一つで、［ふた］を導くために置かれるための枕詞と判断する。

枕詞とは、特定の語句を導き出すためにおかれるもので、多くは五音でできている。また、この枕詞と枕詞が導き出す語は固定的なものであり、意味のつながり（例 たらちねの→母）や、地名のつながり(例)しきしまの↓大和)などの関係になるものが多い。なお、この枕詞は、歌の調子を整えたり、雰囲気を出したりするために、形式的におかれるものなので訳出はしない。次に、頻出重要枕詞をまとめておく。枕詞は固定的なものなので、この程度の枕詞はおさえておくとよい。

枕詞一覧

あかねさす↓日・昼・紫
あしひきの↓山
あづさゆみ↓張る・春・引く
あらたまの↓年
あをによし↓奈良
いそのかみ↓古る・降る
いはばしる↓滝・垂水
うつせみの↓世・命・身・人
くさまくら↓旅

しきしまの↓大和
しろたへの↓袖・衣・雪・袂
たまのをの↓絶ゆ・乱る
たらちねの↓母
ぬばたまの↓夜・黒・夢
ひさかたの↓光・天・日
ももしきの↓大宮
やくもたつ↓出雲
やすみしし↓大君

ここの［たまくしげ］は［ふた］を導くために置かれた枕詞なので訳出はしない。

よって、枕詞［たまくしげ］の下から訳出することになる。すると、次に［ふた］を「ふた」の意で捉えても文意が通じないことに気付く。そこで、［ふた］には、もう一つ、［ふたとせ(二年)］の意が懸けられているとみる。このように、**同音異義を利用して二通りの意味を持たせる修辞法のことを懸**

詞（＝掛詞）という。なお、懸詞の多くは、左の板書の形式となるのが一般的である。

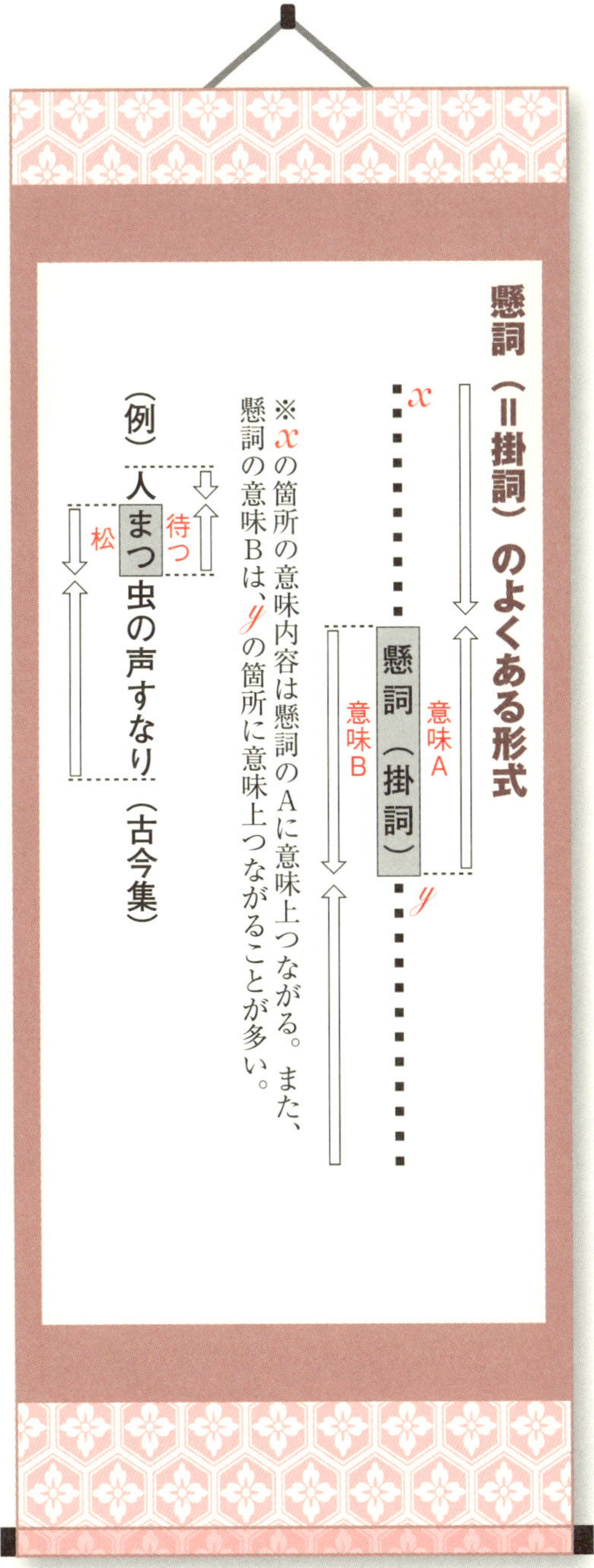
懸詞（＝掛詞）のよくある形式
x
意味A
懸詞（掛詞）
意味B
y
※xの箇所の意味内容は懸詞のAに意味上つながる。また、懸詞の意味Bは、yの箇所に意味上つながることが多い。
（例）
待つ
松
人まつ虫の声すなり（古今集）

この和歌の「ふた」は、枕詞「たまくしげ」が導き出す「ふた」と、内容的には「二年」という意の「ふたとせ」との懸詞（掛詞）になっているのである。よって、「ふたとせ逢はぬ君が身を」は「二年間逢わないあなたの姿を」などと訳出する。

「あけながらも」の「あけ」は名詞で「朱色」の意。「——V——ながらも」という表現の際は逆接で「～ながらも」の意となるが、まれに「～のままで」と訳出することもある。ここもそうであり、「朱色のままで」という意。朱色とは、㊟にも記されているとおり、五位の袍の色の事を表している。また、［やは］の［や］は係助詞で、下に［は］をつけて強調表現にしている。p.35にも記しているとおり、［やは］［かは］の形は反語として用いられる可能性が強い。ここも反語で捉えるとよい。よって、［あけながらやは逢はむと思ひし］は「朱色（五位の袍の色）のままで逢おうとは思ったか、いや思わなかった」と訳出する。つまり、公忠は、二年間逢わなかった野大弐がまだ五位のままの姿でいるなるなんて思ってもいなかったというのである。野大弐が四位に昇進していないことをほのめかしている歌なのである。

●**これを見て、限りなく悲しくてなむ、泣きける。**

［これを見て］とは「この歌をみて」の意。すると、歌を見たのは野大弐なので、そこから、主体は野大弐と定めることができる。また、接続助詞［て］の存在から、［見て］は［泣きける］に係るとわかる。もちろん、主体は野大弐である。［悲しくて］の［て］は、形容詞についているので状態を表し、「悲しい様子で」または「悲しい状態で」などと訳出するとよい。ここは、「野大弐がこれを見て、この上なく悲しい様子で泣いた」という意。野大弐は四位に昇進しなかったことが、この公忠の和歌でわかったので、悲しくなって泣いたのである。

解答　問１　朝廷にお仕えし、四位に昇進するはずの年。
問２　京から下ってくる人がいるということについてもほとんど噂にならない。
問３　野大弐が、四位に昇進していないと公忠の歌を見てはっきりわかったため。

通釈

野大弐が、純友の乱の時、追討の使いとして指名されて、少将として下った。朝廷にもお仕え申し上げ、四位にもなるはずの年にあたったので、正月の位階昇進頂戴のことをたいへん知りたく思われたけれど、京から下る人についてもほどんど噂にならない。（野大弐が）ある人に問うと、ある人が「四位になっている」とも言う。ある人は「そうでもない」とも言う。「はっきりしたことを何とかして聞こう」と思う時に、京からの手紙がある時に、（ある人が）近江の守公忠の君の手紙を持って来ている。たいへん知りたく、嬉しく、開けてみると、いろいろなことなどをだんだん書いていって、月日を書いて、最後にこのように書く。

二年間逢わないあなたの姿を朱色のままで逢おうと思ったか、いや思わなかった。

野大弐はこれを見て、この上なく悲しい様子で泣いた。

レッスン7

敬語の基本を理解する

敬語とは、表現者（話し手・書き手）が対者（聞き手・読み手）や話題に出てくる人物に対して敬う気持ちを表明する語のことをいう。社会的身分、親疎関係などによって使われるものなので、敬語の有無や敬語の使われ方から文章中に記されていない人物関係を把握することができるようになる。もちろん、敬語の不一致などの例外もあるが、まずは敬語の基本的な用法を理解し、運用できるようにするのが最善である。

■尊敬語（主体敬語）

尊敬語とは、表現者が話題の中に出てくる動作の主体を敬うための語のことで、主体敬語ともいう。主体とは、動作をする人のことを指し、多くは、［大納言喜び給ふ（大納言が喜びなさる）］のように、「〜が」という形になっているが、［喜び給ひける大納言］のように被修飾語になっているものもある。この場合も、［喜び給ひける］の動作をしたのは［大納言］であるので、［大納言］は主体という。

なお、主体を敬うための敬語表現にするためには、添加形式と交替形式の二種類の形式がある。添加形式とは、動詞の下に補助動詞の［給ふ］や［おはします］、または尊敬の助動詞［る（らる）］などを添加することによって敬意を表明することをいう。たとえば、［喜ぶ］であれば、そこに［給ふ］を添加して［喜び給ふ］とする形式のことである。その際は「お〜になる・〜なさる」などと訳出する。
また、交替形式とは、敬意を含む語に交替させる用法のことで、たとえば、［言ふ］であれば［のたまふ］、［呼ぶ］であれば［召す］などに交替させることである。なお、［のたまふ］や［召す］などのように、動作の意と敬意の両方とを含む動詞のことを**敬語動詞**と呼ぶ。

尊敬語←**表現者が話題の中に出てくる動作の主体を敬う。**

(a)添加形式
［非敬語］大納言喜ぶ。
⇩
［尊敬語］大納言喜び給ふ。（尊）

(b)交替形式
［非敬語］大納言言ふ。
⇩
［尊敬語］大納言のたまふ。（尊）

※［のたまふ］などの動作の意と敬意とを含む動詞のことを敬語動詞とよぶ。

■謙譲語（客体敬語）

謙譲語とは、表現者が、話題の中に出てくる動作の客体を敬うための語のことで、客体敬語ともいう。客体とは、動作の及ぶ相手を指す語であるため、［を］［に］などの助詞を伴うことが多い。なお、古典語における謙譲語はへりくだるという意はないので、**主体を低めて客体を高めることもなく、また、主体と客体の身分差などを考える必要もない。**次に用例をあげてみる。

（例1）**神武天皇をはじめ奉りて、（『大鏡』）**

この（例1）は主体が存在しない表現である。そこに謙譲語［奉る］が用いられている。もちろん、客体である神武天皇に対する敬意だが、このように主体が存在しない時にも謙譲語は用いられるのである。よって、主体を低めることはできないとわかる。

（例2）**（朱雀天皇ガ東宮ニ）ほどもなく譲り聞こえさせたまひけるに、（『栄花物語』）**

（例2）は、最高位であり、低めていうことができない天皇の動作に謙譲語を用いている。万が一、謙譲語が主体を低めて客体を敬うのであれば、このような表現形式は存在しないはずである。

なお、この謙譲語も、添加形式と交替形式の二種類がある。謙譲語の添加形式は、動詞の下に補助動詞の［奉る］［聞こゆ］［聞こえさす］［参らす］［申す］などを添加して敬意を表すもので、「お～申し上げる」と訳出する。また、交替形式は敬意を含む語に交替させる用法のことで、たとえば、［言ふ］を［申す］、［与ふ］を［奉る］などに交替させる具合である。もちろん、この交替形式の謙譲語は動作の意と敬意の両方を含むので敬語動詞である。

謙譲語←**表現者が話題の中に出てくる動作の客体を敬う。**

(a)添加形式
［非敬語］大納言に書く。
⇩
［謙譲語］大納言に書き奉る。（謙）

(b)交替形式
［非敬語］大納言に言ふ。
⇩
［謙譲語］大納言に申す。（謙）

《問題1》 傍線部は誰がか。

正月のついたち頃、大納言殿に兼盛まゐりたりけるに、ものなどのたまはせて、すずろに歌詠めと(a)のたまひければ、ふと(b)詠みたりける。

（『大和物語』八六段）

《解説》

●大納言殿に兼盛まゐりたりけるに、

名詞［兼盛］の下には助詞「が」などを補うとよい。さらに、［まゐりたりけるに］の［ける］は連体形であるが、下の名詞が非表出なので、準体法とみて「とき」などの名詞を補うとよい。また、［まゐる］は謙譲語で「参上する」という意。謙譲語は客体を敬う語であるので、ここは大納言に対する敬意とわかる。よって、大納言殿は敬語対象者と判断する（**敬語を出して敬われた人物のことを敬語対象者と呼ぶ**）。ちなみに、尊敬語がないところから、主体である兼盛は非敬語対象者とみる。

●ものなどのたまはせて、すずろに歌詠めとのたまひければ、ふと詠みたりける。

［ものなど］は「いろいろなことなど」という意。尊敬語［のたまはす］があるところから、主体は敬語対象者である大納言殿と判断できる。つまり、敬語対象者の大納言殿が主体であるので尊敬語が出たとみるのである。また、［ものなどのたまはせて］は［のたまひければ］に係る。係りどころも大納言殿が主体なので尊敬語が出ているのである。また、誰に［のたまひければ］なのか記されていな

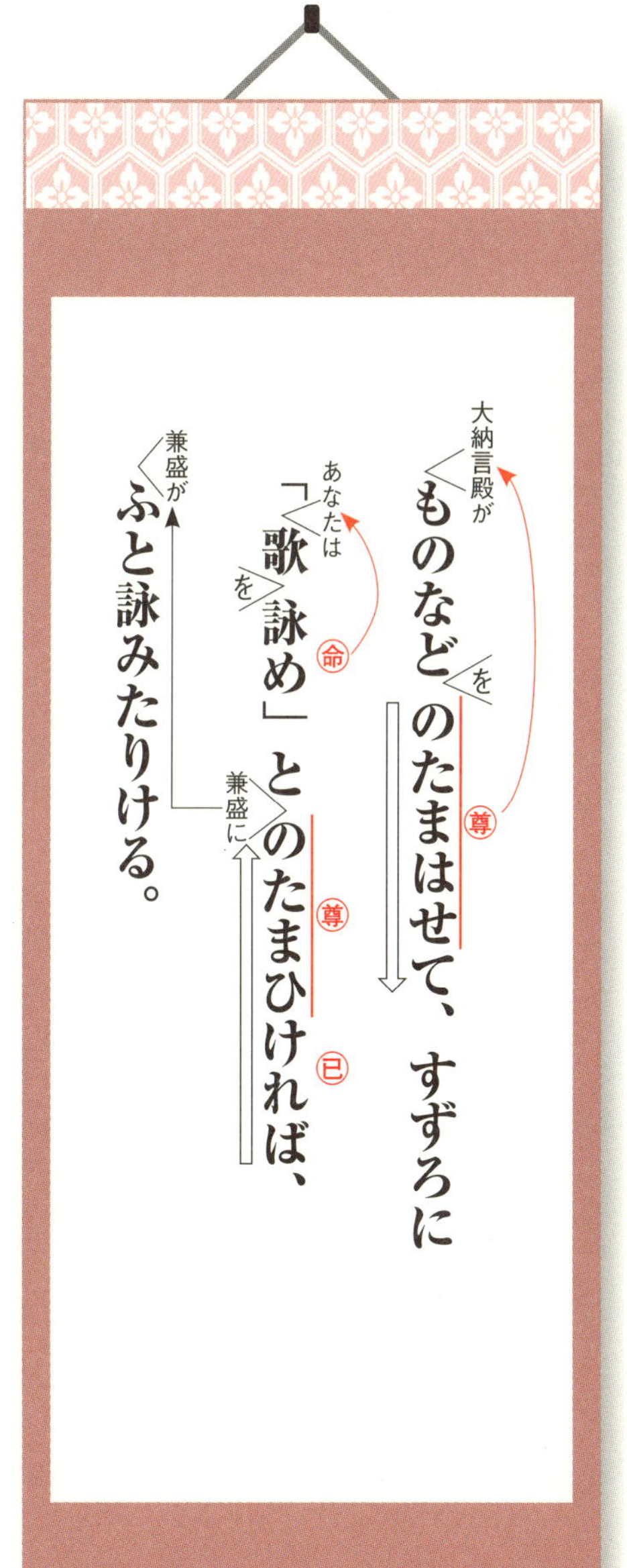

いが、謙譲語がないことから考えても、非敬語対象者の兼盛と見抜ける。ここは、「大納言殿が兼盛におっしゃった」ということである。なお、「すずろに」は形容動詞「すずろなり」の連用形である。「のたまひければ」に係るところから、カギの範囲を「歌よめ」と定めることができる。また、「よめ」は命令形なので、主体を「あなたは」とすることができる。

さらに、「のたまひければ」の箇所は、「主体＝大納言」「客体＝兼盛」であり、「已然形＋ば」となっているので係りどころの「ふと詠みたりける」の主体を兼盛と定めることができる（p.122参照）。

解答　(a)　大納言殿　(b)　兼盛

通釈　正月のはじめの頃、大納言殿のところに兼盛が参上していたときに、いろいろなことなどを大納言殿がおっしゃって、わけもなく「あなたは歌を詠め」とおっしゃったので、兼盛がさっと詠んだ。

■敬語動詞一覧

古文解釈をする上で、尊敬語や謙譲語は人物関係を見抜くための有効なヒントとなる。しかし、文章中において敬語動詞を発見できなければ無意味になってしまう。そこで、敬語動詞についてまとめておくことにする。

㊀尊敬語

敬語動詞	通常語	現代語訳	備考欄
宣ふ 宣はす 仰す 仰せらる	言ふ	おっしゃる	●「宣はす」は「宣ふ」よりも敬意が高い。 ●「仰せらる」で一語として扱う。 ●「宣はす」は最高敬語として扱うとよい。

たぶ 給ふ（賜ふ） たうぶ 賜はす	与ふ やる	お与えになる くださる	●「賜はす」は「賜ふ・給ふ」よりも敬意が高く、最高敬語などと呼ばれる。
おはす おはします ます います まします いまそかり おはさうず	あり をり 行く 来	いらっしゃる	●「ます・います・まします」は主に上代で使用。 ●「おはす・おはします」は主に中古で使用。 ●「おはさうず」は複数主体のときに用いることが多い。
聞こす 聞こしめす	聞く 食ふ 飲む	お聞きになる 召しあがる	●「聞こす」は上代で用いられることが多い。 ●「聞こしめす」は「聞こす」と同等レベル。
御覧ず	見る	ご覧になる	●「見給ふ」を使用することもある。

思す **思しめす** **思ほす**	思ふ	お思いになる	●「思ふ」に尊敬「す」がついた「思はす」となり、それが転じて「思ほす」→「思す」となった。
大殿ごもる	寝	お休みになる	
知ろしめす（しらしめす）	知る 治む	おわかりになる お治めになる	
召す	呼ぶ 食ふ 取り寄す	お呼びになる 召しあがる お取り寄せになる	
つかはす	やる	お遣りになる	
あそばす	す・なす	なさる	
奉る	乗る 着る	お乗りになる お召しになる	●本来は謙譲語であるが、着物・乗物に対して用いられた場合、尊敬語として使われる。

参る	食ふ 飲む	召しあがる	●本来は謙譲語であるが、食物・飲物に対して用いられた場合、尊敬語として使われる。

㈡謙譲語

敬語動詞	通常語	現代語訳	備考欄
奉る **参らす**	与ふ やる	差し上げる 献上する	●「奉る」は上代から用いられていた。 ●「参らす」は平安時代になって用いられる。
参る **詣づ**	来 行く	参上する 参詣する	●中古においては「参る」↔「まかづ」。
まかづ **まかる**	行く 来	退出する	●「まかる」の謙譲語は上代から中古初期まで。 ●中古以降の「まかる」は荘重体表現で、「参る」と訳出する。
たまはる **たぶ**（下二段活用）	受く	いただく 頂戴する	

申す **聞こゆ** **聞こえさす** **奏す** **啓す**	言ふ	申し上げる	●「奏す」は上皇・天皇を客体とした際に用いる。 ●「啓す」は中宮・皇太子を客体とした際に用いる。 ●上皇・天皇・中宮・皇太子を客体とした時に「申す」「聞こゆ」「聞こえさす」を用いることもある。
仕うまつる（仕る） **仕へまつる**	仕ふ	お仕え申し上げる	●「～を仕うまつる」という形式は荘重体表現が多い。その訳出は「～を致す」である。
侍り **候ふ**	あり をり	お仕え申し上げる お控え申し上げる	●中古の「侍り」は丁寧語に転じて用いられていたので、ほとんど謙譲語の用例はない。

《実践演習❷》

問題　次の文章を読み、後の設問に答えよ。

帝、狩いとかしこく好み給ひけり。陸奥国《みちのくに》、磐手《いはで》の郡《こほり》より奉れる御鷹、(a)よになくかしこかりければ、になうおぼして、手鷹にし給ひけり。名を磐手となむつけ給へりける。それを①かの道に心ありて、あづかり仕うまつり給ひける大納言にあづけ給へりけり。夜昼これをあづかりて、とりかひ給ふほどに、いかがし給ひけむ、そらし給ひてけり。心肝をまどはして、もとむるに、(b)さらにえ見出でず。山々に人をやりつつもとめさすれど、さらになし。みづからも深き山に入りて、まどひありき給へど、かひもなし。②このことを奏せで、しばしもあるべけれど、二三日にあげずご覧ぜぬ日なし。いかがせむとて、内裏《うち》にまゐりて、御鷹の失せたるよしを奏し給ふ時に、帝、ものものたまはせず。(c)聞こしめしつけぬにやあらむとて、また奏し給ふに、③面《おもて》のみまもらせ給うて、④ものものたまはず。たいだいしとおぼしたるなりけりと、⑤我にもあらぬ心地して、かしこまりていますかりて、この御鷹の求むるに、侍らぬことを、いかさまにかし侍らむ。などか仰せ言も給はぬと奏し給ふ時に、帝、

⑥いはで思ふぞいふにまされる

とのたまひけり。かくのみのたまはせて、ことごとものたまはざりけり。御心に、(d)いといふかひなく惜しくおぼさるるになむありける。

（『大和物語』）

㊟ 二三日にあげず―二日三日間をあけることなく。

設問1 波線部(a)(b)(c)(d)を現代語訳せよ。

(a)

(b)

(c)

(d)

設問2 傍線部①の具体的内容として最も適切なものを次から選び記号で答えよ。

ア　和歌の道　　イ　学問の道　　ウ　政治の道　　エ　遊宴の道　　オ　鷹飼の道

設問3 傍線部②とは誰が誰にどのようなことを伝えたのか、説明せよ。

設問4 傍線部③⑤は、それぞれ誰のどのような様子なのか、説明せよ。

③

⑤

設問5 傍線部④の原因として正しいものを次の中から一つ選び、記号で答えよ。

ア いかがせむ　イ 聞こしめしつけぬ　ウ 面をのみまもらせ給う

エ たいだいしとおぼしたる　オ いふかひなく惜しくおぼさるる

設問6 傍線部⑥は、帝のどのような気持ちがこめられているか。表現技巧に注意しながら説明せよ。

《解説》

●帝、狩いとかしこく好み給ひけり。

名詞［帝］の下には助詞「が」などを補うとよい。［かしこく］は形容詞［かしこし］の連用形で、下の動詞に係るところから副詞法とみる。「並々でなく」「ひどく」などと訳出するとよい。尊敬語［給ふ］の存在から、主体である帝は敬語対象者とわかる。ここは「帝が、狩をたいへん並々でなく好みなさった」と訳出する。

●陸奥国磐手の郡より奉れる御鷹、よになくかしこかりければ、

［陸奥国磐手の郡より奉れる］の［奉る］は謙譲語で「差し上げる」という意。謙譲語の存在から、敬語対象者の帝を客体とし、「帝に差し上げる」と訳出する。また、［る］は助動詞［り］の連体形である。よって、［陸奥国磐手の郡より奉れる］は［御鷹］の説明部と見抜ける。なお、［御鷹］の下には助詞が非表出なので「が」などを補うとよい。

［よになく］は「この上なく」の意。［かしこし］は［賢し］と漢字をあてると「すぐれている」の意、［畏し］と漢字をあてると「おそれ多い」の意となる。ここは、その先に［手鷹にし給ひけり］とあるので「すぐれている」の意である。［かしこかりければ］の［ば］は、［已然形＋ば］なので確定条件を表す。係りどころの［になうおぼして］の理由にあたるところから、「ので」などと訳出する。

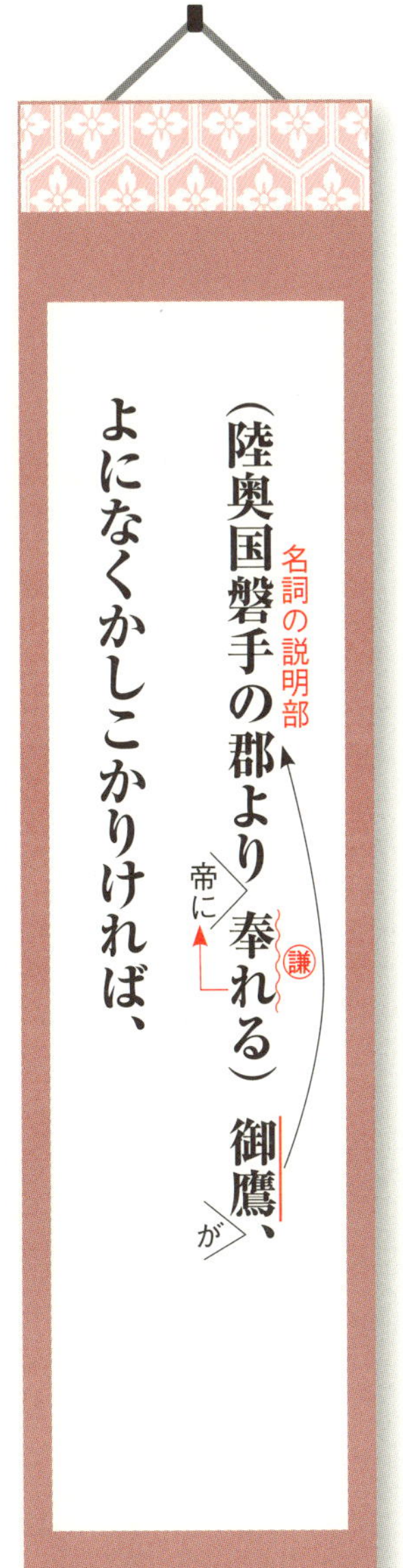
（陸奥国磐手の郡より奉れる）御鷹、
よになくかしこかりければ、
名詞の説明部
帝に
謙
が

●になうおぼして、手鷹にし給ひけり。

［になう］は形容詞［二無し］の連用形［になく］がウ音便となったもの。［思す］は尊敬語で「お思いになる」の意。この尊敬語の存在から、帝を主体とすることができる。また、接続助詞［て］があるので、［になうおぼして］は［手鷹にし給ひけり］へ係るとわかる。もちろん、主体は帝である。

ここは、「帝がこの上なくお思いになって、手鷹にしなさった」と訳出する。

●それをかの道に心ありて、あづかり仕うまつり給ひける大納言にあづけ給へりけり。

［それ］は代名詞である。代名詞が文頭にあった場合は前文の名詞を指すのが原則である。ここは、［それを］が［あづけ給へりけり］に係るところから、［鷹］を指していると見抜ける。また、［かの道に～給ひける］までは［大納言］の説明部である。そこから、［あづかり仕うまつり給ひける］の主体は大納言と見抜ける。さらに、その説明部の中に尊敬語［給ふ］があるので、大納言は敬語対象者と

判断できる。また、謙譲語［仕うまつる］の存在から、帝を客体として定めることができる。なお、この［仕うまつる］は、謙譲語の補助動詞のように思えるが、この時代の［仕うまつる］は補助動詞にはならないのが普通である。ちなみに、主な謙譲語の補助動詞は次の通りである。

謙譲語の補助動詞（訳＝お～申し上げる）

V＋
- 聞こゆ
- 聞こえさす
- 奉る
- 参らす
- 申す

そこで、この［仕うまつる］は、本動詞（＝独立動詞）として扱い［預かり］と［仕うまつる］との間に読点をおいて訳出するとよい。よって、「その道（＝鷹狩りの方面）に心があって、預かり、帝にお仕え申し上げなさった大納言に」などと訳出する。また、［あづけ給へりけり］の主体は帝である。帝は専門家にすぐれている鷹を預けたというのである。

●**夜昼これをあづかりて、とりかひ給ふほどに、**

［あづかりて］は［とりかひ給ふほどに］へ係る。帝も大納言も敬語対象者であるので、尊敬語の存在だけでは主体判断はできないが、帝の鷹を帝が預かるわけにはいかない。そこで主体を大納言と判

断するのである。なお、「あづかりて」の箇所には尊敬語が出ていないが、それは、尊敬語は係りどころの最後に出せばよく、途中にはあってもなくてもかまわないからである。よって、敬語の不一致とはみなさない。

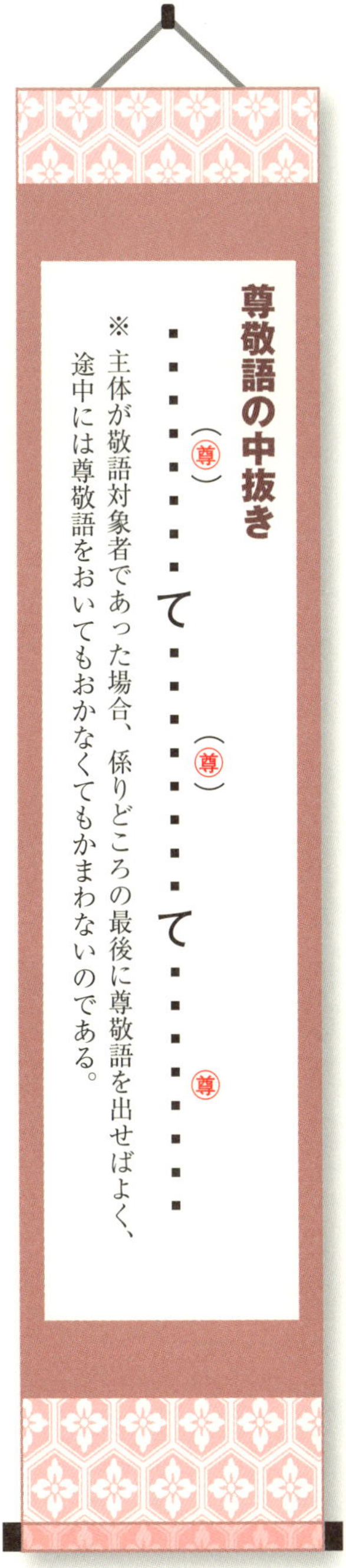

尊敬語の中抜き
・・・・・（尊）・・・・・て・・・・・（尊）・・・・・て・・・・・尊・・・・・
※主体が敬語対象者であった場合、係りどころの最後に尊敬語を出せばよく、途中には尊敬語をおいてもおかなくてもかまわないのである。

●いかがし給ひけむ、そらし給ひてけり。

「いかが」は、疑問語「いかに（どのように）」に係助詞「か」がついてできた「いかにか」が「いかんが」となり、さらに撥音の「ん」が無表記となった形である。「いかが」とあった際は、本来の形「いかにか」で考えるとよい。ここも「いかにか」として考えることによって、「けむ」は係助詞「か」の結びで連体形と見抜けるのである。

さて、ここで注意しておきたいのは、結びの「けむ」で文が終止していないということである。そこで、この「いかがし給ひけむ」は、完結した文（独立した文）が入り込んだ、いわゆる**挿入文**と考えるのである。

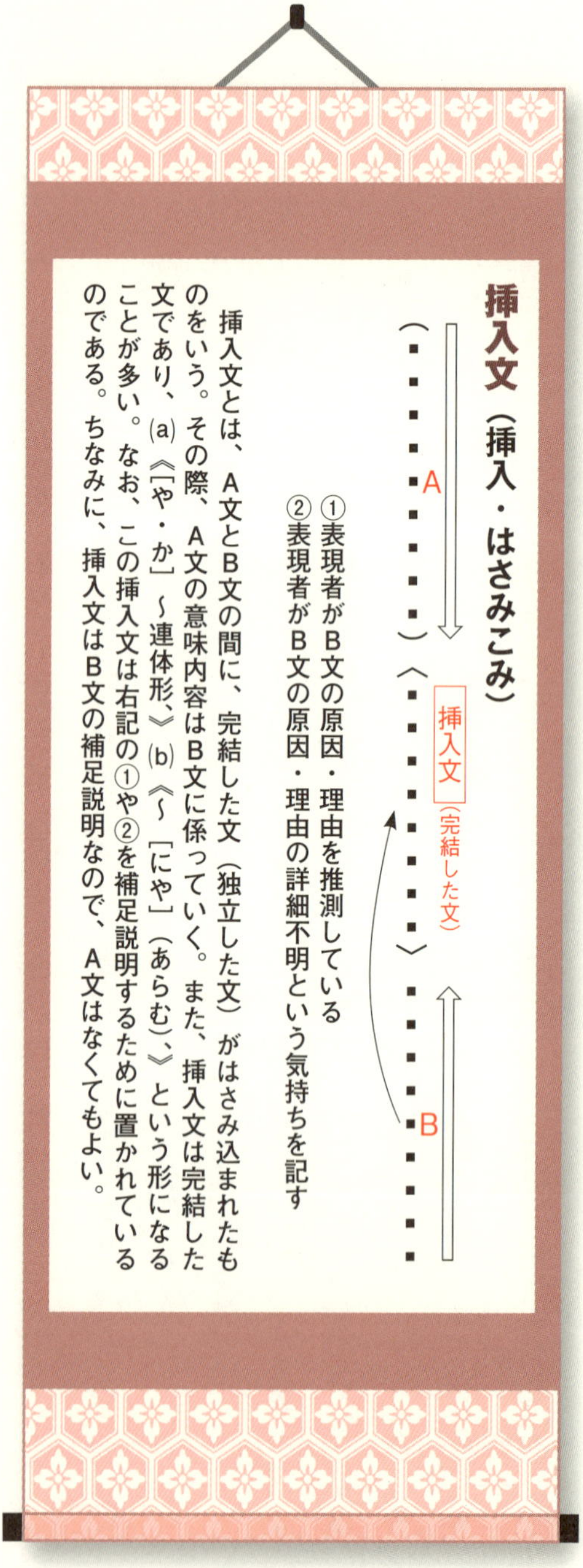

①表現者がB文の原因・理由を推測している
②表現者がB文の原因・理由の詳細不明という気持ちを記す
挿入文とは、A文とB文の間に、完結した文（独立した文）がはさみ込まれたものをいう。その際、A文の意味内容はB文に係っていく。また、挿入文は完結した文であり、(a)《「や・か」～連体形、》(b)《～「にや」（あらむ）、》という形になることが多い。なお、この挿入文は右記の①や②を補足説明するために置かれているのである。ちなみに、挿入文はB文の補足説明なので、A文はなくてもよい。

ここの「いかがし給ひけむ」は、完結した文であるところから、挿入文として扱うのである。なお、右の板書内のB文に相当するのが、ここでは「そらし給ひてけり（逃がしなさってしまった）」である。鷹を預かっているのは大納言なので、「そらし給ひてけり」の主体は大納言と定めることができる。すると、鷹を逃がしてしまった大納言に対する補足説明として挿入文の「いかがし給ひけむ」があるところから、この挿入文の主体も大納言と見抜けるのである。つまり、大納言が鷹を逃がしてしまったのは何故であるのかよくわからないという気持ちを述べているからである。

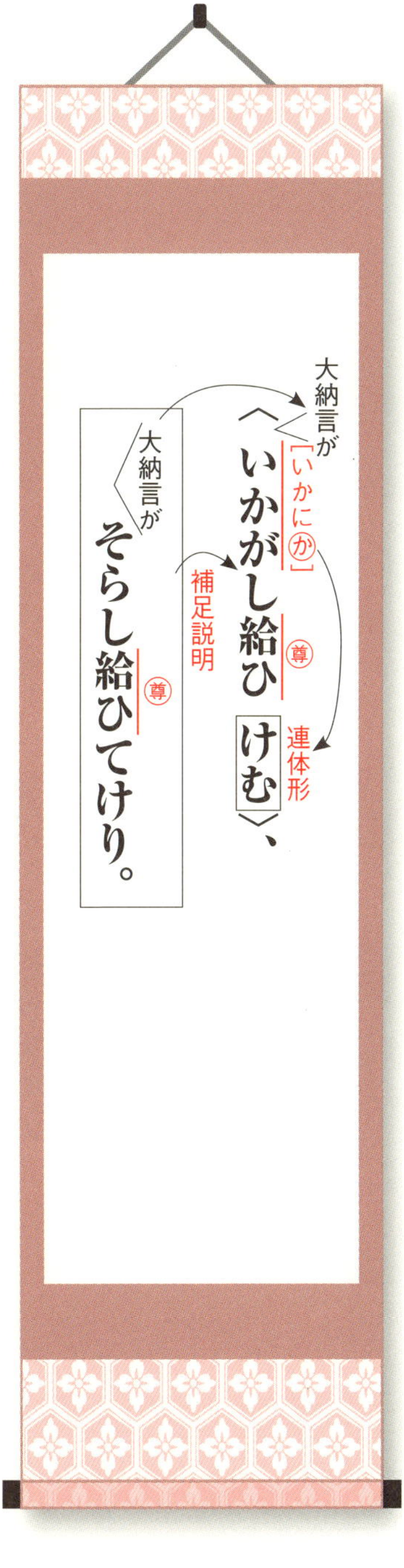

●心肝をまどはして、もとむるに、さらにえ見出でず。

［心肝をまどはす］で「心を乱す」という意。この［心肝をまどはして］は［もとむるに］へ係る。ここは、一見すると、大納言が主体であるように思えるが、主体を敬うための尊敬語がないのである。もちろん、敬語対象者が主体であるにも関わらず、そこに尊敬語を出さない、いわゆる敬語の不一致という現象は起こるものである。しかし、安易に敬語の不一致を認めるのではなく、**なぜそこに敬語が出ていないのか、あらゆる点から検討し、どうしてもそうとしか捉えることができないときにはじめて敬語の不一致と認めるのである**。そこで、まずは主体の異同を考え、特に、敬語対象者ほどの人は常に腹心の家来・従者を連れているのが普通なので、その存在を認めることができるかどうか検討するのが肝心であろう。このように、全体の整合性を意識した柔軟な判断を心がけたいものである。

ここは、大納言の従者を主体とすることで、語法面からも内容面からも矛盾なく解釈できる（その先まで読んでいくとなおさらわかるはずである）。

また、［もとむるに］の［に］は接続助詞で「が」などと訳出する。この連体形につく［に］や、連体形につく［を］は、名詞をその上に補訳して格助詞として扱うことも、接続助詞として捉えて「のに」「ので」「と」「が」などと訳出することもできるので注意を要する。その判断は、係りどころとの関係から考えるとよい。ここでは、［さらにえ見出でず（まったく見つけ出すことができない）］に係るところから、接続助詞として考え、「が」などと訳出するとよい。

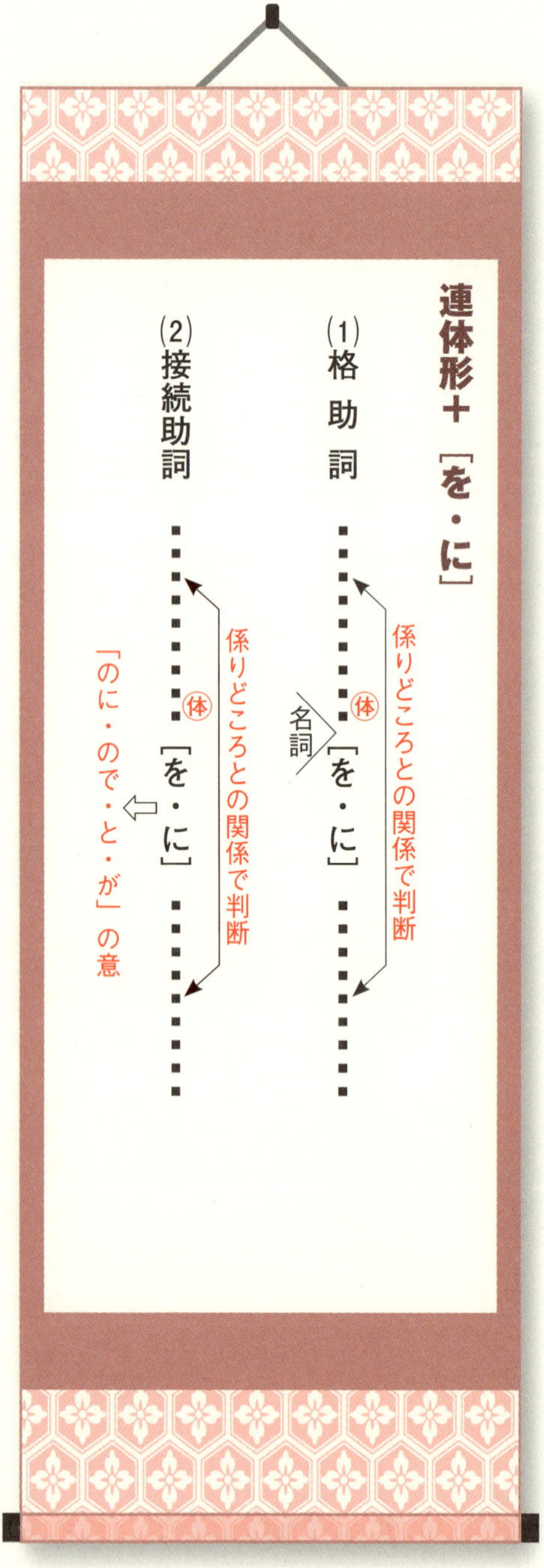

なお、[さらに～打消語]は「まったく～ない」、[え～打消語]は「～できない」の意。ここは、[さらに]も[え]も下の[ず]と呼応しているのである。「従者が心を乱し乱しして鷹を探すが、まったく見つけ出すことができない」などと訳出する。

●山々に人をやりつつもとめさすれど、さらになし。

[もとめさすれど]の[さすれ]は使役の助動詞[さす]の已然形である。尊敬語を伴わないときの助動詞[す(さす)]は必ず使役の意となる(p.181参照)。ここは、大納言の従者が鷹を探したけれど発見できなかったため、山々に人を派遣して探させたというのである。しかし、結果は[さらになし]なのである。

●みづからも深き山に入りて、まどひありき給へど、かひもなし。

[深き山に入りて]には尊敬語が出ていないが、係りどころの[まどひありき給へど]には尊敬語が出ている。そこで、[みづから]は大納言自身のことであると判断できる。つまり、ここは、今まで従者が鷹を探したけれど見つけることができず、さらに、従者は人を派遣して探させたけれど見つけることができなかった。そこで大納言自身も山に入って探しなさるという場面である。[みづからも]という並列主格を表わす[も]を用いているのは、従者の動作と同じ動作を大納言がしたためなのである(並列主格はp.214参照)。

なお、[まどふ]とは「途方に暮れる」、[ありく]は「歩きまわる」、[かひなし]は「どうしようもない」の意なので、あとは、これらの語に留意しながら訳出すればよい。

●このことを奏せで、しばしもあるべけれど、〜御鷹の失せたるよしを奏し給ふ時に、

まずは語単位から説明する。［このこと］とは、いうまでもなく鷹を逃がしてしまったことを指している。**［奏す］は謙譲語で、帝や上皇を客体におく時にのみ用いられる語**であり、ここでは帝が客体である。ちなみに、**［啓す］は、帝に準ずる人、つまり、中宮（后）、東宮（皇太子）を客体にした時に用いられる語**である。このような［奏す］［啓す］の使われ方をきちんとおさえておくと、より人物関係が捉えやすくなるはずである。［二三日にあげず］は㊟にも記されているが、「二日三日間をあけることなく」という意。［いかがせむ］は「どうしようもない」という意である。

次に、係りどころなどを意識し、人物関係を捉えてみる。まず、［このことを奏せで］は［あるべけれど］へ係るとわかる。鷹を逃がしてしまったことを帝に伝えなくてはならない人物は、鷹を預かっている大納言であるが、この箇所に尊敬語がないのである。そこで、敬語がない理由を検討してみたい。

すると、［とて（＝「と思ひて」の約）］があることに気付く。そこで、［このことを奏せで〜いかがはせむ］にカギを施し、大納言の心内文として処理してみると、「このことを奏せで、しばしもあるべけれど」に尊敬語を必要としないことがはっきりとわかる。つまり、尊敬語が出ていない理由は、大納言自身の心内文の中で自分に敬語を必要としないからと考えるのである。次に、ここの構造を板書しておく。

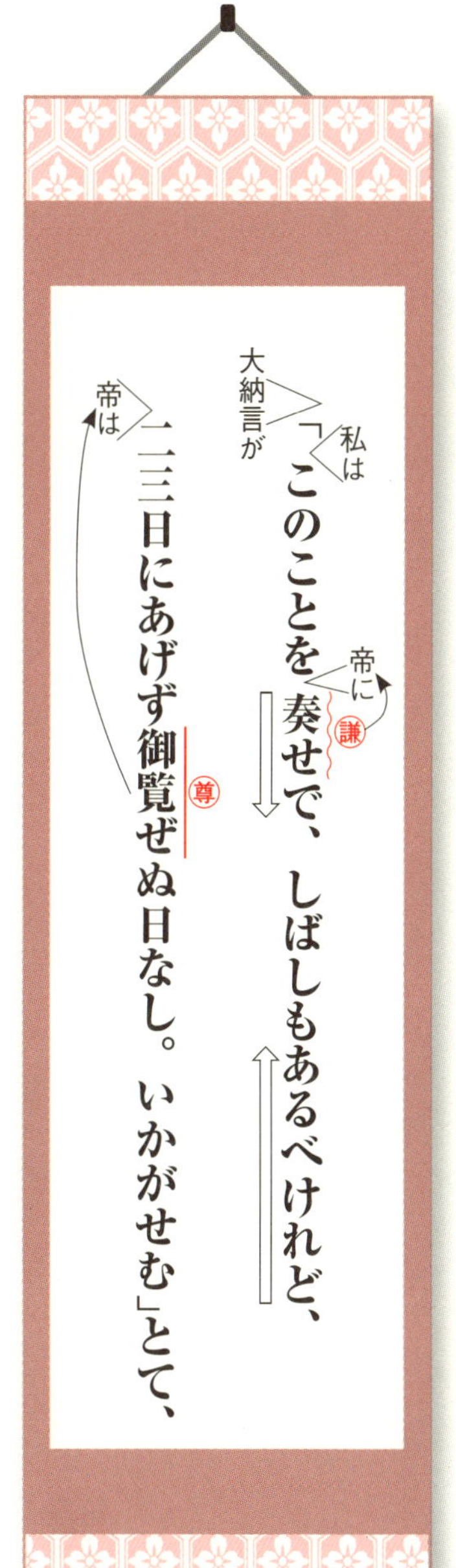
大納言が
私は
「このことを奏せで、しばしもあるべけれど、
帝に
謙
帝は
二三日にあげず御覧ぜぬ日なし。いかがせむ」とて、
尊

さて、大納言の心内文「このことを奏せで、しばしもあるべけれど」の解釈であるが、まずは、主体が未記載なので私を主体としてみる。また、一人称主体であるところから「べし」は意志または決意の意と決まる。よって、「私はこのことを帝に申し上げないで、しばらくもいるつもりだけれど」と訳出することができる。「二三日にあげず御覧ぜぬ日はなし」には尊敬語「御覧ず」があるが、大納言自身の心内文において自分に敬語は使わない。そこから帝を主体とすることができる。「帝は二日三日間をあけることなくご覧にならない日はない」という意。

次に、接続助詞「て」の存在から、「「〜」とて」は「内裏にまゐりて」へ係り、さらに「…奏し給ふ」へ係るとみる。係りどころの最後に尊敬語「給ふ」があるので、全体の主体を大納言とすることができる。大納言は、鷹を逃がしてしまったことを帝に申し上げずにいるつもりであったが、帝は二日三日間をあけることはなく鷹をご覧にならない日はない。そこで、大納言は宮中に参上して「鷹の失せたるよし」を帝に申し上げなさるというのである。

大納言が
「このことを～いかがせむ」とて、
内裏に参りて、
謙
御鷹の失せたるよしを
帝に
奏し給ふ時に、
謙
尊

●聞こしめしつけぬにやあらむとて、また奏し給ふに、

「聞こしめしつく」は、複合動詞「聞き付く」（「聞きとる」の意）が尊敬体になったもの。**複合動詞とは、二つの動詞が連続して一語としての意味をなす語のこと**をいう。ここでは、敬語対象者が主体であるために、複合動詞「聞き付く」を尊敬語化して「聞こしめし付く」としたのである。なお、訳出の際は「聞きとりなさる」「聞きつけなさる」などとし、決して「お聞きになってつける」などとしてはならない。このように、複合動詞が敬語化されると容易に訳出できないことが多いので、複合動詞の敬語とその訳し方について、次にまとめておくことにする。

複合動詞の敬語

○複合動詞→―V―V―（例）言ひ腐《くた》す（訳＝けちをつける）

○敬語化→―V（敬）―V―（例）尊敬体→宣ひ腐す／謙譲体→申し腐す

○訳出時→―V―V（敬）―（例）尊敬体→言ひ腐し給ふ／謙譲体→言ひ腐し申す

複合動詞とは、二つの動詞が連続して一語としての意味をなすものをいう。この複合動詞を敬語化すると、上の動詞が敬語化されやすい。しかし、現代語にはその用法が存在しないので、訳出しにくい。そこで、敬語の位置を下に付けかえてみるとよい。たとえば、複合動詞「言ひ腐す」（けちをつける）の尊敬体として「宣ひ腐す」、謙譲体として「申し腐す」であるならば、これらを、「言ひ腐し給ふ」、「言ひ腐し申す」として考えていけばよい。

右板書内のとおり、この「聞こしめしつく」は、複合動詞「聞きつく」の「聞く」が尊敬体「聞こしめす」となり、「聞こしめしつく」になったものである。訳出の際は、「聞きつく」の下に尊敬語「給ふ」をつけ加えた「聞きつけ給ふ」として考えるとよい。すると、「聞きとりなさる」と訳出できるようになる。また、「にやあらむ」の「に」は断定の助動詞「なり」の連用形、「や」は疑問を表す係助詞なので、それらを留意すると、この「聞こしめしつけぬにやあらむ」は「聞きとりなさらないのであるのだろうか」と訳出することになる。なお、ここの主体は、尊敬語の存在から敬語対象者が主体であるとわかるが、それが誰であるのか判断できない。そこで、次の手順で人物関係を見抜いていくとよい。

まず、「とて（＝「と思ひて」の約）」があるところから「聞こしめしつけぬにやあらむ」にカギを施す。次に、「とて」は「奏し給ふに」に係るとみる。その係りどころに謙譲語「奏す」があるので、客体を帝と定めることができる（左図手順①）。すると、客体を帝とする以上、「「〜」とて、また奏し給ふに」の主体は大納言と決まるのである（左図手順②）。ということは、このカギは大納言の心内文と判断できるのである。その大納言の心内文をみると、そこに尊敬語があると気付く。自分の動作に敬語を出して敬うことはできないので、この心内文の主体を帝と定めることができる（左図手順③）。

鷹を逃がしてしまったことを帝に告げた大納言であったが、帝は何もおっしゃらなかった。そこで、大納言は「帝は聞きとりなさらないのだろうか」と思って、再び帝に申し上げたのである。

●面《おもて》のみまもらせ給うて、ものものたまはず。

「面」は「顔」の意。「のみ」は限定を表す副助詞で「だけ」という意。「せ給うて」の「せ」は尊敬語「給ふ」と併用しているので、尊敬または使役の意のどちらであるのか検討しなくてはならない。ここは、使役の対象がいないので、尊敬の意と捉える。「まもる」は「じっと見つめる」の意。「まもらせ給うて」は「ものものたまはず」に係る。ここは、尊敬語があることと、「ものものたまはず（何もおっしゃらない）」の意から、全体の主体を帝と定めることができる。大納言は帝に鷹を逃がしてしまったと伝えても、帝は何もおっしゃらないというのである。なお、p.179で後述するが、ここで帝に対しては「のたまはす」という最高敬語と尊敬語「のたまふ」の両方を用いていることがわかる。よって、帝は**敬語併用者**として扱うとよい。

帝は
面のみまもらせ給うて、ものものたまはず。
尊
尊
尊

●たいだいしとおぼしたるなりけりと、我にもあらぬ心地して、～奏し給ふ時に、

引用止めの助詞「と」があるところから「たいだいしとおぼしたるなりけり」にカギを施す。同様に、「この御鷹の～仰せ言も給はぬ」にもカギを施してみる。その次に、接続助詞「て」の係りどころを意識しながら、解釈するとよい。

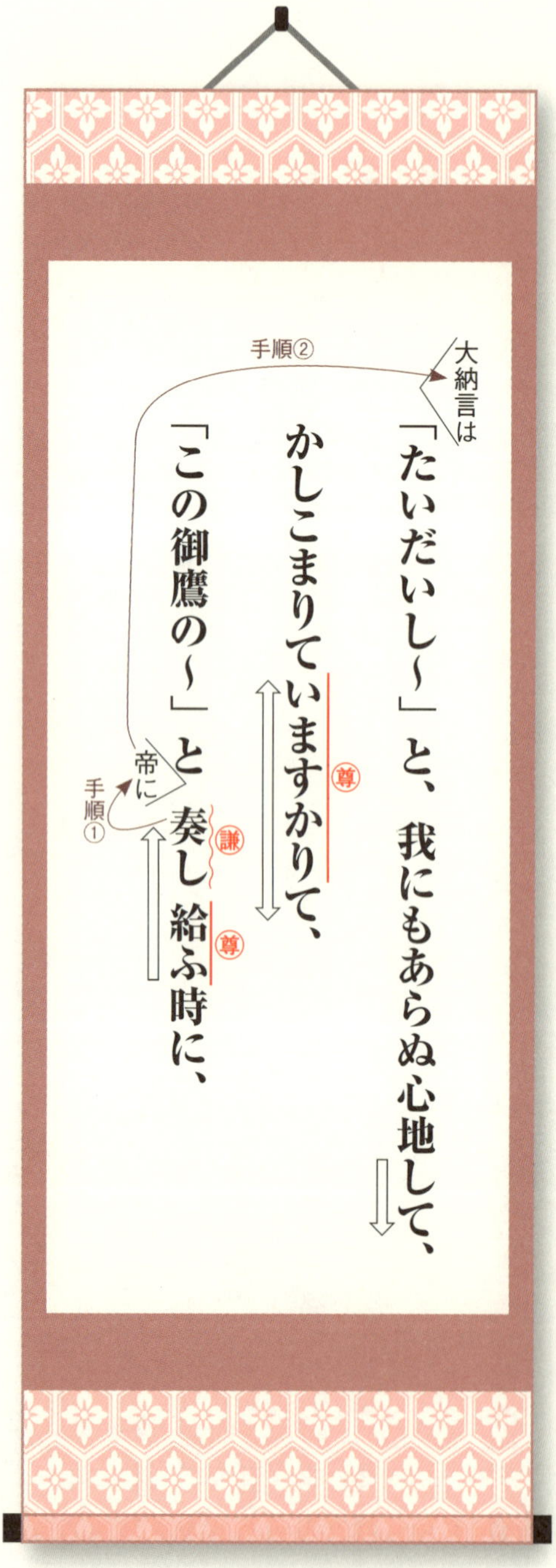

すると、ここは、接続助詞「て」の存在から、「心地して」は「かしこまりていますかりて」へ係り、さらに「奏し給ふ時に」へ係ると見抜ける。係りどころの最後に尊敬語が出ているので、全体の主体を敬語対象者と判断できる。ところが、敬語対象者は帝と大納言の二人存在するので、敬語の有無だ

けでは主体判定ができないのである。しかし、ここには、謙譲語［奏す］があるので、客体を帝と定めることができる（板書内手順①）。その結果、帝を客体として用いている以上、主体は大納言と定めることができるのである（板書内手順②）。

なお、［我にもあらず］とは「茫然自失だ」という意。ここは、大納言は茫然自失な気持ちがして、かしこまっていらっしゃって、「…」と帝に申し上げなさるというのである。ここは、係りどころを意識し、さらに、文構造をつかむことによって、容易に内容を判断できるところである。

●たいだいしとおぼしたるなりけり。

大納言の心内文である。［たいだいし］は「もってのほかだ」「怠慢だ」の意。［おぼしたるなりけり］の［思す］は尊敬語である。自分の動作に尊敬語を用いることはないので、そこから、主体を帝とすることができる。ここは、『もってのほかだ』と帝はお思いになっているのだなあ」という意。

●この御鷹の、求むるに、侍らぬことを、

ここは、大納言が帝に申し上げた会話文の中である。［この御鷹の］の［の］は主格で「が」と訳出する。［この御鷹の］（S1）は次の［求むるに］（P2）に意味上係らないとわかる。そこで、［侍らぬことを］（P1）に係るとみる。すると、［求むるに］（P2）の主体が記されていないとわかるが、ここは会話文であるところから、私を主体とすることができる。よって、ここは主語と述語がそれぞれ二連続している構文、すなわち、**係り承け連鎖**（p.20参照）の構文と見抜ける。

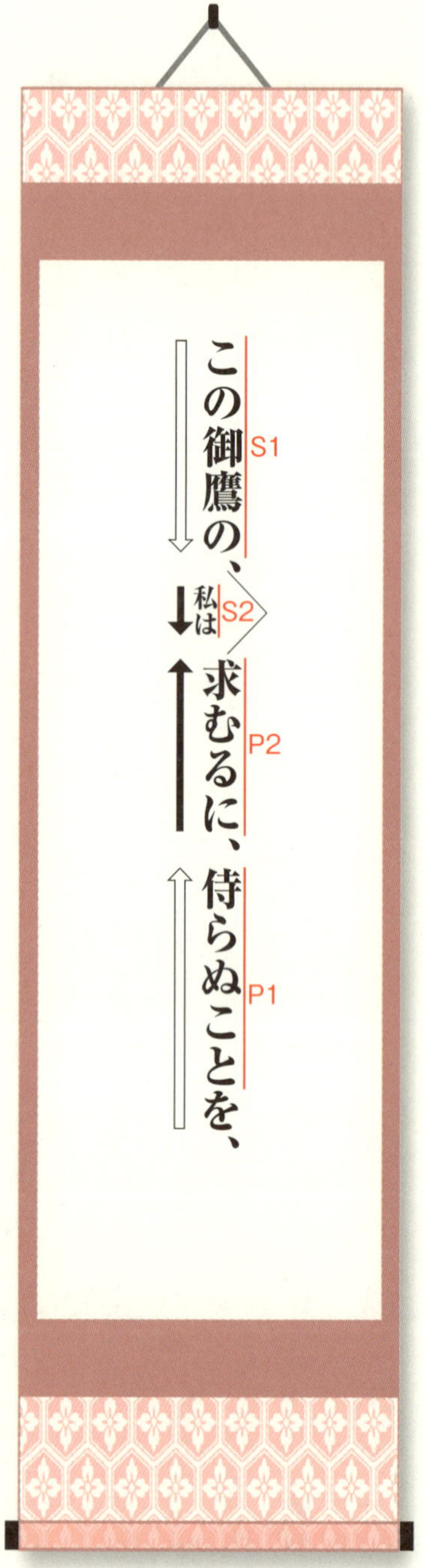

つまり、「この御鷹の」（S1）に対する述語を「侍らぬことを」（P1）とし、また、「私は」（S2）に対する述語を「求むるに」（P2）と捉えるのである。

また、「求むるに」の「に」は接続助詞とみて「が」などと訳出する。ここは、「この御鷹が、私は探しますが、おりませんことを」などと訳出するところ。大納言が混乱している状態になっていることが、この表現からうかがえる。「侍らぬことを」の「侍り」は「あり」の丁寧語である。

なお、古文における丁寧語は「侍り」のほかに「候ふ」がある。もともと、この「侍り」「候ふ」はともに謙譲語であったが、次第に話し手や聞き手に対する敬意、いわゆる対者敬語として用いられるようになったのである。そこで、次に「侍り」「候ふ」の処理法についてまとめておく。

［侍り・候ふ］の処理法

(1)　**動詞＋［侍り・候ふ］**
→丁寧の補助動詞（訳＝〜ます）

(2)　**形容詞・形容動詞＋［侍り・候ふ］**
→［あり］の丁寧語（訳＝あります・おります・います・ございます）
※語法的には補助動詞であるが、訳出は［あり］の丁寧語とする。

(3)　**その他＋［侍り・候ふ］**
→［あり］の丁寧語（訳＝あります・おります・います・ございます）
→謙譲語（訳＝お仕え申し上げる・お控え申し上げる）

●いかさまにかし侍らむ。

［いかさまに］は「どのように」の意。［か］は疑問の係助詞なので、文末の［む］は連体形である。

もちろん、主体は尊敬語もなく、また主体提示もないところから、私を主体としてみる。ただ、ここで問題となるのは、疑問表現は原則一人称主体にはならないということである。「私はどこだ」「私はいつか」「私は何時か」などとはいわないのと同じである。そのような場合には、疑問文の形をしている否定表現である反語や、疑い、ためらいの気持ちなどとして処理することになるが、ここはそのように捉えることもできない。そのような、一人称主体の疑問表現は**心情的反語**として考えるとよい。

なお、心情的反語とは次のとおりである。

心情的反語

「私は――――疑問表現」

疑問表現の場合、一人称主体は拒絶されるのが普通である。そこで、一人称主体の疑問表現は反語、または、疑い・ためらいの気持ちとして考えるのだが、そう捉えることができない一人称主体の疑問表現がある。その際は、心情的反語として考える。次に、心情的反語を定義しておく。

1 そこに記されている内容の反対を考えているが、その気持ちを抑制し疑問文で提示。
2 そこに記されている内容の反対をしていればよかったと後悔しつつも、それを表明せずに疑問文で提示。

ここの「いかさまにかし侍らむ」は、一人称主体である疑問表現であり、反語や疑い、ためらいの気持ちで捉えることもできないところから、心情的反語と考える。つまり、「私はどのようにしましょうか」という疑問の訳出をするのだが、心の内側では、「私はいまさらどうすることもできない」という気持ちがあり、その気持ちを抑制し、言葉に表さなかったと考えるのである。

●などか仰せ言も給はぬ。

文頭の「など」は「どうして」の意。疑問の係助詞「か」があるので結びの「ぬ」は打消の助動詞「ず」

の連体形とみる。尊敬語［給ふ］があるところから、帝を主体と定める。大納言も敬語対象者であるが、ここは大納言の会話文の中である。自分の動作に敬語は用いないので、大納言を主体とすることはできない。よって、帝を主体とし、「帝はどうして御言葉もくださらないのか」と訳出する。

●帝、いはで思ふぞいふにまされるとのたまひけり。

引用止めの助詞［と］があるので、［いはで思ふぞいふにまされる］にカギを施し、そこを会話文とみる。尊敬語［のたまふ］は［帝］への敬意。［いはで思ふぞいふにまされる］の［いはで］は、「言わないで」という意の［言はで］と、鷹の［磐手］とが懸けられている。また、ここの［思ふ］は「［〜］と思ふ」という形になっていない（＝具体的に思う内容が記されていない）ので、「恋しく思う」の意である。［まされる］の［る］は直上の音がe音になっているので助動詞［り］の連体形とわかる。ここは、「帝は『（鷹の名の）磐手を言わないで恋しく思うことは、言うことよりまさっている』とおっしゃった」と訳出する。

●かくのみのたまはせて、ことごとものたまはざりけり。

［かく］は「このように」の意となる副詞。前文の［いはで思ふぞいふにまされる］を指している。［のたまはせて］は［のたまはざりけり］へ係る。いうまでもなく、主体は帝である。

●御心に、いといふかひなく惜しくおぼさるるになむありける。

まずは［御］の考え方について説明をしておく。

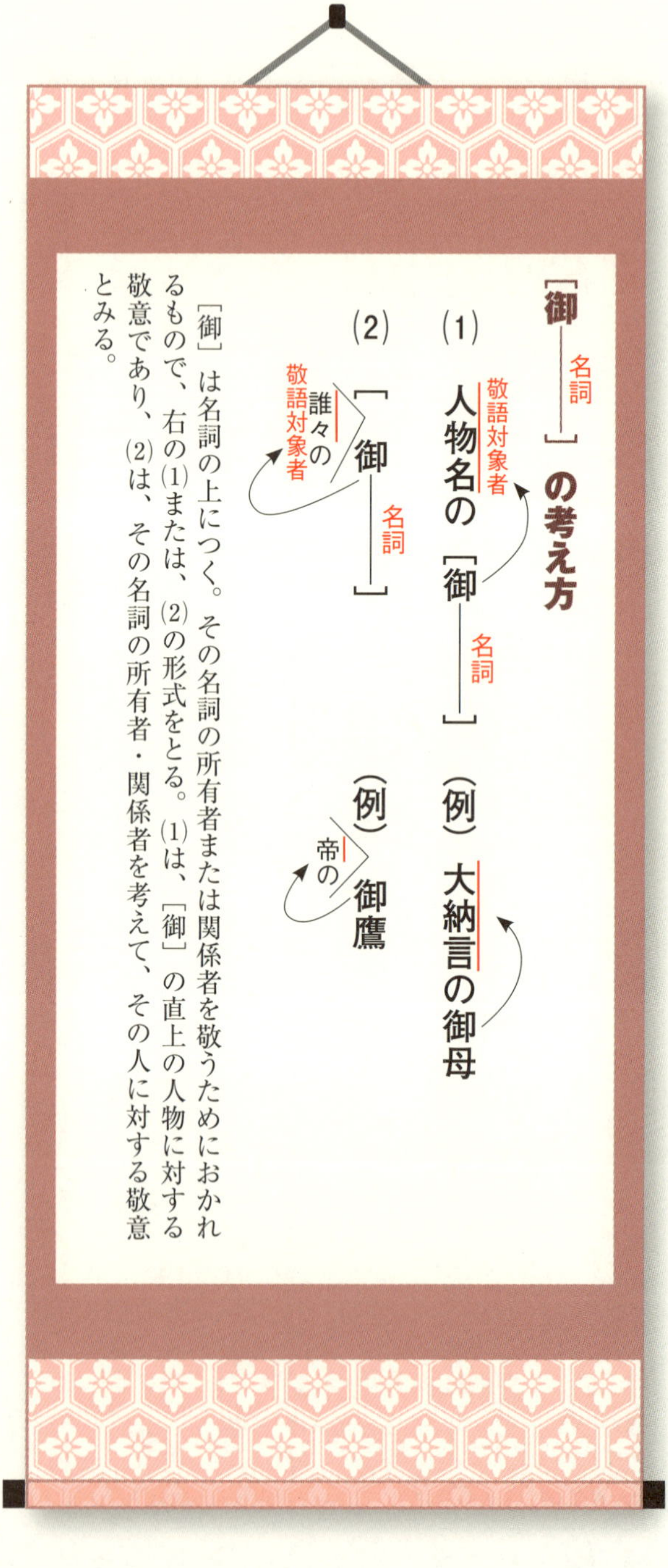
「御——名詞」の考え方
(1) 人物名の「御——名詞」
敬語対象者
名詞
(例) 大納言の御母
(2) 「御——名詞」
誰々の
敬語対象者
名詞
(例) 御鷹
帝の
「御」は名詞の上につく。その名詞の所有者または関係者を敬うためにおかれるもので、右の(1)または、(2)の形式をとる。(1)は、「御」の直上の人物に対する敬意であり、(2)は、その名詞の所有者・関係者を考えて、その人に対する敬意とみる。

すると、ここの「御心」は「帝の御心」とわかる。それは、「いといふかひなく惜しく（たいへんどうしようもなく残念に）」お思いになったのは帝だからである。なお、「おぼさるるになむありける」の「おぼさ」は尊敬語「思す」の未然形である。「るる」は自発の助動詞「る」の連体形である。一見すると、尊敬の助動詞のように思えるが、p.52にも記したとおり、助動詞「る・らる」が尊敬語と併用した

際は尊敬の意にはならないのである。また、［になむありける］の［に］は断定の助動詞［なり］の連用形であり、係助詞［なむ］があるので、結びの［ける］は連体形となっている。

解答

問１　(a)　この上なくすぐれていたので、
㊟已然形につく［ば］は、係りどころとの関係から訳語を決める。
(b)　まったく見つけ出すことができない。
㊟［さらに～打消語］と［え～打消語］の訳語をしっかりと出すことである。
(c)　聞き取りなさらないのであるのだろうか。
㊟複合動詞の敬語の訳出に注意すること。
(d)　たいへんどうしようもなく残念に思わずにはいらっしゃれないのであった。
㊟尊敬語につく［る・らる］は尊敬にはならない。ここでは自発の意。
問２　オ
問３　大納言が帝に、帝から預かっていた鷹を逃がしてしまったことを伝えた。
問４　③　帝の大納言の顔をじっと見つめている様子。　⑤　大納言の茫然自失である様子。
問５　オ

問6　帝の、鷹を恋しく思うことを言葉に出さないで思っているほうが言葉に出して表現することよりもつらさはまさっているという気持ちがこめられている。

㊟［いはで］に鷹の［磐手］と［言はで］が懸けられていることに注意する。また、［まさる］は「～は…にまさる」という対比構造を考えてみるとよい。反対語の［おとる］の場合も同様に考えるとよい。

通釈

帝が、狩をたいへん並々でなく好みなさった。陸奥国、磐手の郡から帝に差し上げた鷹が、またとなくすぐれていたので、この上なくお思いになって、手鷹にしなさった。名前を磐手と付けなさっていた。それを鷹狩りの方面に心があって、帝から預かり、お仕え申し上げなさった大納言に預けなさっていた。（大納言は）一日中この鷹を預かって、世話をなさっているうちに、どのようにしなさったのだろうか、逃がしなさってしまった。（大納言の従者は）心を乱して、探すが、まったく見つけ出すことができない。山々に人を派遣して探させるけれど、まったくいない。大納言自身も深い山に入って、さまよい歩きなさるけれど、甲斐もない。（大納言は）「このことを帝に申し上げないで、しばらくいるつもりだけれど、二日三日間をあけることなく鷹をご覧にならない日はない。どうしようか」と思って、宮中に参上して、御鷹が逃げたことを帝に申し上げなさる時に、帝は、何もおっしゃらない。（大納言は）「帝は聞き付けなさらないのであろうか」と思って、また帝に申し上げなさると、（帝は）顔だけじっと見つめなさって、何もおっしゃらない。（大納言は）「もってのほかだと帝はお思いになっているのだなあ」と、茫然自失の様子で、かしこまっていらっしゃって、「この御鷹が、私は探しましたが、おりませんことを、どのようにしましょうか。どうして御言葉もくださらないのですか」

と申し上げなさる時に、帝は、

「磐手のことを言わないで恋しく思う方が言うことよりもまさっている」

とおっしゃった。このようにおっしゃって、他のことはおっしゃらなかった。たいへんどうしようもなく残念に思わずにはいらっしゃれないのであった。

レッスン 8

敬意の軽重について

主体を敬うために置かれる尊敬語は、すべてが同一の敬意の重さではない。尊敬の助動詞「る」「らる」は「給ふ」よりも比較的軽い敬意を表し、また、「給ふ」よりも「せ給ふ」「させ給ふ」のほうが重い敬意を表す。同様に、「宣《のたま》ふ」よりも「宣《のたま》はす」、「賜《たま》ふ」よりも「賜《たま》はす」のほうが重い敬意を表すのである。この重い敬意を表す**「せ給ふ」「させ給ふ」「宣はす」「賜はす」のことを、最高敬語または二重尊敬、二重敬語などと呼ぶ**。それ以外の「思しめす」や「聞こしめす」などは最高敬語とはみなさない。

最高敬語（二重尊敬・二重敬語）

1 「～給ふ」＜「～せ給ふ／～させ給ふ」

2 「宣　ふ」＜「宣はす」

3 「賜　ふ」＜「賜はす」

※「せ給ふ」「させ給ふ」「宣はす」「賜はす」を最高敬語と呼ぶ。一部、「せおはします」「させおはします」という形で最高敬語を表すこともある。

この**最高敬語は、表現者が重い敬意を表したい人に対しては誰にでも用いることができるものであり、特定の身分や位の人だけに使われる語というのではない**。特に、会話文中においては話し手と聞き手との間柄（親疎関係）で決定する以上、なおさらのことである。

(例1) 帝おりゐ給ひて、またの年の秋、御髪おろし給ひて、ところどころやまぶみし給ひて、おこなひ給ひけり。（『大和物語』）

この(例1)は、最高位である帝に対して尊敬語を用いているものである。敬語の使用は表現者が決定するものであって、必ずしも最高位の人に最高敬語を用いるとは断言できないのである。

また、表現者が尊敬語を用いて敬う人と最高敬語を用いて敬う人とを使い分けていた場合には、この敬意の軽重を利用して人物関係を見抜くこともできる。ただし、最高敬語と尊敬語とを同一人物に併用することもあるので注意が必要である。

(例2)（帝ガ大納言ノ）面《おもて》のみまもらせ給ひて、ものものたまはず。（『大和物語』）

この(例2)は、《実践演習2》で扱った『大和物語』の一節で、帝の大切な鷹を逃がしてしまった大納言が帝にその旨を伝えたところ、帝が大納言の顔だけをじっと見つめなさって、何もおっしゃらないという箇所である。そこに「面のみまもらせ給ひて」と最高敬語が出ているが、係りどころの「のたまはず」には最高敬語を出していないのである。主体の異同も考えられず、帝を主体とするよりほかない。そこで、ここは、帝は最高敬語と尊敬語を併用する人物（これを**敬語併用者**などと呼ぶ）として扱うことになる。つまり、この箇所においては、帝が主体の際は最高敬語を用いることも、尊敬語を用いることもあるという意識を持って解釈にあたらなくてはならない。

なお、鎌倉時代以降の作品においては、最高敬語の意識が薄れているため、敬意の軽重での主体判定ができないものが多い。また、最高敬語の訳出は、尊敬語と同様でかまわない。

《問題❶》次は、作者が仕えている中宮彰子が出産のために父藤原道長（殿）の邸に戻っているときの場面である。傍線部(a)(b)の助動詞の職能（意味）をそれぞれ記せ。

渡殿の戸口の局に見出《い》だせば、ほのうち霧りたる朝の露もまだ落ちぬに、殿ありか(a)せ給ひて、御随身召して、遣水はらは(b)せたまふ。

（『紫式部日記』）

《解説》

●渡殿の戸口の局に見出だせば、

日記解釈の際は、常に作者の存在を念頭におくことである。ここは、尊敬語もなく主体も記されていないので作者を主体とする。「―V―出だす」は、「外に向けて―V―する」という意。たとえば「言ひ出だす」であれば「部屋の中から外に向けて言う」ということである。反対語は「―V―入《い》る」で「内に向けて──V──する」という意。ここは、［見出だす］なので、部屋の中から作者が外を見るということである。［ば］は係りどころとの関係から「と」と訳出する。よって、ここは、「私が渡殿の戸口の局で外を見ると」などと訳出する。

● **ほのうち霧りたる朝の露もまだ落ちぬに、**

［ほのうち霧りたる］は、名詞［朝］の説明部である。ほのかに霧がかかり、霞んでいる状態の朝のこと。その朝の露がまだ葉から落ちていないのである。

● **殿ありかせ給ひて、御随身召して、遣水はらはせ給ふ。**

［殿］とは藤原道長のこと。尊敬語［給ふ］があるところから、殿は敬語対象者であるとわかるが、その上に助動詞［す］の連用形［せ］がついている。

この助動詞［す（さす）］は、他の人に動作をさせることを表す語である。よって、**本来の意は使役である。訳出は「～せる（～させる）」とする。**その使役の用法が、誰かを用いて「させる」動作をする人は身分の高い人（＝敬語対象者）であり、また、他の人を用いて「させる」といわなくてもわかるほど動作をする人の身分が高いところから、やがて**尊敬の意**としても用いられるようになったのである。

さて、その識別であるが、**尊敬語を併用しない時の助動詞［す（さす）］は使役の意と捉え、尊敬語と併用した際は使役または尊敬の意のどちらであるのか検討してみる**とよい。

帝、歌を詠ませ給ふ。（尊）

使役（訳）帝が誰かに歌を詠ませなさる）

尊敬（訳）帝が歌をお詠みになる）

尊敬語と併用した際の［す（さす）］の意味決定は、まず、本来の用法である使役の意でよいのか文意を確かめてみることである。それでは文意が通じない場合、尊敬の意と認定するのだが、必ず他の箇所での最高敬語の有無を確認したうえで尊敬の意と判断する（他の箇所でその主体に対して最高敬語を用いていないときに最高敬語と判断するのは極力避ける）ことである。

助動詞［す・さす］の識別

(a) 尊敬語と併用しない時→使役

(b) 尊敬語と併用した時→使役・尊敬

［せ給ふ］［させ給ふ］［せおはします］［させおはします］のように、尊敬語と併用した際の［す・さす］は使役または尊敬の意となる。その判断は、次のようにして考えるとよい。

1　「誰かに～させる」の意として文意が通るならば使役の意とする。

2　使役の意とすることができそうもない時は、主体を最高敬語対象者として扱うことができるかどうか確認した上で尊敬の意と定める。

ここは、使役の対象が存在せず、また、「殿が歩きまわりなさる」と訳出して文意が通るところから、尊敬の意と定めることになる。よって、殿は最高敬語対象者と判断できる。

また、［ありかせ給ひて］は［召して］へ係り、さらに［はらはせ給ふ］へ係るとわかり、全体の主体を殿と判断することができる。［召す］は［呼ぶ］の尊敬語である。［召す］は最高敬語対象者にも敬語対象者にも使える語である。［はらはせ給ふ］の［せ］は、先行動作となる［御随身召して］において、随身を殿がお呼びになっている以上、そこには使役の対象が存在しているとわかる。そこで、使役の意と捉えて、「殿が随身に掃除をさせなさる」の意とする。すると、最高敬語対象者である殿に対して最高敬語を出さなくなってしまうので敬語の不一致のようにみえるのだが、**最高敬語対象者が主体であっても、そこに使役を用いた場合には通常の尊敬語だけになってしまう**のである。よって、敬語の不一致とはみなさない。一見、［せ］を使役の意、［させ］を尊敬の意と捉えて、［せさせ給ふ］と用いることで最高敬語を表すことができそうだが、助動詞［す］または［さす］に上接する語は動詞だけなのである。つまり、**［せさせ給ふ］の［せ］は必ず動詞となり、**使役の助動詞［す］に尊敬の助動詞［さす］をつけることは語法上できないのである。よって、最高敬語対象者が主体の際に使役の助動詞［す］または［さす］を用いた場合は、普通の尊敬語だけになってしまうのである。

解答 (a) 尊敬 (b) 使役

通釈 私が渡殿の戸口の局で外を見ると、ほのかに霞んでいる朝の露もまだ葉から落ちない時に、藤原道長が歩きまわりなさって、随身をお呼びになって、遣水を掃除させなさる。

《実践演習③》

問題　次の文章は『竹取物語』の一節で、かぐや姫のもとに結婚の条件である「蓬莱山の玉の枝」を持参したくらもちの皇子であったが、工匠《たくみ》達の訪問により、その枝は、工匠達が作り上げた偽りのものだとわかってしまった後の場面である。読んで後の設問に答えよ。

日の暮れぬれば、(a)すべり出で給ひぬ。

工匠《たくみ》らいみじくよろこびて、思ひつるやうにもあるかなと言ひて、帰る。道にて、くらもちの皇子、血の流るるまで懲ぜさせ給ふ。(b)禄得しかひもなく、みな取り捨てさせ給ひてければ、(c)逃げ失せにけり。

かくて、この皇子は、一生の恥、これに過ぐるはあらじ。①女を得ずなりぬるのみにあらず、天下の人の、見思はむことのはづかしきこととのたまひて、ただ一所、深き山へ入り給ひぬ。宮司、候ふ②人々、みな手を分かちて、求め奉れども、御死にもやし給ひけむ、③え見つけ奉らずなりぬ。皇子の、御供に隠し給はむとて、④年ごろ見え給はざりけるなり。

（『竹取物語』）

㊟　思ひつるやうにもあるかな—くらもちの皇子から報酬をもらえなかったことをかぐや姫に愁訴すれば、「蓬莱山の玉の枝」を製造した報酬をいただけると思っていたので、「期待どおりでもあったなあ」というのである。

設問1　波線部(a)(b)(c)の主体（主語にあたる人）はそれぞれ誰か。最も適切なものを次から選び答えよ。

ア　かぐや姫　　イ　くらもちの皇子　　ウ　工匠ら　　エ　宮司・人々

(a)□　(b)□　(c)□

設問2　傍線部①を現代語訳せよ。

□

設問3　傍線部②はどのような「人々」であるのか、その説明として最も適切なものを次から一つ選び、記号で答えよ。

ア　宮司にお仕え申し上げている人々
イ　くらもちの皇子にお仕え申し上げている人々
ウ　かぐや姫がかわいがりなさっていた人々
エ　くらもちの皇子と一緒におりました人々

□

設問4　傍線部③について。

(a)　誰が誰をか。

□が□を

(b)「え見つけ奉らずなりぬ」とあるが、作者はその理由をどのように推測しているのか、最も適切なものを次から一つ選び、記号で答えよ。

ア　皇子はすでにお亡くなりになってしまっているので。
イ　皇子は誰もが見つけられない深い山の中に入ってしまっているので。
ウ　宮司は山の中で捜索中にお亡くなりになってしまっているので。
エ　人々は捜索している時に殺されてしまっているので。

□

設問5　傍線部④の行動をした理由として最も適切なものを次から一つ選び、記号で答えよ。

ア　血が流れるほど工匠たちをこらしめてしまったから。
イ　かぐや姫から得た工匠たちの報酬をすべて取り上げて捨ててしまったから。
ウ　かぐや姫を得る機会を再度検討していたから。
エ　生涯における最大の恥をかいてしまい、恥ずかしかったから。

□

《解説》

●日の暮れぬれば、すべり出で給ひぬ。

［日の］の［の］は動詞に係るところから主格とみる。已然形につく［ば］は係りどころとの関係で訳語を決めることになるが、ここは［すべり出で給ひぬ］の先行事態として扱うことも、理由として扱うこともできるので「日が暮れてしまうと」と訳出しても「日が暮れてしまうので」と訳出しても

よい。また、［すべり出で給ひぬ］は、尊敬語があるところから敬語対象者を主体とすることになるが、その敬語対象者が誰であるのか、ここで判断することはできない。そこで、この先を読み進め、敬語対象者が誰であるのか判断した上でこの箇所に戻ることにする。この段階では「日が暮れてしまうので、誰かがそっとお出になってしまう」とまでしかわからないのである。

●工匠らいみじくよろこびて、思ひつるやうにもあるかなと言ひて、帰る。

［工匠ら］の下に助詞が非表出なので「が」などを補うとよい。また、接続助詞［て］があるところから［よろこびて］は［言ひて］へ係り、さらに［帰る］に係ると捉え、全体の主体を工匠たちと定める。また、引用止めの助詞［と］があるので［思ひつるやうにもあるかな］にカギを施すとよい。なお、ここでわかることは、工匠たちに対して尊敬語を用いていないということである。つまり、工匠たちは非敬語対象者と判断できるのである。

●くらもちの皇子、血の流るるまで懲ぜさせ給ふ。

ここは、くらもちの皇子が主体である。尊敬語［給ふ］があるところから、くらもちの皇子は敬語対象者と判断できる。そこで、誰が主体であるのか不明であった一行目の［すべり出で給ひぬ］に戻ることができる。それは、［すべり出で給ひぬ］には尊敬語があるので、敬語対象者であるくらもちの皇子を主体として定めることができるからである。つまり、日が暮れてしまうのでお出になった人とはくらもちの皇子のことなのである。

また、［流るる］は連体形であるので、下に名詞「ほど」などを補うとよい。［懲ず］は「こらしめる」

という意のサ行変格活用動詞である。［させ給ふ］の［させ］は助動詞［さす］の連用形である。一見すると、尊敬の意と考えてしまいやすいが、くらもちの皇子に対しては、次に出る［取り捨てさせ給ひてければ］以外において［させ給ふ］という表現を用いていない。他所はすべて［給ふ］という普通尊敬の使用である。つまり、くらもちの皇子は最高敬語対象者ではなく敬語対象者なのである。よって、この［懲ぜさせ給ふ］の［させ］は使役の意と捉えて「くらもちの皇子が従者を用いてこらしめさせなさる」と考えるのである。もちろん、次に出る［取り捨てさせ給ひてければ］も同様に使役の意で捉え、「くらもちの皇子が従者を用いて捨てさせなさる」とするのである。なお、他の箇所でくらもちの皇子に対して［す・さす］を用いていないのは、従者にさせる必要がない（＝使役を用いる必要性がない）からである。敬語がない理由を考えずに安易に敬語の不一致を認めたり、敬語の不一致を当然のように思っていたりすると、語法上矛盾がある解釈になってしまうことがある。**敬語の不一致は、あらゆる面から検討を加えた結果に認めるものである。**

●**逃げ失せにけり。**

尊敬語がないので工匠たちを主体とする。［にけり］の［に］は確述の助動詞［ぬ］の連用形である。

●**この皇子は、一生の恥、これに過ぐるはあらじ。**

ここは、［この皇子］が主体である。［この皇子は］は、［過ぐるはあらじ］に内容上係らないことがわかる。また、尊敬語がないところからも自明である。そこで、その先を読み進めると、引用止めの助詞［と］があることに気付く。そこから、［この皇子は］の係りどころを尊敬語のある［のたまひて］と定めて、「一生の恥〜はづかしきこと」にカギを施し、そこをくらもちの皇子の会話文と定めるのである。このように、文意がつかみにくい箇所は、カギの範囲や語句の係り承けなどを意識するとよい。

敬語対象者
この皇子は
「一生の恥、これに過ぐるはあらじ。
〜はづかしきこと」とのたまひて（尊）、
ただ一所、深き山へ入り給ひぬ（尊）。

また、接続助詞の用法から「のたまひて」は「入り給ひぬ」に係るとわかる。よって、全体の主体をくらもちの皇子と定めることができる。「所」は貴人を数える助数詞で「一所」で「御《お》一《ひと》方《かた》」の意。

●女を得ずなりぬるのみにあらず、

ここは、くらもちの皇子の会話文の中である。尊敬語もなく一人称を拒絶する表現がないところから主体を私とする。［〜ずなりぬ］は、打消の助動詞［ず］の連用形に、四段活用動詞［成る］の連用形と確述の助動詞［ぬ］がついたもので、「〜せずじまいで終わってしまう」という意になる。また、ここは確述の助動詞［ぬ］が連体形の［ぬる］になっているので、下に「こと」などの名詞を補うとよい。［に］は断定の助動詞［なり］の連用形である。忠実にこれらの語を訳出すると、「私は女を得ずじまいで終わってしまうことだけではなく」となる。

●宮司、候ふ人々、みな手を分かちて、〜え見つけ奉らずなりぬ。

［宮司］と［候ふ人々］は名詞の連続なので並列表現である。［候ふ］は「お仕え申し上げる」という意の謙譲語。もちろん、くらもちの皇子に対する敬意である。［みな手を分かちて］は［求め奉れども］へ係る。［——V＋奉る］は謙譲語の補助動詞で「お——V申し上げる」の意（p.156参照）。くらもちの皇子が客体である。［御死にもやし給ひけむ］は、係助詞［や］の結びが［けむ］となっている（＝完結した文となっている）ところから挿入文とわかる。すると、挿入文の前の［求め奉れども］は、［え見つけ奉らずなりぬ］に係ると見抜ける。また、ここにも謙譲語の補助動詞［奉る］があるので、敬語対象者のくらもちの皇子を客体とすることができる。ここは、［え〜打消語］が「〜できない」の意であり、「〜ずなりぬ」は「〜せずじまいで終ってしまう」の意であることに留意して訳出することである。すると、「くらもちの皇子をお見つけ申し上げることができずじまいで終わってしまう」などとなる。主体は係りどころとの関係から、宮司やくらもちの皇子にお仕え申し上げる人々である。

［御死にもやし給ひけむ］は挿入文であるところから、［え見つけ奉らずなりぬ］の補足説明として

叙述していることを意識して解釈にあたるとよい。すると、宮司や皇子にお仕え申し上げる人々がくらもちの皇子をお探し申し上げるけれども、お見つけ申し上げることができずじまいで終わってしまうのは、くらもちの皇子がお亡くなりになったからであろうと表現者（＝作者）は推測しているとわかる。次に、ここの構造を板書しておく。

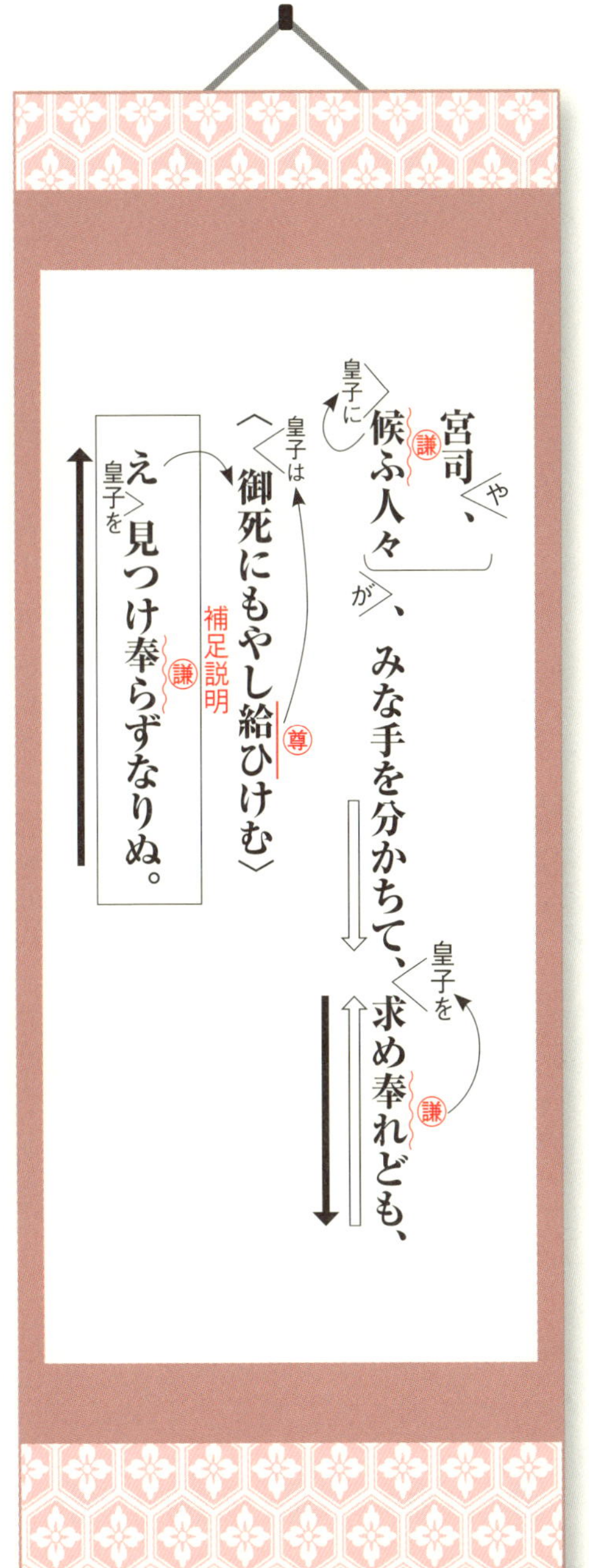

●皇子の、御供に隠し給はむとて、

［とて］の解釈についてまとめておく。

［とて］の解釈

(1)「……」とて→［と言ひて］［と思ひて］

(2)……とて→［といふことにて］

カギを施すことができる［とて］は［と言ひて］または［と思ひて］の約と考える。
また、カギを施すことができないときの［とて］は［といふことにて］として考えるとよい。

ここは、［御供に隠し給はむ］にカギを施すことができそうに思えるが、そうすると、くらもちの皇子自身の会話の中で自分に敬語を使ってしまうことになる。自敬敬語というものは原則存在しないのである。そこで、この［とて］は［といふことにて］と考えて、「くらもちの皇子が御供から身を隠しなさろうということで」などと訳出すると、自敬敬語としないで済む。なお、ここで、くらもちの皇子には従者が存在しているということがはっきりとわかるのである。

解答

問1　(a) イ　(b) ウ　(c) ウ

問2　女を得ずじまいで終わってしまうことだけではなく、

問3　イ

問4 (a) 宮司やくらもちの皇子にお仕え申し上げる人々が、くらもちの皇子を

㊟［宮司］と［候ふ人々］は並列表現になっていることに注意する。

(b) ア

㊟実際は、くらもちの皇子は死んだのではなく、身を隠すために深い山の中に入っていたのだが、設問は、そのときの作者の考えを尋ねているのである。

問5 エ

通釈

日が暮れてしまうので、皇子はそっと退出した。

工匠たちはたいへん喜んで、「期待どおりでもあったなあ」と言って、帰る。その道で、くらもちの皇子は、血が流れるまで工匠たちをこらしめさせなさる。工匠たちは報酬を得たかいもなく、みな取りあげ捨てさせなさってしまったので、工匠たちは逃げ失せてしまった。

さて、この皇子は、「一生の恥は、このことにまさるものはないだろう。かぐや姫を得ずじまいで終わってしまうことだけではなく、世の人が、(自分のことを)見たり思ったりするようなことが恥ずかしいことである」とおっしゃって、ただ御一方で、深い山へお入りになってしまった。宮司や、お仕え申し上げる人々が、みな手分けをして皇子をお探し申し上げるけれども、皇子はお亡くなりになったのであろうか、お見つけ申し上げることができずじまいで終わってしまう。皇子が、御供から身を隠しなさろうということで、長年(姿を)お見せなさらなかったのである。

レッスン 9

下二段の［給ふ（る）］・荘重体表現

■下二段活用の［給ふ（る）］について

補助動詞の［給ふ］には、尊敬の意となる四段活用の［給ふ］のほかに、下二段活用の［給ふ］も存在する。終止形が存在しないので連体形を代表として［給ふる］ということもある。この下二段活用の［給ふ（る）］は尊敬語の［給ふ］とはまったく異なる用法となるので見誤らないように心がけることである。そこで、四段活用の［給ふ］と下二段活用の［給ふ（る）］の識別法についてまとめておく。

［給ふ］の識別

給ふ	未然形	連用形	終止形	連体形	已然形	命令形
四段→	は	ひ	ふ	ふ	㋬	㋬
下二段→	㋬	㋬	~~ふ~~	ふる	ふれ	~~へよ~~

1 下二段活用の［給ふ（る）］は、終止形と命令形が存在しない。
2 ［給は］［給ひ］［給ふ］は四段活用の［給ふ］である。
3 ［給ふる］［給ふれ］は下二段活用の［給ふ（る）］である。
4 未然形・連用形の［給へ］は下二段活用の［給ふ（る）］、已然形・命令形の［給へ］は四段活用の［給ふ］である。

右の板書内の活用表から判断できることだが、**「給は」「給ひ」「給ふ」という形の際は尊敬の意の四段活用**となる。また、**「給ふる」「給ふれ」は下二段活用**とわかる。**ただし、「給へ」に関しては、四段活用と下二段活用の両活用に存在するので気をつけなければならない**が、四段活用の「給ふ」であれば已然形・命令形であり、下二段活用であれば未然形・連用形である。その「給へ」の活用形がわかることで容易に判断できる。たとえば、「給へず」であれば、打消の助動詞「ず」は未然形接続の助動詞であるところから、「給へ」は下二段活用の「給ふ（る）」と見抜ける。また、「給へど」であれば、已然形接続の接続助詞「ど」の存在から四段活用の「給ふ」と判断することができる。

次に、この下二段活用の「給ふ（る）」の性質についてまとめておく。

下二段の「給ふ」の性質

(1) 会話文（手紙文）の中で用いられる。

(2) 上接する語は「思ふ（覚ゆ）・見る・聞く・知る」のみ。

(3) 主体＝一人称（私）

(4) 客体を敬う語ではない。

㊟ 客体を敬う語ではないので謙譲語でもなく、「思ひ給へ侍り」のように丁寧語にもつくので丁寧語ともいいきれないのである。

(5) 訳出＝～ます

㊟「～申し上げる」という訳出は不可。

■荘重体表現について

一字一句蔑ろにせず論理的に解釈をしていると、一般に謙譲語や尊敬語とされている語の中に謙譲語や尊敬語とは考えられない用法の存在に気付く。たとえば、『大鏡』には、「求めて（アナタハ私ノ所ニ）参れ」とあり、客体が私となってしまう用例や、『源氏物語』には「かの白く咲けるをなむ夕顔と申し侍る」とあり、敬うべき客体の存在しない用例などがそれにあたる。また、『後撰和歌集』の詞書には「（私ハ）女につかはしける」とあり、主体が一人称となる本来の尊敬語ではない用例などをも目にすることがある。このような本来の使われ方ではない謙譲語や尊敬語の用例はいくらでも拾うことができる。

そこで、**本来の用法とは考えられない敬語**は、話題における主体や客体とは関係することなく、話し手が場を意識したことによって表現に重々しさやかしこまった感じを添えたり、格式ばった表現をしたりするために用いられたもの、すなわち**荘重体表現**と考えるのである。

なお、この荘重体表現は、もともとは敬語であったことから**荘重体敬語**とか、または、**格式語、かしこまり語**などという呼び名を用いることもあり、名称は定まっていないのが現状である。

また、この荘重体表現は現代語にも存在するもので、「する」を「致す」、「言う」を「申す」、「行く」を「参る」などと用いた時がそうである。たとえば、「勉強を致します」の「致す」、「あれをスカイツリーと申します」の「申す」、「公園に参ります」の「参る」には敬う対象は存在しないのであり、単にかしこまった表現、重々しさを出すための表現、すなわち荘重体表現とみることができる。

ちなみに、この荘重体表現が成立した経緯は、本来、話題中の人物に対する敬語＝謙譲語であった［侍り・候ふ］が、次第に場の敬語＝対者敬語として使われるようになったのと類似している。そのため、この荘重体表現も、**対者が存在している際に使われる語**とみることができる。具体的には、**会話文や勅撰集の詞書**（左注）などに出るということである。（やがて、敬意を喪失した語として地の文にも出るようになる）。

なお、古文における荘重体表現は、本来は謙譲語である［申す］［参る］［詣づ］［まかる］［仕うまつる］などや［まかり―V］、さらには、本来は尊敬語である［つかはす］［召す］などの語がそうである。

荘重体表現（荘重体敬語・格式語・かしこまり語）

場を意識して、表現に重々しさやかしこまった感じを添えるはたらきをするもので、話題中の誰をも敬わない。

(1)［申す］→㊡申す
(例)「『…骨の様なり』となむ人々（私ニ）申す」（『枕草子』）

(2)［参る・詣づ・まかる］→㊡参る
(例)「花見にまかれりけるに」（『徒然草』）

(3)［詣で来］→㊡参る
(例)「月の都の人まうで来ば、…」（『竹取物語』）

(4)［まかり―V］→㊡―Vなど致す
(例)「この山にまかりこもりしこと…」（『宇津保物語』）

(5)［仕うまつる］→㊡致す
(例)「歌仕うまつれ」（『大和物語』）

(6)［つかはす］→㊡遣りなど致す
(例)「（私は）女につかはしける」（『後撰和歌集』）

(7)［召す］→㊡呼びなど致す
(例)「（私は）千枝常則など召して、…」（『源氏物語』）

また、この荘重体表現は、**話題中の誰をも敬わない**という性質を持つ。**下位者が荘重体表現を用いた場合には、かしこまり、改まった感じになり、逆に、上位者が用いた場合には威厳のある尊大的な表現にもなる**。そのどちらにもこの荘重体表現は用いることができるのである。

《問題❶》 次の傍線部(a)を現代語訳せよ。また、傍線部(b)は、「これ」が指すものを明示させて現代語訳せよ。

（醍醐帝ガ）(a)御遊びありし夜、御前の御階《みはし》のもとに、躬恒《みつね》を召して、月を弓張といふ心は、何の心ぞ。(b)これがよしつかうまつれと仰せごとありしかば、

照る月を弓張としもいふことは山べをさしていればなりけり

と申したるを、

（『大鏡』）

《解説》

● 御遊びありし夜、

［御〜］に関しては p.174 で説明した通りである。ところが、ここでは［御〜あり］という使われ方をしている。この**［御〜あり］は動詞的尊敬語**であり、「〜（を）なさる」と訳出する。そこで、ここの［御遊びあり］は「管弦の遊びをなさる」と訳出することになる。もちろん、醍醐帝への敬意である。また、［御〜あり］は、丁寧表現を付け加えて［御〜侍り］［御〜候ふ］という形になることもある。その際

は「〜（を）なさいます」と訳出する。なお、［御］の下にくる語は名詞であることもおさえておくとよい。

動詞的尊敬語［御〜あり］

(1)［御〜あり］＝〜（を）なさる

(2)［御〜侍り］［御〜候ふ］＝〜（を）なさいます

よって、ここは「醍醐帝が管弦の遊びをなさった夜」と訳出する。また、醍醐帝は敬語対象者であると確認しておく。

●躬恒を召して〜仰せごとありしかば、

［召す］は尊敬語で「お呼びになる」という意。いうまでもなく、主体は帝である。また、接続助詞［て］の存在から、係りどころを探すことになるが、次の［月を弓張といふ心は、何の心ぞ］には、内容上係らないとわかる。そこで、さらにその下を読み進めると、引用止めの助詞［と］があることに気付く。よって、［月を弓張といふは〜つかうまつれ］にカギを施し、［召して］は［仰せごとありしかば］に係ると考えることで内容上うまくつながる。なお、［仰せごと］は尊敬語名詞で「御命令」という意に

なるが、［「〜」と仰せごとあり］で「命じなさる」意の尊敬語として扱うとよい。

なお、この［仰せごとありしかば］は、［主体＝帝］［客体＝躬恒］であり、已然形につく［ば］となっているところから、［ば］の性質を利用して読むことができる（p.122参照）。つまり、係りどころの［申したるを］の主体を躬恒と定めることができるのである。よって、［申したるを］の［申す］は「帝に申し上げる」となる以上、謙譲語と判断できる。

●月を弓張といふ心は、何の心ぞ。

ここは帝の会話文である。［何の］が下の名詞に係るときは「どのような」「どんな」という意になる。また、名詞に接続する文末の［ぞ］は断定の終助詞として扱い、「〜だ」などと訳出するとよい。ここは、帝が躬恒に「月を弓張という心は、どのような心だ」と尋ねているのである。

●これがよしつかうまつれ。

［これ］は代名詞なので、名詞を指すのが普通だが、指す箇所が文相当になることもある。その場合は、名詞的にまとめるとよい。ここの［これ］も同様に「月を弓張ということ」または「月を弓張という心」などと指示するものを名詞的にまとめるとよい。［よし］は「理由」の意。名詞［よし］の下に助詞が非表出なので「を」などの助詞を補う。また、［つかうまつる］は、「お仕え申し上げる」という意の謙譲語の用法が本来の使われ方であるが、ここは、命令形である以上、主体を「あなた」とし、「(あなたハ私ニ)仕うまつる」という関係で捉えるしかなく、本来の謙譲語として考えることはできないとわかる。そこで、この［仕うまつる］を荘重体表現とみるのである。荘重体表現の［つかうま

つる」は、サ行変格活用動詞［す］の荘重体なので「致す」と訳出するが、ここは、次に和歌があるところから［詠む］の荘重体表現として捉え、「詠みなど致す」という訳語をあてるとよい。「あなたは私にこれ（＝月を弓張ということ）の理由を詠みなど致せ」と訳出する。

なお、［つかうまつる］が荘重体表現となる際は、［〜をつかうまつる］という形になり、また、謙譲語の場合は［〜につかうまつる］という形になるのが普通である。

●照る月を弓張としもいふことは山べをさしていればなりけり

まず、この和歌は、帝が躬恒に対して「月を弓張というのはどんな理由か」と尋ねたことに対して、躬恒が返答する場面であるとわかることである。和歌を解釈する際には、このように和歌と前文とを関連付けるのが鉄則である（p.60参照）。

［しも］は副助詞［し］に係助詞［も］がついて強意の意となる。訳出の際は、［しも］をはずして考えるとよい。［山べをさしていれば］は、［照る月を弓張といふこと］に対する理由を表しているので「から」または「ので」などと訳す。また、理由表現は全体で体言相当の扱いができるので、この［なり］は、名詞についた［なり］と捉えて、断定の助動詞とみる。

解答

(a) 管弦の遊びをなさった夜、

(b) 月を弓張ということの理由を詠みなど致せ。

通釈

（醍醐帝）が管弦の遊びをなさった夜、御前の階段の所に、躬恒をお呼びになって、「月を弓張ということは、どのような心だ。あなたは、月を弓張ということの理由を詠みなど致せ」と

命じなさったので、

照る月を弓張ということは山辺を目指しているからであったなあ

と申し上げたところ、

《問題❷》次は、尼君（山里人）が亡くなったことを記した尼君の兄（僧都）の手紙が源氏のもとに届いた箇所である。

設問1　傍線部(a)は、誰がどのような事態をどのように思ったのか、説明せよ。

設問2　傍線部(b)は誰がか。

山里人にも久しくおとづれ給はざりけるを思し出でて、ふりはへつかはしたりければ、僧都の返り事のみあり。「立ちぬる月の二十日のほどになむ、(a)つひにむなしく見給へなして、世間の道理なれど、(b)悲しび思ひ給ふる」などあるを見給ふに、世の中のはかなさもあはれに、うしろめたげに思へりし人もいかならむ。幼きほどに恋ひやすらむ。故御息所におくれ奉りしなどはかばかしからねど思ひ出でて、あさからずとぶらひ給へり。

（『源氏物語』若紫）

㊟［山里人］＝若紫を育ててくれた尼君を指す。若紫の祖母にあたる。
㊟［故御息所］＝源氏の母である亡き桐壺更衣を指す。

《解説》

●山里人にも久しくおとづれ給はざりけるを

［山里人］とは㊟に記されているとおり、亡くなった尼君のことを指す。［おとづる］は「訪問する」または「手紙を送る」という意。ここはどちらの意が適当であるのか、該当箇所だけでは判断できない。また、尊敬語［給ふ］の存在から主体は敬語対象者であると判断できるが、その主体が誰であるのかもわからない。そこで、次を読み進め、判断できた時点でもう一度ここへ戻ることにする。

●思し出でて、ふりはへつかはしたりければ、僧都の返り事のみあり。

［思し出づ］は［思ひ出づ］の尊敬体で「思い出しなさる」の意。いわゆる複合動詞の敬語（p.165参照）である。また、接続助詞［て］の存在から、［思し出でて］は［つかはしたりければ］へ係ると見抜ける。副詞［ふりはへ（て）］は「わざわざ」という意。［つかはす］は［やる］の尊敬語で「お遣りになる」「お遣わしになる」の意。ここは、已然形につく［ば］があるので、係りどころの［僧都の返り事のみあり］との関係から訳語を決定しなければならない。すると、［僧都の返り事のみあり］の先行事態が［思し出でて、ふりはへつかはしたりければ］であるとわかる。よって、［思し出でて、ふりはへつかはしたりければ］は「思い出しなさって、わざわざ手紙をお遣りになったところ」と訳出できる。さらに、問題解説文に「尼君の兄の手紙が源氏のもとに届く」と記されていることを考慮すると、源氏が手紙を送ったその返事として僧都がよこした手紙であるとわかる。そこから、［思し出でて、ふりはへつかはしたりければ］の主体を源氏と定めることができる。また、ここで源氏は敬語対象者と見抜ける

のである。

そこで、前述の［山里人にも久しくおとづれ給はざりけるを］の主体も、尊敬語の存在から源氏と定めることができるのである。また、［おとづる］も「手紙を送る」の意と見抜ける。源氏は長い間尼君に手紙をおやりにならなかったことを思い出しなさって、わざわざ手紙をおやりになったところ、僧都が返事をよこしたという場面なのである。

●「立ちぬる月の二十日のほどになむ、〜悲しび思ひ給ふる」などあるを見給ふに、

ここは、僧都が源氏に送った手紙の記事である。［立ちぬる月］とは「先月」という意。それに対して、［立たむ月］［月立つ］とは「翌月」の意となるのでセットでおさえておくとよい。

［つひにむなしく見給へなして］の［給へ］は、下に動詞［なす］があるところから、連用形と見抜ける。連用形が［給へ］となるのは下二段活用の［給ふ（る）］である。ここは、［見なす］の間に［給へ］が入り込んだ形である。主体を「私は」とし、さらに「ます」という訳語をあてて、［つひにむなしく見給へなして］は「私はとうとうむなしく見なしまして」と訳出する。僧都は尼君の死をむなしいと思ったのである。

次に、接続助詞［て］の性質を利用し、［見給へなして］は［悲しび思ひ給ふる］に係るとみる。係助詞［なむ］があるので、係り結びの法則から、文末の［給ふる］は連体形となっている。もちろん、［給ふる］という形から、下二段活用の［給ふ］とわかる。また、［世間の道理なれど］とは「無常な世の定めであるけれど」という意。死というものは誰だって避けることはできない無常な定めであるとい

う。［「〜」などあるを見給ふを］の［給ふ］は尊敬語である（［給は・給ひ・給ふ］という形は必ず尊敬語となる）。よって、ここの主体は敬語対象者の源氏と定めることができる。源氏が僧都からの手紙をご覧になるというのである。

●世の中のはかなさもあはれに〜はかばかしからねど思ひ出でて、あさからずとぶらひ給へり。

［世の中のはかなさもあはれに］は「世のはかなさもしみじみ思われ」の意。よって、内容上直下の［うしろめたげに思へりし人もいかならむ］に係らないとわかる。そこで、その先をみると［など］があるとわかるので、［うしろめたげに〜おくれ奉りし］にカギを施して心内文とみる。すると、［世の中のはかなさもあはれに］は［思ひ出でて］に係ると見抜ける。［あはれに］が連用形であるのは、［思ひ出づ］に係るからなのである。

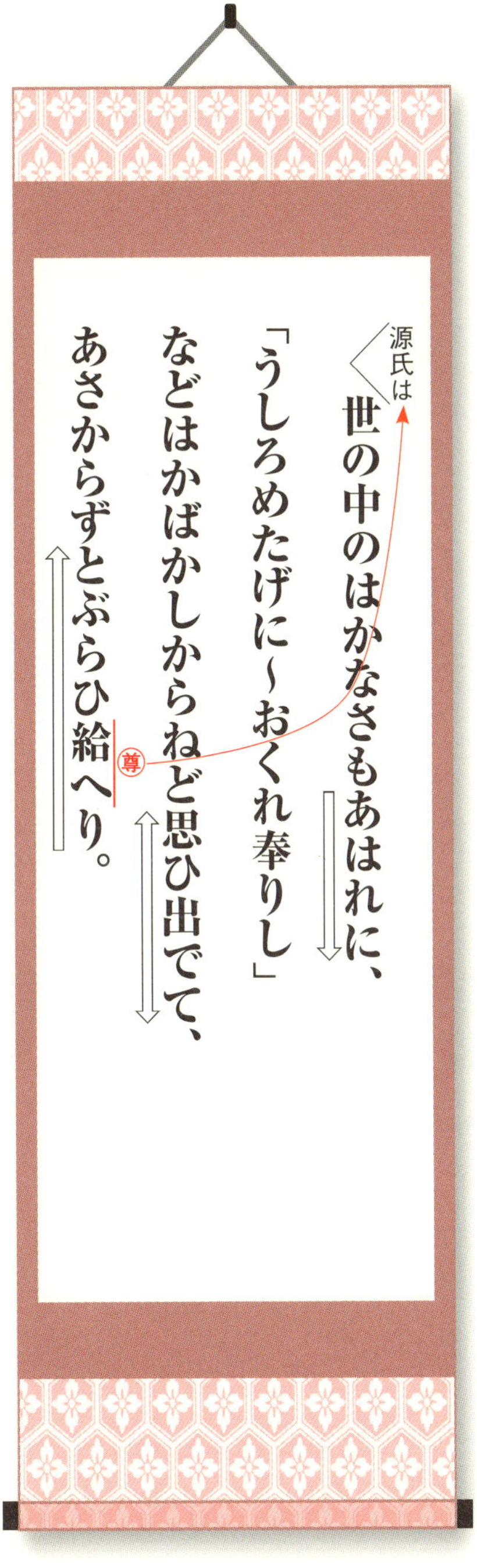
源氏は
世の中のはかなさもあはれに、
「うしろめたげに〜おくれ奉りし」
などはかばかしからねど思ひ出でて、
あさからずとぶらひ給へり。
尊

また、［思ひ出でて］は［とぶらひ給へり］に係る。この［給へ］は下に助動詞の［り］がついているので、四段動詞の已然形とわかる。よって、尊敬語である。もちろん、会話文や手紙文の中でもなく、［思ふ］［見る］［聞く］［知る］という動詞にもついていないので、そこから考えても下二段の［給ふ（る）］ではないとわかる。なお、ここの主体は、尊敬語の存在から源氏と定めることができる。

●うしろめたげに思へりし人もいかならむ。

ここは源氏の心内文である。［うしろめたげに思へりし（不安に思っていた）］は、名詞［人］の説明部である。また、［いかならむ］は疑問表現で「どうなることだろう」という意。［む］は、いうまでもなく未確定を表す助動詞（ここでは推量の意）である。「不安に思っていた人もどうなることだろう」と訳出する。すると、疑問表現があるので一人称主体にすることもできず、また、尼君はすでに亡くなっているので、未確定表現を用いることはできないとわかる。そこで、この［人］とは若紫と見抜ける。ここは、「尼君が不安に思っていた若紫もどうなることだろう」と訳出する。

●幼きほどに恋ひやすらむ。

［恋ひやすらむ］は、複合サ変動詞［恋ひす］の間に係助詞［や］が入り込んだもの。よって、係り結びの法則から［らむ］は連体形とわかる。助動詞［らむ］は現在推量の意で「〜ているだろう」と訳出する。なお、［恋ひす］のように、［(用)V＋す］となる複合サ変動詞はよく見かけるものである。そこで、次に［(用)V＋す］となる複合サ変動詞についてまとめておく。

複合サ変動詞 ［用V＋す］

動詞の連用形にサ変動詞［す］がつくと、全体で複合サ変動詞となる。意味は［す］の上につく動詞と同じである。

（例）［恨みす］＝［恨む］　（例）［恋ひす］＝［恋ふ］

動詞一語で表現せずに［用V す］とする理由は、疑問の係助詞を間に入れ込んだり、文字数を合わせたりするためである。

ここは、一人称拒絶表現となる疑問表現があり、また、現在推量の助動詞［らむ］を用いて「幼い年頃で恋い慕っているのだろうか」と述べているところから、主体を若紫と定めることになる。

●故御息所におくれ奉りし

［故御息所］とは、㊟に記されているとおり、源氏の亡き母である桐壺更衣を指す。［おくれ奉る］の［奉る］は謙譲語の補助動詞で「先立たれ申し上げる」という意。客体である［故御息所］への敬意である。また、一人称を拒絶する表現がないので、私を主体とする。ここは、尼君に先立たれてしまった若紫のように、源氏も母桐壺更衣に先立たれてしまったことをはっきりしないながらも思い出した場面である。

解答

(a)僧都が、尼君が亡くなった事態をむなしいと思った。
(b)僧都

通釈

源氏は尼君にもしばらく手紙を送りなさらなかったことを思い出しなさって、わざわざ手紙をお遣りになったところ、僧都の返事だけがある。「先月の二十日の時に、とうとうむなしく見なしまして、(死は誰もが避けることはできない)無常な世の定めであるけれど、悲しく存じます」などとあるのを御覧になると、源氏は世のはかなさもしみじみ思われ、「尼君が不安に思っていた若紫もどうなることだろう。若紫は幼い年頃で尼君を恋い慕っているのだろうか。私は母桐壺更衣に先立たれ申し上げた」などはっきりしていないけれど思い出して、ねんごろに見舞いなさった。

《実践演習④》

問題 次の文章は『源氏物語』須磨の一節で、謀反の罪をきせられた源氏の君は、須磨へ退去することになったが、出立を前にして、亡妻葵の上の部屋に訪れたところ、そこに左大臣(葵の上の父)がやって来て話をする場面である。読み、後の設問に答えよ。

昔の御物語、院の御事、(a)思し宣はせし御心ばへなど(b)聞こえ出で給ひて、①御直衣の袖もひき放ち給はぬに、君もえ心強くもてなし給はず。若君の何心もなく紛れありきて、これかれに馴れ聞こえ給ふを、②いみじと思したり。「過ぎ侍りにし人を、③よに思ひ給へ忘るる世なくのみ今にかなしび侍るを、④この御事になむ、もし(c)侍る世ならましかば、いかやうに思ひ嘆き侍らまし。よくぞ短くて⑤かかる夢を見ずなりにける⑥と思ひ給へ慰め侍る。幼くものし給ふが、かく齢過ぎぬる中にとどまり給ひて、(d)なづさひ聞こえ給はぬ月日や隔たり給はむと(e)思ひ給ふるをなむ、よろづの事よりも悲しう侍る。古への人も、まことに犯しあるにてしも、かかる事にはあたらざりけり。なほ、⑦さるべきにて、人のみかどにもかかる類多く侍りけり。されど、言ひ出づるふしありてこそさる事も侍りけれ。とざまかうざまに、思ひ給へ寄らむ方なく⑧なむ」など、(f)多くの物語聞こえ給ふ。

三位の中将も参りあひ給ひて、大御酒など(g)参り給ふに、夜更けぬれば、とまり給ひて、人々御前に候はせ給ひて、物語などせさせ給ふ。

（『源氏物語』須磨）

㊟院―桐壺院。源氏の君の父のこと。

㊟君―源氏の君のこと。

㊟若君―源氏の君と亡妻葵の上との間に生まれた息子夕霧のこと。左大臣は夕霧の祖父にあたる。

㊟短くて―短命で。

㊟人のみかど―外国。

㊟言ひ出づるふし―誰かが言いだした罪状。
㊟三位の中将―左大臣の長男で、葵上の兄にあたる。
㊟人々―葵の上に仕える女房達。

設問1 傍線部①はどのような状態であるのか、最も適切なものを次から一つ選び、記号で答えよ。

ア 源氏の君が左大臣の直衣の袖を引っ張って帰らせずにいらっしゃる状態
イ 源氏の君が左大臣の直衣の袖を使って泣いていらっしゃる状態
ウ 左大臣が源氏の直衣の袖を離さずにとどめていらっしゃる状態
エ 左大臣が顔から直衣の袖を離すことなく涙を流していらっしゃる状態

設問2 傍線部②はどのような意味であるか。最も適切なものを次から選びそれぞれ答えよ。

ア かわいそうだ　イ かわいらしい　ウ すばらしい　エ 元気そうだ

設問3 傍線部③⑦をそれぞれ現代語訳せよ。

設問4 傍線部④とはどのようなことなのか、最も適切なものを次から一つ選び、記号で答えよ。

ア 源氏の君が須磨に移り住むこと
イ 若君が無邪気に歩き回っていること
ウ 左大臣が若君を大切に育てること
エ 葵の上が亡くなってしまったこと

設問5 傍線部⑤はどのような内容であるのか、その説明として最も適切なものを次から選び記号で答えよ。

ア 葵の上のことを左大臣は忘れたいと思いながらも、思い出さずにはいられないこと。
イ 配偶者である源氏の君が須磨に移り、悲運の生活を送らなくてはならないこと。
ウ すくすくと成長している若君のことを一度も見ることなく葵の上が亡くなってしまったこと。
エ 葵の上の亡骸を源氏の君が見ずじまいで終ってしまったこと。

□

設問6 傍線部⑥「と」の承ける範囲はどこからか。始めの五文字を抜き出せ。

□

設問7 傍線部⑧と文法的に同じものを次の中から選び、記号で答えよ。

ア さばかりになりなむには、（大鏡）
イ 前の世ゆかしうなむと、うち返しつつ、（源氏物語）
ウ 僧、「いとよかりなむ」と言ひあはせて、（今昔物語集）
エ 月夜には来ぬ人待たるかき曇り雨も降らなむわびつつも寝む（古今集）

□

設問8 波線部(a)〜(g)の主体（＝主語にあたる人）として最も適切なものを次から一つ選び、記号で答えよ。

ア 源氏の君　イ 左大臣　ウ 若君　エ 葵の上　オ 桐壺院　カ 人々　キ 三位中将

(a) □
(b) □
(c) □
(d) □
(e) □
(f) □
(g) □

《解説》

●昔の御物語、院の御事、思し宣はせし御心ばへなど〜御直衣の袖もひき放ち給はぬに、

名詞の連続は並列表現となる。ここでは、［昔の御物語］［院の御事］［（思し宣はせし）御心ばへ］が並列表現である。［思し宣はせし］は名詞［御心ばへ］の説明部である。［心ばへ］は「性質・考え」の意。［院の御事］の［御］から桐壺院は敬語対象者とわかる。

また、［思す］は「お思いになる」という意の尊敬語、［宣はす］は「おっしゃる」という意の最高敬語である。**同種の敬語が連続した場合は並列表現とみる**ことができるので、ここは、［思す］と［宣はす］が連続しているところから並列表現とみることになる。訳出の際は、間に読点を施して［思し、宣はせ］と考えて「お思いになったり、おっしゃったり」などとする。なお、最高敬語［宣はす］の存在から、［思し宣はせし］の主体は最高敬語対象者であるとわかる。ただし、それが誰であるのか、この箇所だけではまだ判断できない。

また、［聞こえ出づ］は複合動詞の敬語である（p.165参照）。［言ひ出づ］を謙譲体にして［聞こえ出づ］となったのである。ここは、さらに尊敬語を付け加えて［聞こえ出で給ふ］となっている。「口に出して申し上げなさる」などと訳出する。ここでわかるのは、敬語対象者が主体と客体にそれぞれ存在しているということである。もちろん、誰が主体で、誰が客体であるのか、ここもまた判断できない。なお、接続助詞［て］の存在から、［聞こえ出で給ひて］は［ひき放ち給はぬ］に係っていくとみる。次に、ここまでの箇所の構造を板書しておく。

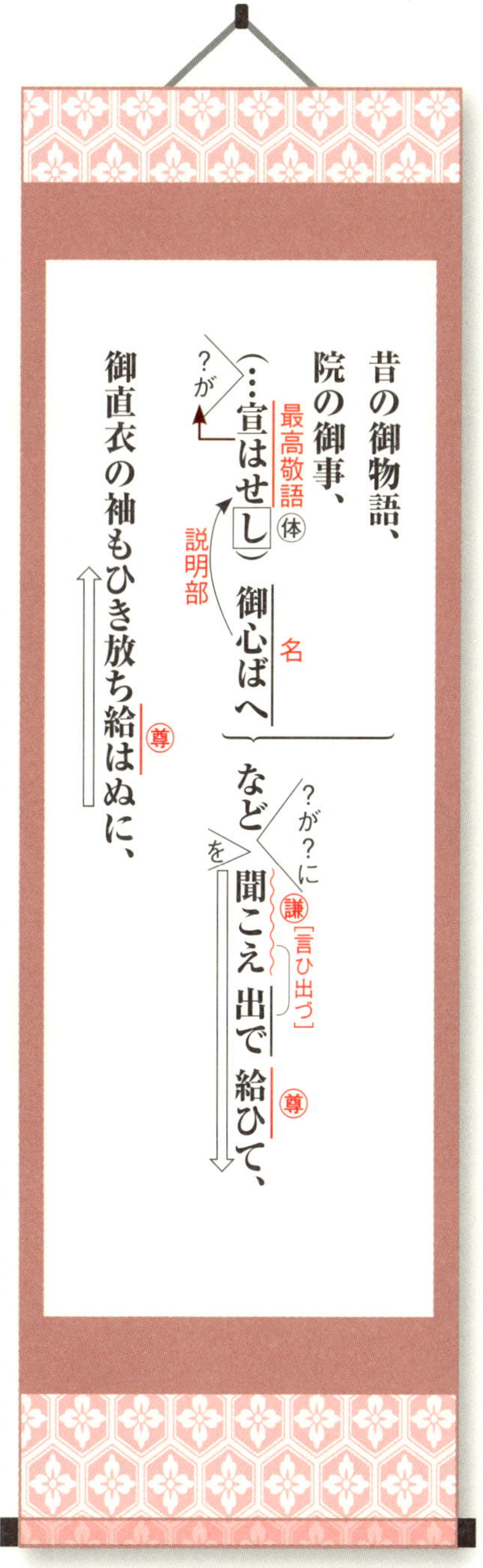

ここは、意味内容はある程度把握することができるが、人物関係に関しては一切判断できないのである。このような際は、不明のままで読みすすめ、判明した時点でもう一度ここへ戻ることになる。

●**君もえ心強くもてなし給はず。**

［君］は㊟のとおり、源氏の君のこと。尊敬語［給ふ］の存在から、源氏の君は敬語対象者とわかる。さて、ここで意識しておきたいのは［も］という助詞の使われ方である。［も］は同種表現の連続を表すためにおかれる語であり、たとえば、「みかんもりんごも好きだ」「海も山もみたことがない」などの「も」がそれにあたる。また、この［も］は、並列主格を表わすこともできる。並列主格とは、ある動作・事態を行う人と同等の動作・事態を別の人が行うときに、その述語に対する主語として［も］を用いるというものである。たとえば、「僕は学校に行った。彼女も学校に行った」などの［も］がそうである。

並列主格をあらわす［も］

（Aが〔S1〕 ・・・・・・・・・・〔P1〕。）Bも〔S2〕 ・・・・・・・・・・〔P2〕。

主語Aを（S1）とし、それに対する述語を（P1）とした際、主語B（S2）に対する述語（P2）が、（P1）に記されている内容と同等の動作や事態を行ったとき、（S2）には助詞［も］を用いるのである。

（例）僕は〔S1〕 学校に行った〔P1〕。彼女も〔S2〕 学校に行った〔P2〕。

※ なお、（S1）・（P1）は自明の時や記す必要がない時は省略されることがある。その際は、省略されているS1とP1を想定してみるとよい。

すると、ここは、［君もえ心強くもてなし給はず］とあるので、［君も］をS2とし、［もてなし給はず］をP2とすることができる。ということは、前述の［御直衣の袖もひき放ち給はず］がP1であるとわかる。そのP1に対する主語S1は源氏の君ではないのは明らかである。それは、源氏の君はP2に対するS2だからである。そこで、源氏と一緒にいる人は左大臣であるところから、S1は左大臣（左板書内手順

①と定めることができる。すると、「御直衣の袖もひき放ち給はぬ」の主体が左大臣とわかることで、先行動作の「聞こえ出で給ひて」も左大臣を主体とすることができる。さらに、左大臣が主体である以上、客体は源氏の君と定めることができる（左板書内手順②）。そして、源氏の君と左大臣に用いられている敬語は普通レベルの尊敬語であり、最高敬語ではないことに着眼する。すると、「思し宣はせし」の主体は最高敬語の存在から、源氏の君でも左大臣でもなく、それ以外の敬語対象者となると、桐壺院しかいない。そこで「思し宣はせし」の主体を桐壺院と定めることができる（左板書内手順③）。

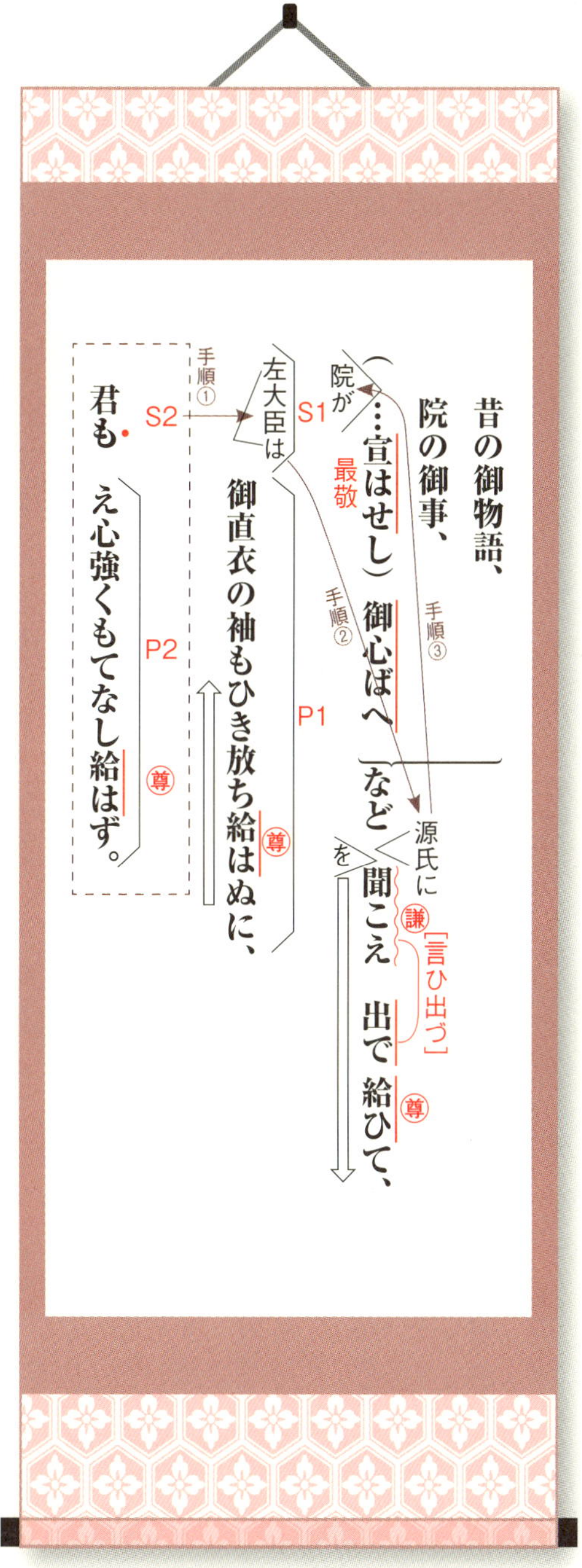

このように、語の性質に着眼し、さらに、構造把握をすることで人物関係が判断できることを知っておくべきである。また、ここは、構造把握をすることで意味内容がつかめるところでもある。それは、ここの［御直衣の袖もひき放ち給はぬに］は、どのような意味であるのか判然としないところだが、P2と同等な動作や事態を表す並列主格［も］の構文のP1であると見抜くことができれば、容易に内容把握ができるからである。つまり、P2［え心強くもてなし給はず］とは「気強く対処することがおできにならない」→「泣かないように気強く振舞うことができない」という意である。よって、P1［御直衣の袖もひき放ち給はぬ］も同等動作を表しているとわかるので、そこから、「顔から直衣の袖も離さずに涙を流していらっしゃる」の意と見抜けるのである。

なお、ここまでの内容を、人物関係を補って訳出すると「昔の御話、桐壺院の御事、桐壺院がお思いになったりおっしゃったりした御考え（＝御内意）などを左大臣は源氏に口に出して申し上げなさって、御直衣の袖をも顔から離さずに涙を流していらっしゃるので、源氏の君も（泣かないように）気強く対処することもおできにならない」となる。

●若君の何心もなく紛れありきて、これかれに馴れ聞こえ給ふを、いみじと思したり。

［若君］とは、源氏の君と亡妻葵の上との間に生まれた夕霧を指す。下の動詞に係るところから［の］は主格で捉える。［何心もなく］は、子供に対しては「無邪気に」、大人に対しては「思慮もなく」などと訳出するとよい。ここは、若君に対して用いているので「無邪気に」と訳出する。また、［紛れありきて］は［馴れ聞こえ給ふ］に係る。係りどころに尊敬語［給ふ］があるので、夕霧は敬語対象者とわ

かる。さらに、謙譲語の補助動詞［聞こゆ］があるので、［これかれ］を敬っているとわかる。そこから、［これかれ］は「源氏の君と左大臣」を指しているとわかる。よって、ここは「源氏の君と左大臣にお懐き申し上げなさる」などと訳出する。

次に、［いみじと思したり］の［いみじ］は、［と］があるのでカギを施して心内文とする。尊敬語［思す］の存在と、若君の様子を見て［思す］というところから、主体は源氏の君と左大臣の御二方と定めることができる。また、この［いみじ］は、母を失った若君の様子を見て思うので、「気の毒だ」または「かわいそうだ」と訳出するとよい。

●「過ぎ侍りにし人を～寄らむ方なくなむ」など、多くの物語聞こえ給ふ。

カギの外側には［多くの物語聞こえ給ふ］とある。尊敬語も謙譲語もあるので、主体も客体も敬語対象者となるが、それが誰であるのか記されていない。そのような場合は、カギの内側の内容を「私」と「あなた」の関係で解釈しながら、話し手と聞き手を判断する（p.83参照）ことになる。

●過ぎ侍りにし人を、よに思ひ給へ忘るる世なくのみ今にかなしび侍るを、

それでは、会話文の中を解釈していく。まず、［過ぎ侍りにし］は名詞［人］の説明部とわかる。［侍り］は丁寧の補助動詞、［に］は確述の助動詞［ぬ］の連用形、［し］は過去の助動詞［き］の連体形である。また、［よに思ひ給へ忘るる世なく］の［よに］は打消語を伴うと「決して～ない」と訳出する。ここは、打消語［なく］を伴っている。［給へ］は下に動詞［忘る］がついているので連用形とわかる。連用形が［給へ］となるのは下二段活用の［給ふ（る）］である。よって、主体を「私」とする。なお、［思

ひ給へ―V―］という形の際は、必ず下二段活用の［給ふ（る）］であり、「存じ、―V―ます」「思い―V―ます」と訳出する。よって、［思ひ給へ忘る］は「存じ、忘れます」と訳出する。ちなみに、［見給へ―V―］［聞き給へ―V―］も下二段活用の［給ふる］であり、「見―V―ます」「聞き―V―ます」と訳出する。

注意すべき下二段［給ふ（る）］の訳出

(1) ［思ひ給へ―V―］＝存じ、―V―ます・思い―V―ます

(2) ［見給へ―V―］＝見―V―ます

(3) ［聞き給へ―V―］＝聞き―V―ます

また、［かなしび侍るを］の［侍り］は丁寧語の補助動詞である。［を］は、係りどころとの関係から、接続助詞とみて「が」と訳出するとよい。ここは、直訳すると、［過ぎてしまいました人を私はまったく存じ、忘れますことなく今に至るまで悲しみますが］となるが、「過ぎてしまいました人」とは、今に至るまで悲しく思う人のこと、つまり、亡くなった葵の上のことを指しているので、「亡くなってしまいました葵の上」と訳出すると文意が通じるようになる。また、この会話文においては、葵の上

に対して敬語を用いていない(=非敬語対象者)とわかる。なお、ここの箇所だけでは、まだ会話の話し手は誰であるのか判断できない。

●この御事になむ、~と思ひ給へ慰め侍る。

ここも会話文の中である。その中に引用止めの助詞[と]があるので、[もし侍る世ならましかば~見ずなりにける]に二重カギを施し、そこを心内文と定めることができる。それは、[この御事になむ]の係助詞[なむ]の結びが[思ひ給へ慰め侍る]の[侍る]と見抜けるからである。また、[思ひ給へ慰め侍る]の[給へ]は下二段活用の[給ふ(る)]である。よって、主体を私として、「私は存じ、心を慰めています」などと訳出する。ここでの私とは会話の話し手を指している。また、[御事]の[御]があるので、「あなたの御事」として、この会話文の聞き手である「あなた」に対する敬意とみる。それは、**会話文においては、その会話の聞き手に対して敬語を用いやすい**からである。よって、会話文中において尊敬語があった際は聞き手(=あなた)を主体、謙譲語があった際は聞き手(=あなた)を客体、[御~]とあった際は「あなたの御~」としてみるとよい。なお、聞き手に対して敬語を出しやすいということは、地の文において非敬語対象者として扱う人物であるとしても、その人を聞き手にすると敬語を用いることがあるということである。ということは、地の文において敬語対象者である人物を会話の聞き手とした際は、より高い敬語(=最高敬語)を用いてもかまわない。**地の文の敬語の出方と会話文中の敬語の出方は必ずしも一致するわけではない**ということである。

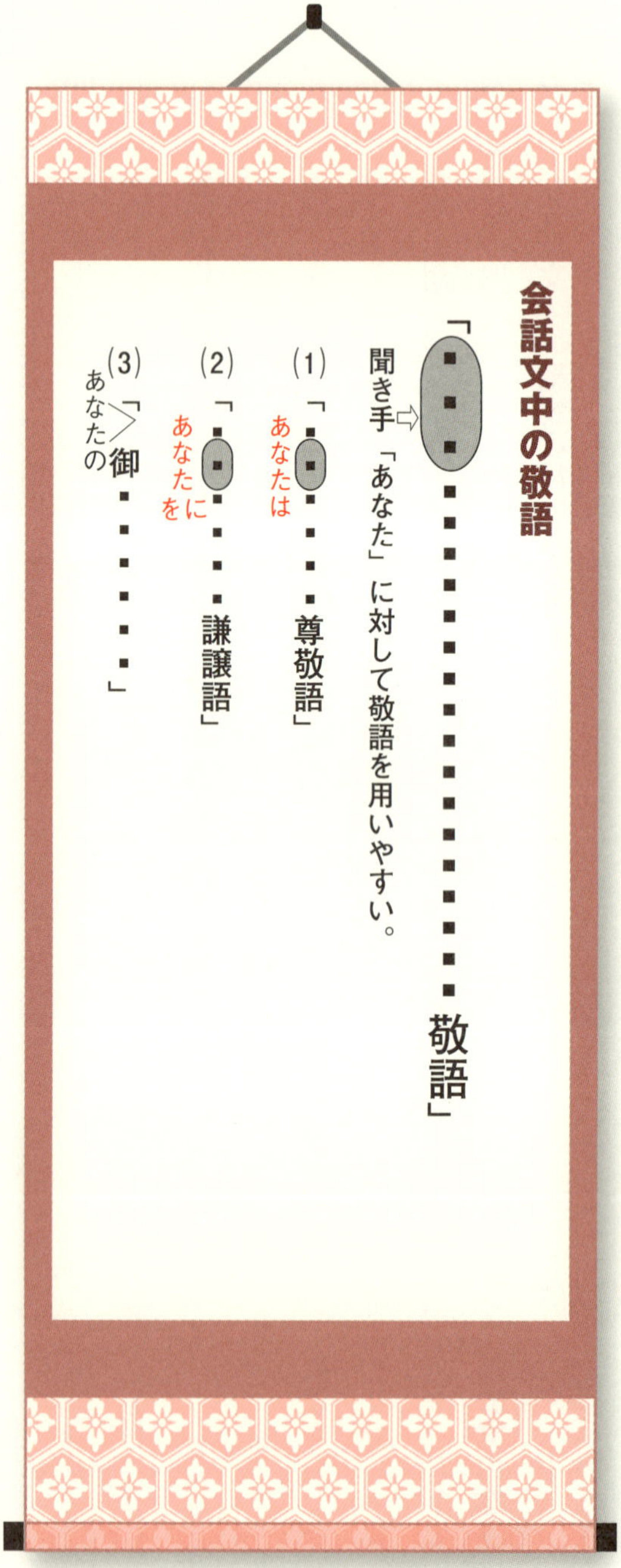

なお、会話文中においては聞き手以外の人物に対しても敬語を用いることもあるが、その場合は、何らかの形で聞き手以外であるという表示がされるものである。または、係り承けを意識することで見抜けるものである。

次に、「もし侍る世ならましかば」の箇所をみる。［侍り］は［あり］の丁寧語である。一見すると、ここは、尊敬語もなく主体表示もないので「私が」としてしまいやすいが、「私が生きております時であるならば」とすることは内容上無理がある。そこで、［ましかば～まし］の反実仮想の意であることに着眼してみる。すると、［もし侍る世ならましかば（もしも生きております時であるならば）］は非現実を述べているものであり、現実は生きていないとわかるところから、亡妻葵の上を主体として決められる。よって、ここは「あなたの御事で、『もしも葵の上が生きております時であるならば、どんなに思い嘆きましょうのに』と訳出する。

さて、ここでようやく、この会話文の話し手（＝私）と聞き手（＝あなた）が誰であるのか判然とするはずである。それは、「『もしも葵の上が生きていたらあなたの事で嘆くことになる』と私は存じ、心を慰めています。」の意である以上、「あなたの事」とは、都から須磨へ退去しなくてはならない事、つまり、源氏の君の事と判断できるからである。そこで、まず聞き手（＝あなた）は源氏の君と定める。すると、残りの敬語対象者は左大臣であるのだから、会話の話し手、つまり、［多くの物語を（源氏ニ）聞こえ給ふ］の主体を左大臣と定めることができるのである。もちろん、［思ひ給へ慰め侍る］の主体である「私」とは話し手の左大臣のことである。

そうすると、若君も敬語対象者なので、敬語の有無だけで会話の話し手を左大臣と定めるのは無理があると思うかもしれないが、無邪気に歩き回る若君がこのような発言をするのは無理があるし、さらに、次まで読めばわかるが、この会話文中において若君に対して［幼くものし給ふ］と尊敬語を用いている。自分に敬語を出すことはできないのである。そこからみても若君を話し手とすることはできないとわかる。次に、ここの構造の手順を図示しておく。

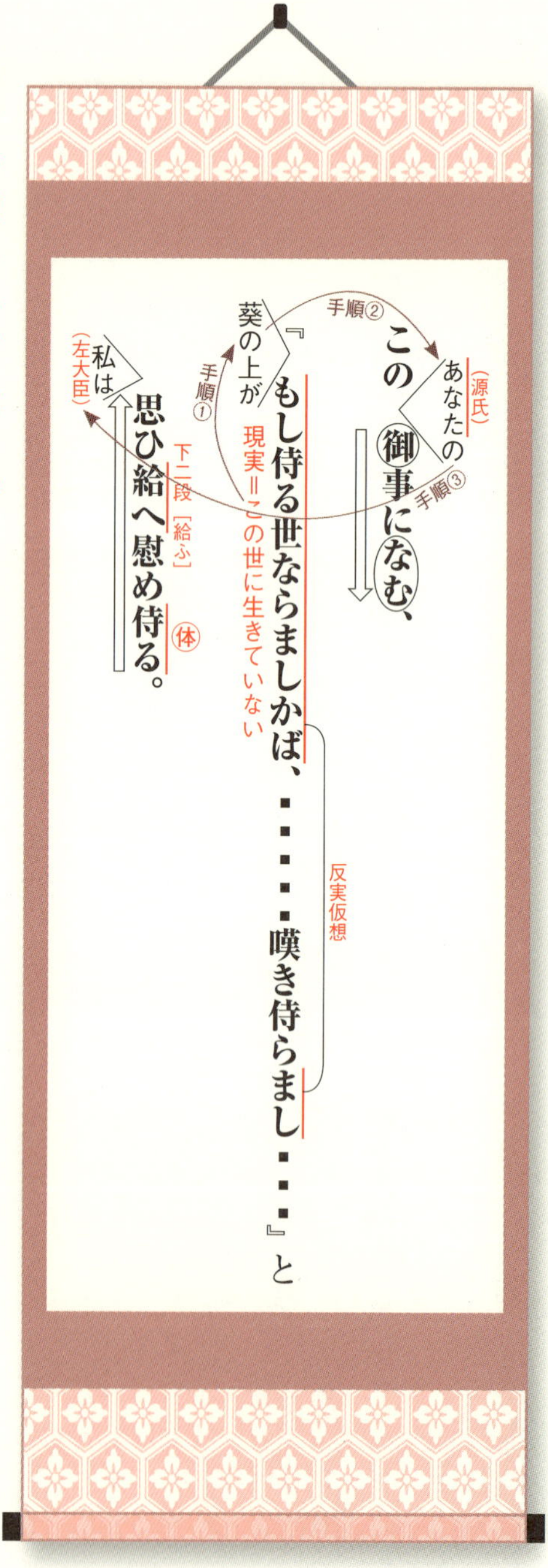

●よくぞ短くてかかる夢を見ずなりにける

［かかる夢］とは「このような夢」という意。現代語における「夢」とは、善い方面を表す際に用いられるもので、例えば、「夢のような暮らし」であれば、「住むところもなく、食べることすらできない暮らし」などと悪い方面で用いることはない。しかし、古文の［夢］は、悪い方面にも用いることができる。その際の［夢］は「悪夢」などと訳出するとよい。ここは、［短くて（短命で）］ともあり、また、尊敬語もないので主体は葵の上と判断できる。すると、葵の上が短命で見ずじまいで終ってしまった夢とは、源氏の君が須磨へ退去することを指していると見抜ける。それは善い方面のことではない。そこで［かかる夢］とは「このような悪夢」と訳出するとよい。ここは、「葵の上は、よく、短命でこ

のような悪夢を見ずじまいで終ってしまったなあ」などと訳出する。

●**幼くものし給ふが、～と思ひ給ふるをなむ、よろづの事よりも悲しう侍る。**

［ものし給ふが］の［が］は［連体形＋が］の形式である。この［が］は格助詞と接続助詞の二種類があるので、その識別法について板書しておく。

連体形＋［が］の識別

(1) 格助詞

——体［が］…——　S／P　（名詞）

（例）**鳴きける**（体）S（鳥）**が小さく見ゆ。**P

格助詞の［が］は、連体形の下に名詞を補訳することでSとして扱い、下のPに係る。

(2) 接続助詞

——体［が］…——　S　——　P

（例）**童呼ぶ**（体）**が　親は**（S）**気付かず。**（P）

接続助詞の［が］は、格助詞と同様に下のPに意味上係るが、係り所に新たなSがある（またはSを想定できる）ので、主語のはたらきにはならない。

ここは、［幼く］から若君のこととわかるので、［ものし給ふ］の下に名詞「若君」を補う。そして、［幼くものし給ふ（若君）が］を主語と捉えて、下の［とどまり給ひて］に係るとみる。よって、ここの［が］

は格助詞と判断する。また、［かく齢過ぎぬる中に］の［齢過ぐ］とは「年をとる」の意。ここは、「幼くいらっしゃる若君が、このように年をとった我々の中にとどまりなさって」と訳出する。

次に、接続助詞［て］があるところから、［とどまり給ひて］は［なづさひ聞こえ給はぬ］へ係るとみる。もちろん、主体は若君である。若君は敬語対象者なので、尊敬語［給ふ］が出ているのである。また、［なづさふ］は「なじむ」の意。謙譲語の補助動詞［聞こゆ］があるので、ここも聞き手（＝あなた）に対する敬意とみて、「若君はあなたになじみ申し上げなさらない」とする。

また、［なづさひ聞こえ給はぬ］の［ぬ］は打消の助動詞［ず］の連体形である。よって、［幼く〜聞こえ給はぬ］までは、その下の名詞［月日］の説明部とわかる。また、［月日や隔たり給はむ］の［や］は疑問の係助詞である。訳出の際は［や］をはずし、最後に疑問の意の「か」を添えるとよい。すると、［月日や隔たり給はぬ］は「月日が過ぎなさるのだろうか」と訳出することになる。

さて、ここで気になるのは、［月日］が主語に対して尊敬語［給ふ］が出ていることである。本来は、動作・作用の主体以外に対して尊敬語を出す必要性はないが、敬語対象者に関わる事物に対して敬語を用いてしまうことがまれにある。それは現代語においても同様で、たとえば、「病気が治っていらっしゃる」などという表現がそうである。これを**認められる敬語の誤用**という。

認められる敬語の誤用

事物 ⇨ 敬語対象者に関する事物に対して尊敬語を出すことがある。

↑ 尊敬語。

また、［と］の承ける範囲は［幼くものし給ふ〜隔たり給はむ］までとみて、そこに二重カギを施すとよい。［思ひ給ふる］の［給ふる］は下二段活用の［給ふ（る）］なので、「私は」とし、「私は思います」と訳出する。その私とは、話し手の左大臣である。

（『幼くものし給ふ がかく齢過ぎぬる中にとどまり給ひて、なづさひ聞こえ給はぬ）月日や隔たり給はむ』と思ひ給ふるをなむ、…悲しう侍る。

●古への人も、まことに犯しあるにてしも、かかる事にはあたらざりけり。

古文における［罪］の多くは、仏法の戒めを破る行為、すなわち「仏罰」を表す。この［古への人も、まことに犯しあるにてしも］は、「昔の人も、本当に犯した罪がある時でも」と訳出するとよい。［かかる事］とは、源氏が須磨に退去する事を指す。どんな罪を犯した人であっても、源氏の君のような境遇にまで至る事はなかったというのである。

●なほ、さるべきにて、

［さるべきにて］の［にて］は断定の助動詞［なり］の連用形に接続助詞［て］がついたもの。［さるべき］の下に断定の［なり］がついて［さるべきなり］となった場合は「そうなるはずの前世の因縁である」の意になることが多い。ここは「そうなるはずの前世の因縁であって」と訳出する。

●されど、言ひ出づるふしありてこそさる事も侍りけれ。

［されど］は［さあれど］の約で「そうではあるけれど」という意。［言ひ出づるふし］とは㊟にも記されているとおり、「誰かが言い出した罪状」という意。係助詞［こそ］があるので、文末の［けれ］が已然形になっている。［侍り］は［あり］の丁寧語である。源氏の君のような罰は、外国において類例は多くあったけれど、それはすべて冤罪ではなく罪状があってのことだというのである。

●思ひ給へ寄らむ方なくなむ。

［思ひ給へ寄る］の［給へ］は下二段活用の［給ふ（る）］である。「思いあたる」意の複合動詞［思ひ寄る］の間に［給へ］が入り込んだと考え、訳出は「思いあたります」などとする。もちろん私を主

体とする。また、［む］は婉曲の用法となる。［方］は「方面」の意。［思ひ給へ寄らむ］は名詞［方］の説明部である。

また、形容詞［なし］の連用形に［なむ］がついているが、この［なむ］は係助詞であることに注意したい。それは、連用形についた［なむ］は確述の助動詞［ぬ］に助動詞［む］がついたものと考えてしまいやすいからである。しかし、ここは形容詞の本活用についた［なむ］なのである。もし、確述の意の［ぬ］に助動詞［む］がついているならば、［思ひ給へ寄らむ方なかりなむ］となるはずである。

次に、［なむ］の基本的な識別法を板書しておく。

［なむ］の識別

(1) —未然形＋［なむ］＝誂えの終助詞［なむ］
(2) —連用形＋［なむ］＝助動詞［ぬ］(未)＋助動詞［む］
(3) ——死・往＋［なむ］＝ナ変動詞［死・往ぬ］(未)＋助動詞［む］
(4) 形容詞(用) ——く＋［なむ］＝係助詞［なむ］
(5) —その他＋［なむ］＝係助詞［なむ］

よって、ここの［なくなむ］の［なむ］は係助詞とみて、結びの連体形は［あり］の丁寧語［侍る］などの省略を考えてみる。「私は思いあたります方面はなくございます」などと訳出する。左大臣はどう考えても源氏の君が処罰されるに至る罪状は思いあたらないというのである。

●三位の中将も参りあひ給ひて、大御酒など参り給ふに、

［三位の中将も］の［も］は並列主格である。亡き葵の上の部屋に三位の中将も訪れたということである。そこで［も］を用いたのである。また、［参りあひ給ひて］の［参る］は謙譲語で、源氏の君に対する敬意とみる。［あふ］は補助動詞ではないので、［参り］と［あふ］の間には読点を補い、「三位の中将も源氏の所に参上し、会いなさって」と訳出するとよい。葵の上の部屋に三位の中将が訪れたのは源氏の君がいらっしゃったからである。そこで謙譲語を用いたと考える。なお、尊敬語の存在から［三位の中将］も敬語対象者とわかる。

次に、接続助詞の［て］があるところから［参りあひ給ひて］は［大御酒など参り給ふ］に係るとみる。もちろん、三位の中将が主体なので尊敬語［給ふ］が出ているのである。また、［大御酒など参る］の［参る］は謙譲語であるが、この［参る］は「参上する」という意ではなく、［大御酒参る］で「敬語対象者に御酒をすすめて差し上げる」という意になる他動詞の用法である。ちなみに、この［大御酒参る］の［参る］は尊敬語としての用法にもなり、「敬語対象者が御酒を召し上がる」という意にもなるので注意が必要である。なお、よく目にする他動詞の［参る］として、［御格子参る］［加持参る］［御殿油参る］などがある。セットでおさえておくとよい。

謙譲語［参る］の他動詞用法

(1) ［御格子参る］＝敬対のために格子を上げ／下げて差し上げる

(2) ［御殿油参る］＝敬対のためにあかりを灯して差し上げる

(3) ［加持参る］＝敬対のためにお祈りをして差し上げる

ここは、三位の中将が亡き葵の上の部屋に訪れ源氏に御酒をすすめて差し上げた場面である。

●**とまり給ひて、人々御前に候はせ給ひて、物語などせさせ給ふ。**

接続助詞［て］の存在から、［とまり給ひて］は［候はせ給ひて］に係り、さらに［物語などせさせ給ふ］に係るとみる。［とまり給ひて］は「とどまりなさって」の意。尊敬語の存在から主体は敬語対象者とわかるが、葵の上の部屋に訪れたのは源氏の君と三位の中将の二人である。そこで、源氏の君と三位の中将を主体とする。

また、［候はせ給ひて］の［候ふ］は、会話文中に用いられていないところからも謙譲語と見抜ける（丁寧語は原則引用文中に出る）。「お仕え申し上げる」または「お控え申し上げる」の意である。［せ］

は使役の助動詞［す］の連用形である。それは、源氏の君や三位の中将に対して最高敬語を用いていないところから判断できる。ここは、「女房達をおそばにお控え申し上げさせなさって」と訳出するとよい。また、［物語などせさせ給ふ］の［せ］はサ変動詞［す］の未然形、［させ］は使役の助動詞［さす］の連用形である。助動詞［す・さす］に、さらに助動詞［す・さす］を重ねることはできないので、［させ給ふ］の［せ］は必ず動詞とみる（p.183参照）。源氏の君と三位の中将は女房達をそばに控えさせて話などをさせなさるのである。

解答

問1　エ　問2　ア

問3　③　決して思い忘れますときがなく今にいたるまで悲しみます

⑦　そうなるはずの前世の因縁であって

問4　ア　問5　イ

問6　もし侍る世

問7　イ

問8　(a)　オ　(b)　イ　(c)　エ　(d)　ウ　(e)　イ　(f)　イ　(g)　キ

通釈

昔の御話、桐壺院の御事、その院がお思いになったりおっしゃたりした御考えなどを左大臣は口に出して申し上げなさって、御直衣の袖も離しなさらないので、源氏の君も気強く対処することがお出来にならない。若君が無邪気に（二人の間を）歩きまわって、源氏の君と左大臣にお懐き申し上げなさるのを、「かわいそうだ」とお思いになっている。（左大臣が源氏の君に）「私は死んでしまいました人を決して存じ、忘れますときがなく今に至るまで悲しみますが、このあなたの御事で、『もしも葵の上が生きております時であるならば、どんなに思い嘆きましょうのに。よく、短命でこのような悪夢を見ずじまいで終ってしまったことよ』と存じ、心を慰めています。『幼くいらっしゃる若君が、このように年をとってしまう中にとどまりなさって、あなたになじみ申し上げなさらない月日が過ぎなさるのだろうか』と私は存じます事を、すべての事よりも悲しくございます。昔の人も、本当に犯した罪がある時でも、このような事には該当しなかった。やはり、そうなるはずの前世の因縁であって、外国にもこのような類例は多くございました。そうではあるけれど、誰かが言い出した罪状があって、そのような事もございました。あれやこれや考えましても、私が思いあたりますような方面はなくございます」などと、多くのお話を申し上げなさる。

三位の中将も参上し、会いなさって、源氏の君に御酒などを差し上げなさると、夜が更けてしまうので、御二方は葵の上の部屋にとどまりなさって、女房達をお側にお控え申し上げさせなさって、話などをさせなさる。

レッスン10

特殊な敬語の用法（発展編）

発展①　尊敬語＋受身の助動詞［る（らる）］

■尊敬の助動詞［る（らる）］［す（さす）］について

尊敬語と併用される助動詞［る（らる）］は尊敬の意にならない。それは、平安時代以降、尊敬の意を表す助動詞に［る（らる）］と［す（さす）］の二系統が存在している理由を考えれば納得できる。つまり、助動詞［す（さす）］は尊敬語と併用したときにのみより高い尊敬の意を表し単独では尊敬の意を表すことができなかった。そこで、尊敬語と併用した際には尊敬の意として用いることができない（＝単独使用時のみ尊敬の意となる）［る（らる）］が同時代に存在していたのである。よって、［思さる］［御覧ぜらる］などの［る（らる）］は、尊敬語［思す］［ご覧ず］と併用している以上、尊敬の意ではないということである。

助動詞［る（らる）］→単独使用時のみ尊敬の意となる。
助動詞［す（さす）］→尊敬語併用時のみ尊敬の意となる。

すると、［仰せらる］の［らる］はどのように扱えばよいのか（尊敬語［仰す］＋尊敬の助動詞［らる］ではないのか）と疑問を抱くことになりそうなので、補説しておく。

もともと［仰す］という語は［負ほす］からできた語で、自分の言葉を相手に「負わせる」ということから、「命令する」「命じる」という意であり、尊敬の意はなかったのである。そこで、敬語対象者を主体にする際は、尊敬語［給ふ］をつけ加えて、［仰せ給ふ］としたのである。もちろん、「命じなさる」という意である。その使われ方が、次第に、命令するということは上位者が下位者に対してする行為であり、また、命令とは発言する行為であるというところから「おっしゃる」という意で用いられるようになり、同時に、尊敬語［給ふ］にかわって、尊敬の助動詞［らる］を用いるようになった。それが、［仰せらる］なのである。そこで、「命じなさる」という意で用いているのであれば、非敬語［仰す］＋尊敬の助動詞［らる］の二語に分割してもかまわないが、「命じなさる」という意から転じて「おっしゃる」という意になっている以上、［仰せらる］は一語として扱うべきである。

■尊敬語＋受身［る（らる）］の取扱い方

尊敬語と併用したときの助動詞［る（らる）］は自発または受身の意になるのがほとんどである。特に、受身の意で捉えた場合は敬意の方向に注意する必要がある。そこで、例文を用いながら順を追って説明をする。

（例1）AがBを御覧ず。

「御覧ず」は尊敬語であるので、主体Aに対する敬意を表していることはいうまでもない。訳出も「AがBをご覧になる」となるのは自明である。

では、AとBの関係はそのままでこの**（例1）**の主体と客体を入れ替えてみるとどうなるか。古典文で示すと**（例2）**のようになる。

（例2）BがAに御覧ぜらる。

もちろん、この助動詞「らる」は受身の意である。さて、ここで注意したいのは、この尊敬語「御覧ず」は誰に対する敬意を表わしているのかということである。尊敬語は主体を敬うという性質があるので、思わず、Bに対する敬意を表わしていると考えてしまいやすい。確かに、下に受身の助動詞がついていなければBに対する敬意と捉えてかまわないが、ここは、受身表現なので、実際は「AがBを御覧ず」なのである。よって、Aに対する敬意と判断しなくてはならないのである。

そこで、尊敬語の下に受身の助動詞「る（らる）」がついた場合は、受身の助動詞までを含んで一語の受身動詞と捉え、さらに、客体を敬う語（＝謙譲語）のように扱うとよい。

（例3）Bが　Aに　御覧ぜ　らる。

受身動詞

客体を敬う

なお、訳出の際は、尊敬語［御覧ず］の意と受身の助動詞［らる］の意を表明することが大事である。つまり、「〜になっていただく」と訳出するのがよい。この**（例3）**であれば、「ご覧になっていただく」と訳出する具合である。ちなみに、［御覧ぜらる］については、「お目にかかる」などと訳出することもできる。このように、尊敬語の下に受身の助動詞［る（らる）］がつくケースは、［御覧ぜらる］のほかに、［思さる］［思し召さる］［知ろし召さる］［召さる］［聞こし召さる］などに限定できる。セットでおさえておくとよい。

尊敬語＋受身の助動詞［る（らる）］

● ［尊敬＋受身（る・らる）］で一語の受身動詞として扱い、客体を敬う語として扱う。
● 「お（ご）〜になっていただく」と訳出するとよい。

(1)［御覧ぜらる］＝ご覧になっていただく・お目にかかる
(2)［思しめさる］＝お思いになっていただく
(3)［知ろし召さる］＝おわかりになっていただく
(4)［聞こし召さる］＝お聞きになっていただく
(5)［思　さ　る］＝お思いになっていただく
(6)［召　さ　る］＝お呼びになっていただく

発展② 自敬表現の扱いと処理

天皇や上皇をはじめとする最高位の人が自己の動作に敬語表現を付けて自分自身を敬った場合、それを自敬表現（＝自敬敬語・自己尊敬）と呼ぶことがある。しかし、どんなに最高位の人であろうとも、自分の動作に敬語を用いて自分を敬うことは実質的にありえないのである。

では、なぜ、自敬表現という用法が生まれるに至ったのか、その経緯について考えてみる。

■自敬敬語が生まれた経緯

明治時代に至るまでは「　」や『　』などの引用符（＝カギカッコ・カギ）を用いなかったために、引用文の範囲をはっきりと提示できなかった。そのため、引用文（＝会話文・心内文）の範囲も不明瞭であり、また、引用文に対する意識も希薄であったために、結果として地の文と引用文の融合表現も数多く存在する。たとえば、次のような例がそうである。

（例1） **駿河の国にあなる山の頂に持てゆくべきよし仰せ給ふ。（『竹取物語』）**

（例2） **まき人、いとうれしく思ひて、（『枕草子』）**

（例1）は、本来「「駿河の国にあなる山の頂に持てゆくべし」と仰せ給ふ」となるべきものであり、また、（例2）は「まき人、「いとうれし」と思ひて」となるべきものであった。しかし、引用文に対する意識が希薄であったため、引用止めの助詞「と」や「など」を置くこともなく、結果として、地の文と融合してしまったのである。そこで、（例1）のような「〜連体形＋よし言ふ」の形式は「「〜終止形」と言ふ」に置き換え、また、（例2）のような「形容詞の連用形＋思ふ」の形式は、「「〜終止形」と思ふ」に置き換えると、意味・内容は容易につかめるようになる。ところが、このように引用文であるという意識が希薄である中で、敬語対象者には敬語を出して敬わなくてはならないという表現者の意識が重なると、カギを施して処理することができないケースが生じてくるのである。それが次の（例3）（例4）である。

（例3）宮の御心地なやましう思されて、（『栄花物語』）

（例4）帝、御覧じて、いとど帰り給はむ空もなく思さる。（『竹取物語』）

この（例3）を「「〜終止形」と思ふ」に置き換えると、「宮の「御心地なやまし」と思されて」となる。そうすると、宮が自分自身に「御」という敬語を用いていることになる。つまり、いわゆる自敬表現になってしまうのである。また、（例4）も同様に「帝、ご覧じて、「いとど帰り給はむ空もなし」と思さる」とすると、自分に対して「給ふ」という尊敬語を出すことになり、自敬表現となってしまうのである。つまり、自敬表現とは、引用文という意識の希薄さと表現者による敬意表明の意識が重なったときに起こるものと考えられる。

以上のことを踏まえ、自敬表現が発生した経緯についてまとめておくことにする。

1 「」や『』などのカギを用いていなかったために、引用文の範囲が不明瞭であった。そこで、［連体形＋よし言ふ］や［形容詞連用形＋思ふ］という、地の文と融合している表現が数多く存在していた。たとえば、左の用例(a)があったとする。

(a) **帝、帰り給ふよしのたまふ。**

この場合、引用止めの助詞［と］や［など］がないので、厳密には引用文ということはできない。よって、尊敬語［給ふ］を添加して［帰り給ふ］となっているが、そこは地の文である以上、何ら問題はないのである。

2 このように、引用文の意識が希薄であった中で、敬語対象者に敬語を用いるという意識が加わることによって、実際にはそこが引用文であるにもかかわらず、表現者が尊敬語を添加してしまうことがある。それが次の(b)の例である。

(b) **帝、帰り給はむとのたまひて、**

一見すると、用例(a)と同じように見えるが、この(b)には引用止めの助詞［と］が用いられているのである。カギを施すと次の(c)のようになる。

(c) **帝、「帰り給はむ」とのたまひて、**

このように、カギを施すことによって、この(c)は、帝を話し手とする会話文の中に自分に対して敬語を用いて敬う、いわゆる自敬表現になっていることが容易につかめる。しかし、当時は「」や『』などのカギを用いて地の文との区別をしなかったために、そこが引用文であるにもかかわらず、敬語対象者には敬語を用いて敬わなくてはならないという意識が加わることで、このような自敬表現が発生してしまったのであろう。

なお、訳出にあたっては、敬語を省いた訳出（＝敬意のない訳出）にするとよい。この(c)を訳出してみると、「帝が『帰ろう』とおっしゃって」となる具合である。

■自敬敬語と間違いやすい表現

(a) **［とて］を［といふことにて］として捉える。**

［とて］という表現は、［と思ひて］［と言ひて］の約と考えられる。その際は、［と］の直上でカギを施し、そこが会話文であれば［と言ひて］の約、心内文であれば［と思ひて］の約と考えるとよい。しかし、中には、カギを施すと自敬表現などの不都合なケースになることがある。その際は、［とい

ふことにて（＝「ということで」の意）」として処理するとよい。

（例5）　（惟喬の親王ガ馬の頭なる翁ニ）大御酒給ひ、禄給はむとて、つかはさざりけり。

（『伊勢物語』）

（例5）の惟喬の親王は、尊敬語の存在から敬語対象者であるとわかる。問題なのは、「大御酒給ひ、禄給はむ」に尊敬語を使用しているところである。その下に「とて」があるので、カギを施してみると、惟喬の親王自身の会話文に「大御酒給ひ、禄給はむ」と用いることになり、自敬表現となってしまうのである。このような場合は、「とて」を「といふことにて」の意と考えることで自敬表現とすることなく処理できるのである。つまり、「大御酒給ひ、禄給はむ」を地の文として扱って、「惟喬の親王は馬の頭なる翁に大御酒をお与えになり、禄をお与えになろうということで、馬の頭なる翁をお帰しにならなかった」と訳出するとよいのである。

(b) 荘重体表現の命令形

会話文を解釈していると、「（私ニ）一首仕うまつれ」「（私ニ）さるべきこと申せ」などという命令表現をよく目にする。一見すると、一人称を客体とした謙譲語であるところから自敬表現と考えてしまいやすい。しかし、これらはすべて荘重体表現であり、謙譲語ではないのである。つまり、自敬表現として扱うことはできないのである。しかも、自敬表現を最高位の人限定で使用する特別な敬語などと定義するのであれば、なおさら、この［仕うまつれ］や［申せ］は謙譲語の意として認めることはできない。それは、［仕うまつれ］［申せ］などの命令表現は、誰にでも用いることができるものであり、最高位の人物だけの特別な表現ではないからである。たとえば、前述の［さるべきこと申せ］は、『宇治拾遺物語』の一節で、最高位と認定することができない山守が木こりに対して述べた会話文の一節に「(アナタハ私ニ) しかるべきことを申せ」と記されているものである。このように、最高位ではない人物にも使用できるものであり、また、このような用例はいくらでも拾うことができる。

《実践演習⑤》

問題　次の文章は『讃岐典侍日記』の一節で、作者が病床の堀河帝に奉仕している場面である。読み、後の設問に答えよ。

おどろかせ給へる御まみなど、日ごろのふるままに弱げに見えさせ給ふ。大殿籠りぬる御けしきなれど、われは、①ただまもり参らせて、おどろかせ給ふらむに、みな寝入りてと思しめさば、ものおそろしくぞ思しめす。②ありつる同じさまにてありけるとも御覧ぜられむと思ひて、見参らすれば、御目弱げに御覧じあはせて、「③いかにかくは寝ぬぞ」と仰せらるれば、④御覧じ知るなめりと思ふも、たへがたくあはれにて、「三位の御もとより、『さきざきの御心地の折も、御傍らに常に候ふ人の見参らするがよきに、よく見参らせよ。をり悪しき⑤心地をやみて参らぬがわびしきなり』」と申せど、えぞ続けやらぬ。

（『讃岐典侍日記』）

㊟ 三位―堀河帝の乳母であり、作者の姉でもある藤三位のことを指す。

設問1 傍線部①はどこに係るか。最も適切なものを次の選択肢から選び記号で答えよ。

ア おどろかせ給ふらむに　イ 思しめさば　ウ ものおそろしくぞ思しめす

エ ご覧ぜられむ　オ 思ひて、見参らすれば、

設問2 傍線部②を、人物関係を補いながら現代語訳せよ。

設問3 傍線部③④をそれぞれ現代語訳せよ。

③

④

設問5 傍線部⑤は誰がどんな状態であるというのか、その説明として最も適切なものを次の選択肢から選び記号で答えよ。

ア 帝の衰弱している状態
イ 帝の病気が治癒している状態
ウ 作者の病気が治っている状態
エ 藤三位の病気のために床に臥している状態

□

《解説》

●**おどろかせ給へる御まみなど、日ごろのふるままに弱げに見えさせ給ふ。**

［おどろかせ給へる］の［る］は助動詞［り］の連体形である。よって、［おどろかせ給へる］は［御まみ（＝「御目つき」の意）］の説明部とわかる。また、最高敬語の存在から、主体は堀河帝と見抜ける。［動詞＋ままに］は「〜するにつれて」の意。ここは、「堀河帝が目をさましていらっしゃる御目つきなどは、数日が経過するにつれて弱弱しい様子にお見えになる」と解釈する。

●**大殿籠りぬる御けしきなれど、**

［大殿籠る］は［寝］の尊敬語で「おやすみになる」という意。主体はいうまでもなく堀河帝である。

●**われは、ただまもり参らせて、…と思ひて、見参らすれば、**

［われ］はここでは作者のことを指す。［まもる］は「じっと見つめる」という意。［まもり参らせて］の［参らす］は謙譲語の補助動詞である。よって、最高敬語対象者である堀河帝を客体において、「自分は、堀河帝をじっとお見つめ申し上げて」などと解釈する。また、接続助詞［て］の存在から、係りどころを探すことになるが、ここは作者が主体である以上、次の［おどろかせ給ふらむに］には係らないとわかる。すると、［みな寝入りてと思しめさば］に引用止めの助詞［と］があるので、［おどろ

かせ給ふらむに、みな寝入りて」にカギを施して、［ただまもり参らせて］の係りどころを［思しめさば］としたいところだが、尊敬語［思しめす］の存在からそこにも係らないのである。そこで、さらにその先を読み進めると、［と思ひて、見参らすれば］とあることに気づく。よって、［ただまもり参らせて］は［思ひて、見参らすれば］に係ると考え、［おどろかせ給ふらむに〜御覧ぜられむ］を心内文と判断するのである。なお、［見参らすれば］の［参らす］は謙譲語の補助動詞なので客体を帝として、「お見申し上げると」などと訳出する。また、ここは已然形についた［ば］であり、［主体＝作者］、［客体＝帝］が存在しているところから、係りどころの主体を帝と定めることができるのである。次に、ここまでの文構造を板書しておく。

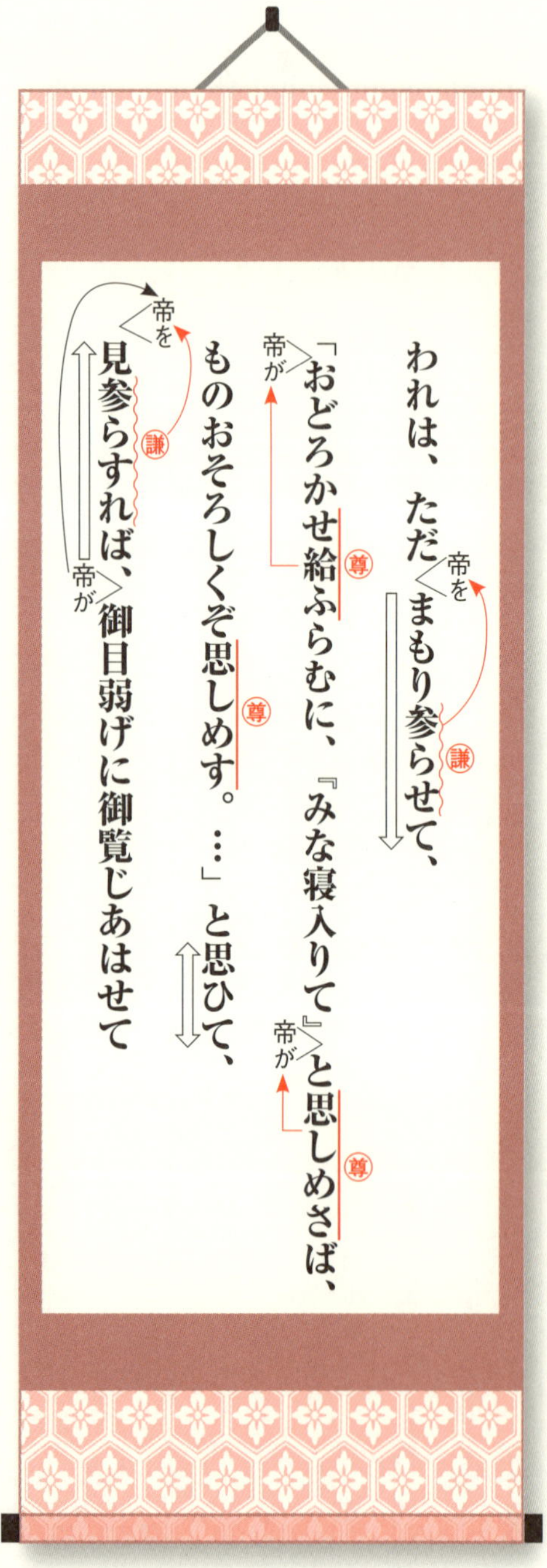
われは、ただ
帝を
まもり参らせて、
謙
帝が
「おどろかせ給ふらむに、『みな寝入りて』
尊
帝が
と思しめさば、
尊
ものおそろしくぞ思しめす。…」と思ひて、
尊
帝を
見参らすれば、
謙
帝が
御目弱げに御覧じあはせて

●おどろかせ給ふらむに、

ここは、作者の心内文である。最高敬語の存在から主体を堀河帝とすることは自明である。［らむ］は現在伝聞（＝現在婉曲）の助動詞の連体形である。「〜ているような」「〜ているとかいう」などと訳出する。

●みな寝入りてと思しめさば、ものおそろしくぞ思しめす。

引用止めの助詞［と］の存在から「みな寝入りて」に二重カギを施すとよい。［寝入りて］の下には［あり］などの省略を考える。尊敬語［思しめす］の存在から堀河帝を主体とすることができる。なお、この［ば］は未然形についているので仮定条件を表しているとわかる。係りどころは［ものおそろしくぞ思しめす］である。尊敬語［思しめす］の存在から、堀河帝を主体とすることができる。ここは、『みんなが寝入っている』と（堀河帝が）お思いになるならば、なんとなくおそろしいとお思いになる」などと訳出する。帝が目をお覚ましになった時に、そばで仕えている者たちがみな寝ていたならば、帝は怖がってしまうはずであると作者は思うのである。

●ありつる同じさまにてありけるとも御覧ぜられむ

［ありつる］は連体詞で「先ほどの」の意。［ありける］と同義である。［ありつる同じさまにてありける］は「先ほどと同じ様子でいた」という意。ここは、一見すると尊敬語［御覧ず］があるので、堀

河帝を主体と考えてしまいそうだが、その下に助動詞［らる］がついて［御覧ぜらる］となっているのである。そこで、［御覧ぜらる］を一語の受身動詞とみて客体を敬う語として扱うとよい。つまり、堀河帝を客体として、「御覧になっていただく」と訳出するのである。もちろん、「私」が主体である。ここは、「私は先ほどと同じ様子でいたと帝にご覧になっていただこう」と解釈するのである。

●**御目弱げに御覧じあはせて、「いかにかくは寝ぬぞ」と仰せらるれば、**

ここは［（作者ガ堀河帝ヲ）見参らすれば］の係りどころであるので、主体を帝と定めることができる（p.122参照）。そのため、尊敬語が出ているのである。［御覧じあはす］は複合動詞［見あはす］の尊敬体である。「見合わせなさる」と訳出する。接続助詞［て］があるので、［御覧じあはせて］は［仰せらるれば］に係るとみる。いうまでもなく［仰せらる］は一語の尊敬語である。

［いかにかくは寝ぬぞ］の［ぞ］は断定の終助詞、［ぬ］は打消の助動詞［ず］の連体形である。一見すると、カギの内側で主体が記されていないので「私」を主体にしたいところだが、疑問表現は一人称を主体にすることはできない（p.171参照）。そこで、聞き手（＝あなた）を主体としてみる。ここは「あなたはどうしてこのように寝ないのだ」などと解釈する。ちなみに、ここの［仰せらるれば］も、［主体＝帝］、［客体＝作者（私）］であり、已然形についた［ば］であるところから、係りどころの［「〜」と思ふも］の主体を作者（私）と定めることができる。

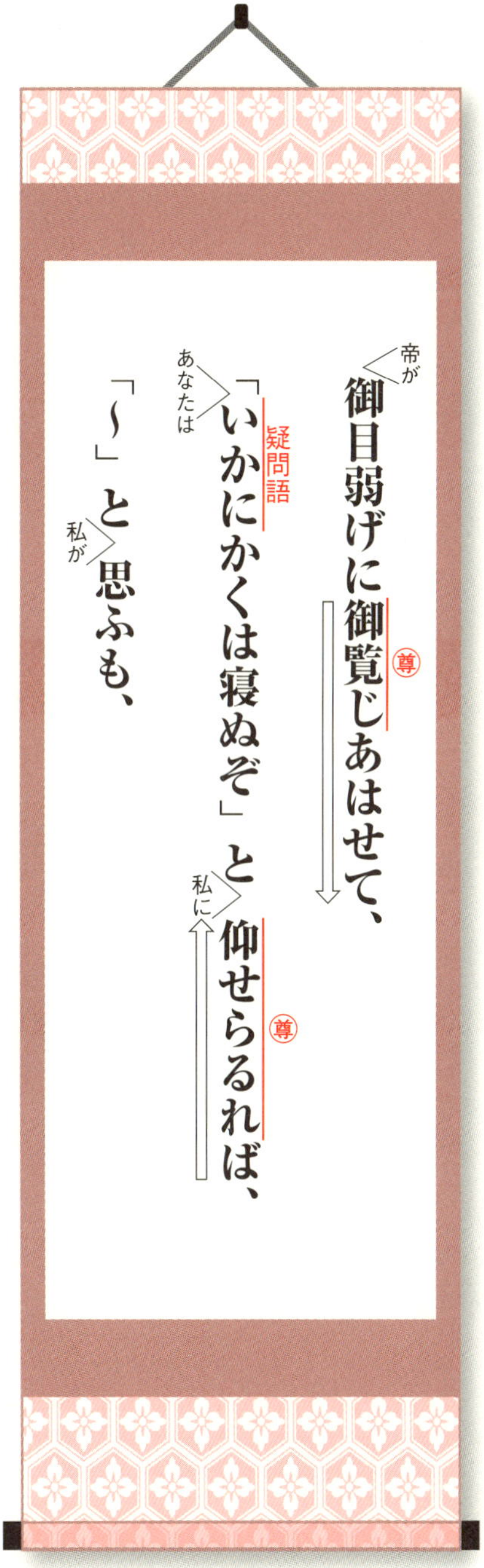

●御覧じ知るなめりと思ふも、

まずは、引用止めの助詞「と」があるところから、「御覧じ知るなめり」にカギを施し、そこを作者の心内文とみる。「御覧じ知る」は「見知る」の尊敬体である。「なめり」は「なるめり」が撥音便「なんめり」となり、その撥音が無表記となったものである。「『堀河帝はおわかりになっているのであるようだ』と思うにつけても」と訳出するとよい。

●たへがたくあはれにて、

「あはれにて」の「て」は形容動詞「あはれなり」の連用形に接続しているところから、状態を表す「て」であるとわかる。「～状態で」または「～様子で」と訳出するとよい。

●「〜」と申せど、

「〜」と申せど」の主体は尊敬語がないところから作者と定めることができる。さらに、謙譲語「申す」の存在から、堀河帝を客体とすることができる。よって、ここは作者が堀河帝に申し上げた会話文と見抜ける。

●三位の御もとより、『さきざきの御心地の折も、御傍らに常に候ふ人の見参らするがよきに、…』

[三位の御もとより」は「藤三位のところから」という意。カギの外側の意味内容はカギの外側に係るのだが、ここはその係りどころがない。そこで省略を考えることになる。その省略は、次に記されている「えぞ続けやらぬ」が「続けきることができない」の意であることを意識することで、「と言って手紙をよこした」などが適当と考えられる。

なお、「さきざきの御心地の折も」は「前々のご病気の時も」の意。「候ふ」は謙譲語で「お仕え申し上げる」の意。

●よく見参らせよ。

「見参らせよ」の「参らす」は謙譲語の補助動詞であるので、客体を堀河帝と定めることができる。また、命令形であるところから主体を「あなた」とすることができる。「見る」は「看病する」の意。「あなたはよく堀河帝をご看病し申し上げよ」などと解釈する。

●をり悪しき心地をやみて参らぬがわびしきなり

「心地をやみて」は「参らぬ」に係る。一人称を拒絶する表現がないところから「私」を主体とすることができる。［参る］は謙譲語で「参上する」の意で、いうまでもなく、堀河帝に対する敬意。［ぬ］は打消の助動詞［ず］の連体形、［が］は格助詞である。よって、［参らぬが］は「参上しないことが」などと訳出するとよい。また、［心地やむ］は「病気が治る」という意の［心地止む］と「病気になる」という意の［心地病む］があるが、藤三位は帝のところに参上することができない状態でいるところから「病気になる」の意とみる。また、［わびしきなり］の［なり］は断定の助動詞である。

解答

問1 オ

㊟まずは作者が主体であるとわかることである。そして、主体が作者であることを念頭にいれて係りどころを探すことである。

問2 私は、先ほどと同じ様子であったなあとも帝にご覧になっていただこう。

問3 ③ どうしてこのように寝ないのだ

④ おわかりになるのであるようだ

問5 エ

通釈

帝が目をお覚ましになっている御目つきなどは、日々が経つにつれて弱弱しくお見えになる。帝がおやすみになっている御様子であるけれど、自分は、じっとお見つめ申し上げて、「帝が目をお覚ましになっているような折に、『皆が寝入っている』とお思いになるならば、なんとなく恐ろしくお思いになるだろう。先ほどと同じ様子でいたなあともご覧になっていただこう」と思って、帝をお見申し上げると、御目が弱弱しく顔を見合わせなさって、「どうしてこのように寝ないのだ」とおっしゃると、「（私が寝ていないことも）おわかりになるようである」と思うにつけても、耐えがたくしみじみと身にしみた様子で、「藤三位の御もとから、『前々の帝のご病気の時も、おそばでいつもお仕え申し上げる人が帝を看病し申し上げることがよいので、あなたはよく看病し申し上げよ。折悪しく私は病気になって、帝の所に参上しないことがつらいのである』（という手紙をよこしなさった）」と申し上げるけれど、最後まで続けきることができない。

発展③ 敬語の不一致について

■敬語の脱落理由

次の場合は《敬語の不一致》とみなさない。

❶状態性表現に尊敬語が出ない

敬語対象者の動作には尊敬語が出るのが原則であるが、敬語対象者の状態を表現している場合には尊敬語が出ないことがある。

［例］（敬語対象者である御息所ガ）ただ五六日のほどにいと弱うなれば、（『源氏物語』桐壺）

❷一般論主体に尊敬語が出ない

敬語対象者はもちろんのこと、その時には誰もがそうするという一般論表現においては、尊敬語を出さないのである。

［例］（姫君ガ）少しほほゑみ給ひたる顔の、いはんかたなくうつくしければ、（敬語対象者である少将ガ）胸うちさわぎて、あさましきまでまもらるるに、（『しのびね』）

㊟姫君が美しいので、誰もがあきれるほど見つめずにはいられないのであり、もちろん少将もそうであった、という意。

❸敬語対象者の視線からの表現に尊敬語が出ない

敬語対象者の視線からの表現は、その敬語対象者を一人称という立場で表現するため、そこに敬語が出なくなるのである。

［例］中将の君、参り給ひて、東の渡殿の小障子の上より、妻戸開きたるひまを何心もなく見入れ給へるに、女房のあまた見ゆれば、（中将の君ガ）立ちとまりて音もせで見る。

（『源氏物語』野分）

❹客体を敬う謙譲語が出ない

動作で最も大切なものは「誰がどうする」というSPの関係である。従って、主体を敬う尊敬語をまずは出すのである。よって、仮に客体に敬語対象者が存在していても、主体を意識してしまうとそこに謙譲語を出さないことがある。謙譲語は、書かれていた場合にのみ敬意の方向を考えることが大切である。

［例］（佐理ガ男ニ）「誰とか申す」と問ひ申し給へば、（男ガ佐理ニ）「この浦の三島に侍る翁なり」と宣ふに、

（『大鏡』）

❶〜❹の場合は敬語が脱落していてもそれを《敬語の不一致》とはみなさない。

付録1

基本語法

これだけは

■暗記すべき動詞（語数が限られているので、覚えてしまおう）

①上一段活用←次の九種類の語を覚えておく。

○着る（カ行）　○似る・煮る（ナ行）　○干る（ハ行）

○見る（マ行）　○射る・鋳る（ヤ行）　○居る・率る（ワ行）

未然形	連用形	終止形	連体形	已然形	命令形
i	i	iる	iる	iれ	iよ

②下一段活用←［蹴る］一語しかない。

○蹴る

未然形	連用形	終止形	連体形	已然形	命令形
け	け	ける	ける	けれ	けよ

③カ行変格活用←［来］一語だが、複合カ変として左の五種類の語は覚えておく。

○来《く》

○複合カ変＝出《い》で来《く》・持て来・帰り来・参り来・詣で来ナド

未然形	連用形	終止形	連体形	已然形	命令形
こ	き	く	くる	くれ	こ

④サ行変格活用↑［す・おはす］の二語のほか、複合サ変がある。

○す・おはす

○複合サ変の発見法

(1)［混ず・交ず］以外の［〜ず］ ㊟［信ず］［論ず］［興ず］［御覧ず］ナド

(2)漢音の語＋［す］ ㊟具す・奏す・啓す・要すナド

(3)形容詞連用形＋［す］ ㊟高うす・うつくしうすナド

(4)動詞の連用形＋［す］ ㊟恨みす・尽きす・消えすナド

未然形	連用形	終止形	連体形	已然形	命令形
せ	**し**	**す**	**する**	**すれ**	**せよ**

⑤ナ行変格活用↑左の三語を覚えておく。

○死ぬ・往《い》ぬ・去《い》ぬ

未然形	連用形	終止形	連体形	已然形	命令形
な	**に**	**ぬ**	**ぬる**	**ぬれ**	**ね**

⑥ラ行変格活用←左の四語を覚えておく。

○あり・をり・侍り・いまそかり

未然形	連用形	終止形	連体形	已然形	命令形
ら	り	り	る	れ	れ

■ナイ・ズ動詞（語数が多いので覚えることができない。そこで、暗記動詞以外は「ナイ」または「ズ」をつけることで見抜く。

①四段活用

○動詞に「ナイ」または「ズ」をつけると語尾が**ア音**になる。

（例）［咲く］＋ナイ・ズ＝咲か｜ナイ・咲か｜ズ

未然形	連用形	終止形	連体形	已然形	命令形
a	i	u	u	e	e

（例）［咲く］

未然形	連用形	終止形	連体形	已然形	命令形
咲か	咲き	咲く	咲く	咲け	咲け

②上二段活用

○動詞に「ナイ」または「ズ」をつけると語尾が**イ音**になる。

（例）［落つ］＋ナイ・ズ＝落ち|ナイ・落ち|ズ

未然形	連用形	終止形	連体形	已然形	命令形
i	**i**	**u**	**uる**	**uれ**	**iよ**

（例）［落つ］

未然形	連用形	終止形	連体形	已然形	命令形
落ち	**落ち**	**落つ**	**落つる**	**落つれ**	**落ちよ**

③下二段活用

○動詞に「ナイ」または「ズ」をつけると語尾が**エ音**になる。

（例）［流る］＋ナイ・ズ＝流れ|ナイ・流れ|ズ

未然形	連用形	終止形	連体形	已然形	命令形
e	**e**	**u**	**uる**	**uれ**	**eよ**

（例）［流る］

未然形	連用形	終止形	連体形	已然形	命令形
流れ	流れ	流る	流るる	流るれ	流れよ

■形容動詞

①ナリ活用

未然形	連用形	終止形	連体形	已然形	命令形
なら	なり・に	なり	なる	なれ	なれ

②タリ活用

未然形	連用形	終止形	連体形	已然形	命令形
たら	たり・と	たり	たる	たれ	たれ

㊟ナリ活用は［に］にラ変動詞［あり］がついて［なり］となったものである。

㊟タリ活用は［と］にラ変動詞［あり］がついて［たり］となったものである。

㊟ナリ活用は［〜やかなり］［〜らかなり］［〜かなり］［〜れなり］［〜らなり］［〜げなり］［〜ろなり］［〜がちなり］

という形になることが多い。

㊟連用形の「なり」は、下に助動詞をつけるための形である。助動詞以外の語をつけるときは「に」を用いる。

（例）「里がちに成る《動詞》」↑動詞につくので「里がちに」となったのである。

（例）「あはれなりけり《助動詞》」↑助動詞「けり」をつけるので「あはれなり」となったのである。

■形容詞

①ク活用

○連用形が「く」となるものがク活用である。（例「おもしろし」→「おもしろく」）

○本活用

未然形	連用形	終止形	連体形	已然形	命令形
○	く	し	き	けれ	○

○補助活用（主として下に助動詞をつけるときに用いる）

未然形	連用形	終止形	連体形	已然形	命令形
から	かり	○	かる	○	かれ

②シク活用

○連用形が「しく」となるものがシク活用である。（例［うれし］→［うれしく］）

○本活用

未然形	連用形	終止形	連体形	已然形	命令形
○	**しく**	**し**	**しき**	**しけれ**	○

○補助活用（主として下に助動詞をつけるときに用いる）

未然形	連用形	終止形	連体形	已然形	命令形
しから	**しかり**	○	**しかる**	○	**しかれ**

※形容詞のク活用・シク活用の識別

↓形容詞の下に［成る］をつけて「〜くなる」となった場合はク活用、「〜しくなる」となった場合はシク活用と判断する。

■助詞

①格助詞

を・に・が・へ・して・の・と・より・から・にて

㊟ 体言や準体言につく。

②**接続助詞**

て・ば・ど・ども・つつ・で・に・を・とも・が・ものの・ものから・ものを

㊟ 下の用言に係る。または、接続の関係を表す。

③**副助詞**

だに・すら・のみ・さへ・ばかり・など・まで・し

㊟ 下の用言に対して副詞的に係り、細かな意味を加える。

④**係助詞**

は・も・ぞ・なむ・や・か・こそ

⑤**終助詞**

ばや・なむ・てしがな・にしがな・もがな・がな・ぞ・か・や・な・そ・かな・かし

㊟ 文の終わりに置かれる。表現者(話し手・書き手)の考えや気持ちを加える。

⑥**間投助詞**

や・よ・を

㊟ 文節の切れ目に置かれる。語調を整えたり、感動の意を表明したりする。

■助動詞活用表

活用型	基本形	未然形	連用形	終止形	連体形	已然形	命令形	接続	意味
下二段型	**る**	れ	れ	る	るる	るれ	○	未然形	自発・可能
	らる	られ	られ	らる	らるる	らるれ	○	未然形	
	る	れ	れ	る	るる	るれ	れよ	未然形	受身・尊敬
	らる	られ	られ	らる	らるる	らるれ	られよ	未然形	
	す	せ	せ	す	する	すれ	せよ	未然形	使役・尊敬
	さす	させ	させ	さす	さする	さすれ	させよ	未然形	
	しむ	しめ	しめ	しむ	しむる	しむれ	しめよ	未然形	
	つ	て	て	つ	つる	つれ	てよ	連用形	確述（完了・強意）
ナ変型	**ぬ**	な	に	ぬ	ぬる	ぬれ	ね	連用形	
サ変型	**むず**	○	○	むず	むずる	むずれ	○	未然形	未確定（推量・意志・仮定 婉曲・勧誘・適当）
四段型	**む**	○	○	む	む	め	○	未然形	
	らむ	○	○	らむ	らむ	らめ	○	終止形	現在推量（現在伝聞 婉曲）
	けむ	○	○	けむ	けむ	けめ	○	連用形	過去推量（過去伝聞 婉曲）
ラ変型	**り**	ら	り	り	る	れ	れ	未然・已然	継続（完了・存続）
	たり	たら	たり	たり	たる	たれ	たれ	連用形	

ラ変型	けり	（けら）	○	けり	ける	けれ	○	連用形	過去（伝聞過去）・詠嘆
ラ変型	めり	○	めり	めり	める	めれ	○	終止形	（視覚による）推定
ラ変型	なり	○	なり	なり	なる	なれ	○	終止形	（聴覚による）推定
ラ変型	なり	なら	なり に	なり	なる	なれ	なれ	体言・連体形	断定（存在）
ラ変型	たり	たら	たり と	たり	たる	たれ	たれ	体言・連体形	断定
形容詞型	べし	○ べから	べく べかり	べし	べき べかる	べけれ	○	終止形	当然（意志・可能・命令・適当・義務）
形容詞型	まじ	○ まじから	まじく まじかり	まじ	まじき まじかる	まじけれ	○	終止形	打消当然（打消推量・不可能・打消意志・禁止）
形容詞型	まほし	○ まほしから	まほしく まほしかり	まほし	まほしき まほしかる	まほしけれ	○	未然形	希望（願望）
形容詞型	たし	○ たから	たく たかり	たし	たき たかる	たけれ	○	連用形	希望（願望）
形容詞型	ごとし	○	ごとく	ごとし	ごとき	○	○	体言・連体形	比況・例示
無変化型	じ	○	○	じ	じ	じ	○	未然形	打消推量・打消意志
無変化型	らし	○	○	らし	らし	らし	○	終止形	（根拠のある）推定
特殊型	ず	○ ざら	ず ざり	ず	ぬ ざる	ね ざれ	ざれ	未然形	打消
特殊型	き	（せ）	○	き	し	しか	○	連用形	過去（体験過去）
特殊型	まし	（ましか ませ）	○	まし	まし	ましか （ませ）	○	未然形	反実仮想・ためらい意志

■［なり］の識別

(a)

に
く
ず
と
＋［なり］＝四段活用動詞

㊟［〜く］は形容詞の連用形であることが条件。

（例）花になりぬ。
（例）うつくしくなりけり。
（例）言はずなりにけり。

(b)

やか
らか
か
れ
ら
げ
ろ
がち
＋［なり］＝形容動詞

㊟上記の語がつかないこともあるので注意が必要である。

（例）つれづれなりけむ。
（例）さやかなりけり。

（c）
――終止形＋［なり］＝伝聞・推定の助動詞［なり］

（例）水流るなり。

（d）
――連体形
――名詞
｝＋［なり］＝断定の助動詞［なり］

（例）水流るるなり。
（例）中将なりけり。

※　上接語で判断できない［なり］は次の場合を断定の助動詞とみる。それ以外は伝聞・推定の助動詞と考えてみるとよい。

1　私が――［なり］
2　［なり］＋助動詞
3　命令形の［なれ］
4　未然形の［なら］

（例）「（私ガ）見るなり」と思ふ。
（例）散るなりけり。

■［らむ］の識別

(a)
終止形＋［らむ］＝現在推量（現在伝聞）の助動詞［らむ］
u音

（例）水流るらむ。
（例）「宮に奉らむ」と思ふ。

㊟ u音に接続していたとしても、終止形接続以外の場合は現在伝聞の助動詞ではない。たとえば、「宮に奉らむ」の［らむ］は四段活用動詞［奉る］の未然形活用語尾に意志の助動詞［む］がついたものである。

(b)
サ変未然形・四段已然形＋［らむ］＝助動詞［り］の㊍＋助動詞［む］
e音

（例）花咲けらむ。
（例）人侍らむ。

㊟　e音に接続していたとしても、サ行変格活用動詞の未然形または四段活用動詞の已然形接続以外の場合は助動詞［り］＋助動詞［む］ではない。たとえば、［人侍らむ］の［らむ］は、ラ行変格活用動詞［侍り］の未然形に推量の助動詞［む］がついたものと考える。

(c)

――――a音＋［らむ］＝活用語の㊍活用語尾＋助動詞［む］

（例）花咲くべからむ。（当然の助動詞［べし］㊍活用語尾＋推量の助動詞［む］㊦）

（例）静かならむ頃、（形容動詞［静かなり］㊍活用語尾＋婉曲の助動詞［む］㊍体）

（例）姫君うつくしからむ。（形容詞［うつくし］㊍活用語尾＋推量の助動詞［む］㊦）

付録2

古文単語

これだけは

■古文単語

001	あからさまなり	ついちょっと・突然
002	あさまし	驚きあきれる
003	あした	【朝】朝・翌朝
004	あそぶ	詩歌や管絃の遊びをする
005	あだなり	不誠実だ・無駄だ・はかない・浮気だ 対 まめなり
006	あたらし	惜しい・もったいない
007	あてなり	【貴なり】高貴だ・上品だ
008	あながちなり	【強ちなり】むやみだ・無理やりだ
009	あはれなり	しみじみとした趣がある
010	あまた	たくさん
011	あやし	【怪し】不思議だ・変だ 【賤し】身分が低い・粗末だ
012	あらまほし	理想的だ
013	ありがたし	【有り難し】めったにない・珍しい
014	いたづらなり	【徒らなり】無駄だ・むなしい
015	いつしか	早く・早くも
016	いと	たいそう・非常に
017	いとど	ますます・いっそう
018	いとほし	㊉かわいい ㊀気の毒だ

019	いみじ	⊕立派だ・すばらしい (程度)はなはだしい ⊖ひどい
020	いやし	身分が低い・下品だ
021	うし	【憂し】つらい・いやだ・残念だ
022	うしろめたし	不安だ・気がかりだ
023	うたてし	いやだ・不快だ・情けない
024	うつくし	かわいらしい
025	うつつ	【現】現実・正気 対 **夢**
026	うるはし	きちんとしている・端正だ
027	おこたる	【怠る】病気がよくなる・油断する 対 **なやむ**
028	おこなふ	【行ふ】仏道修行する・勤行する

029	おとなし	大人らしい・思慮分別がある
030	おどろく	はっと気付く・目を覚ます
031	おのづから	【自ら】自然に・偶然・もしかして
032	おぼつかなし	気がかりだ・はっきりしない・待ち遠しい
033	おぼゆ	【覚ゆ】似ている・思い出される・思われる
034	おもしろし	趣深い・興味深い・風流だ
035	おろかなり	いいかげんだ・おろそかだ・疎遠だ
036	かしこし	【畏し】恐れ多い・もったいない 【賢し】利口だ・巧みだ
037	かしづく	大切に養育する 類 **はぐくむ・いつく**
038	かたち	容貌・顔立ち

039	かたはらいたし	【傍ら痛し】みっともない・気の毒だ・恥ずかしい
040	かたみに	お互いに
041	かなし	【愛し】いとしい・かわいい 【悲し】悲痛だ
042	きよらなり	【清らなり】こざっぱりとして美しい　類きよげなり
043	ぐす	【〜を具す】〜をひきつれる 【〜に具す】〜に同行する・〜に連れ添う
044	くちをし	【口惜し】残念だ・つまらない・情けない
045	けしき	【気色】様子・ありさま
046	げに	なるほど・本当に　類うべ・むべ
047	ここら	多くの　類そこら・ここだ
048	こころにくし	【心にくし】奥ゆかしい・上品だ・立派だ
049	こころもとなし	【心もとなし】じれったい・待ち遠しい・残念だ
050	ことわる	【理る】道理を通して説明する
051	さうざうし	【寂々し】心寂しい・物足りない
052	さすがに	そうはいってもやはり
053	さながら	そのまま
054	さらなり	いうまでもない
055	しのぶ	【偲ぶ（四段）】思い慕う・懐かしむ 【忍ぶ（上二段）】我慢する・人目を避ける
056	すさまじ	興ざめだ・期待はずれだ・殺風景だ
057	すずろなり	わけもない・むやみやたらだ・思いがけない　類そぞろなり
058	すなはち	すぐに・そのまま

番号	単語	意味
059	たのむ	（四段）あてにする・頼る （下二段）あてにさせる
060	つきづきし	【付き付きし】ふさわしい・似つかわしい　対つきなし
061	つとめて	早朝・翌朝
062	つれづれなり	【徒然なり】することもない・退屈だ
063	つれなし	そっけない・冷淡だ
064	ときめく	【時めく】（男が）時機を得て栄える （女が）寵愛をうけて栄える
065	ところせし	【所狭し】窮屈だ・気詰まりだ
066	とし	【疾し】早い・速い　副とく（早く）
067	としごろ	【年ごろ】長年・数年来
068	なかなか	かえって
069	ながむ	【眺む】物思いにふける 【詠む】詩歌を吟じる
070	なつかし	心ひかれる・親しみがもてる
071	なほ	やはり・依然として・もっと
072	なまめかし	みずみずしく美しい・優美だ・優雅だ
073	にほひ	（視覚的な）美しさ
074	ねんず	【念ず】祈る・我慢する
075	ののしる	大声で騒ぐ・評判が高い
076	はかなし	頼りない・むなしい・ちょっとした
077	はかばかし	てきぱきしている・しっかりしている
078	はしたなし	中途半端だ・きまりが悪い

079	**はづかし**	（こちらが恥ずかしくなるほど相手が）立派だ
080	**ひがこと**	【僻事】間違い・悪事
081	**びんなし**	【便なし】都合が悪い・具合が悪い
082	**ふみ**	手紙・漢詩文
083	**ほいなし**	【本意なし】不本意だ・残念だ
084	**まめなり**	まじめだ・誠実だ　対 **あだなり**
085	**みる**	【見る】見る・会う・結婚する・世話をする
086	**むげなり**	【無下なり】ひどい・どうしようもない
087	**めづ**	【愛づ】ほめる・かわいがる
088	**めづらし**	すばらしい・新鮮である

089	**めでたし**	すばらしい・立派だ・美しい
090	**ものす**	[「ー」とものす] 言う [㊔をものす] ㊔から「〜する」の意を予測 [その他＋ものす] ある・行く・来る
091	**やうやう**	次第に・だんだんと
092	**やがて**	すぐに・そのまま
093	**やむごとなし**	貴重だ・高貴だ・やむをえない
094	**ゆかし**	見たい・知りたい・聞きたい
095	**ゆゆし**	不吉だ・ひどい・素晴らしい
096	**よろし**	ふさわしい・普通だ　類 **けしうはあらず**
097	**らうたし**	いとしい・かわいい
098	**わりなし**	どうしようもない・道理にあわない

099	ゐる	【居る】座る 【率る】引き連れる
100	をかし	趣深い・面白い・美しい・かわいい・素晴らしい・おかしい

■古文熟語

001	あかず	【飽かず】満足しない・いやにならない
002	あかなくに	まだ名残惜しいのに
003	あなかま	しっ、静かに・ああ、うるさい
004	用｜あへず	～しきれない・～できない
005	あへなむ	仕方ないだろう・かまわないだろう
006	あらぬ	別の・他の・意外な
007	ありありて	長い年月を経て・生きながらえて

008	ありつる	以前の・昔の [類]ありし
009	ありとある	ある限りの・全ての
010	ありもつかず	落ち着かない
011	あるべうもあらず	とんでもない・もってのほかだ
012	あるやうこそは	何かわけがあるのだろう
013	あれかのけしき	茫然自失の様子 [類]われかのやうす
014	いかがはせむ	どうしようか・どうしようもない
015	いざたまへ	【いざ給へ】さあ、いらっしゃい
016	いへばおろかなり	言い尽くせない・言うまでもない [類]言ふもおろかなり
017	いへばさらなり	言うまでもない [類]言ふはさらなり

番号	語	意味
018	いもねず	【寝も寝ず】眠らない・眠れない
019	えもいはず	何とも言えないほど　類えならず
020	おとにきく	【音に聞く】噂に聞く・有名だ
021	おともせず	何の音沙汰もない・便りもない
022	かずならず	取るに足らない・身分の低い
023	けしうはあらず	それほど悪くはない
024	けしからず	よくない・異様だ・はなはだしい
025	けしきばかり	ほんのちょっと・少しばかり
026	さてありぬべし	そのままで良い・そのままで良さそうだ
027	さのみやは	それほどまでに〜か・そのようにばかり〜か

番号	語	意味
028	さらんからに	そうであるからといって
029	さるほどに	そうするうちに・やがて
030	さるものにて	それはそれとして・もちろんのこととして
031	さればよ	案の定・思っていたとおりだ　類さればこそ
032	さるべき	そうするのがふさわしい・そうなるのが当然な・立派な
033	ときしもあれ	時も時・ちょうどその時
034	とばかり	しばらく・少しの間
035	ともあれかくもあれ	何はさておき・いずれにせよ　類とまれかうまれ
036	ともすれば	何かというと・ややもすれば
037	とりあへず	すぐに・急に

番号	古文単語	意味
038	なにおふ	【名に負ふ】名高い・有名な
039	なのめならず	並一通りでない・格別だ
040	ねをなく	【音を泣く】声を出して泣く
041	〜のがり	〜のもとへ・〜のところに
042	ひとやりならず	（他から強制されることなく）自分から
043	〜もしるく	予想通りだ・その通りだ
044	ゆふされば	【夕されば】夕方になると
045	ようせずは	悪くすると・ひょっとすると　類 ややもせば
046	よにあふ	時勢にあい栄える
047	よのなか	【世の中】男女の仲・世間・天皇の治世
048	よのなかさわがし	【世の中騒がし】疾病の流行
049	れいの	【例の…動】いつものように 【例の…名】いつもの
050	われかのやうす	茫然自失の状態　類 あれかのけしき

《略記号》

対 = 対義語

類 = 類義語

副 = 副詞

名 = 名詞

動 = 動詞

付録3

図や絵で覚える

これだけは

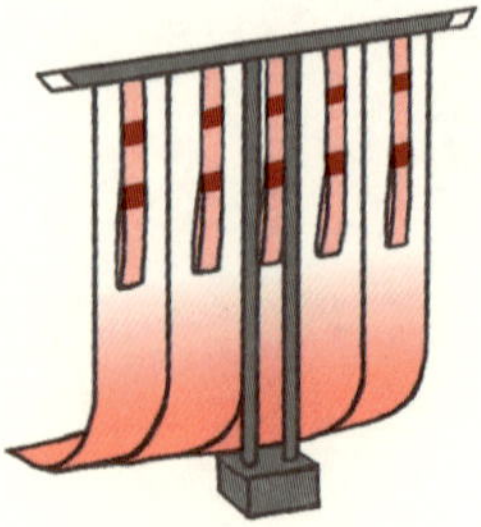

几帳《きちやう》

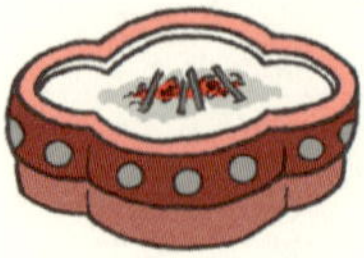

火桶《ひをけ》

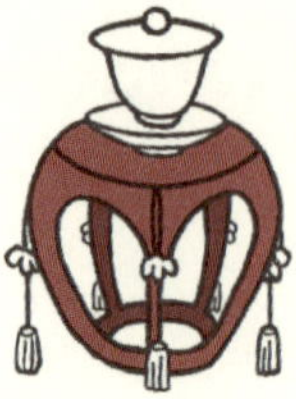

泔坏《ゆするつき》

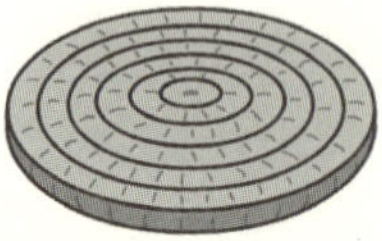

円座《わらうだ》

高坏《たかつき》

紙燭《しそく》

伏籠《ふせご》

脇息《けふそく》

折敷《をしき》

文机《ふづくえ》

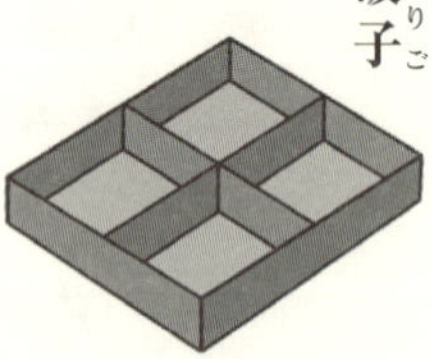

破子《わりご》

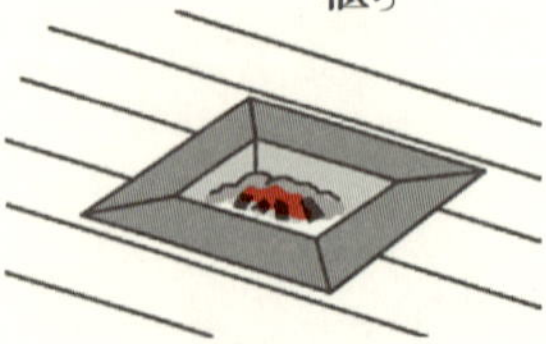

炭櫃《すびつ》

唐櫃《からびつ》

大殿油《おほとなぶら》

台盤《だいばん》

篝火《かがりび》

提子《ひさげ》

火取香炉《ひとりかうろ》

二階厨子《にかいずし》

懸盤《かけばん》

屋外関係

小柴垣《こしばがき》

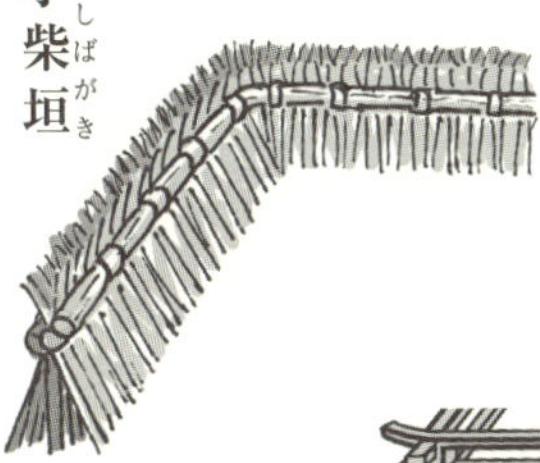

籬《まがき》

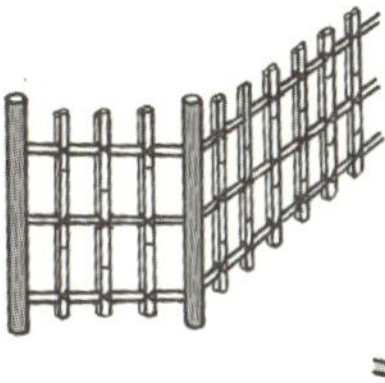

透垣《すいがい》

遣水《やりみづ》

乗物

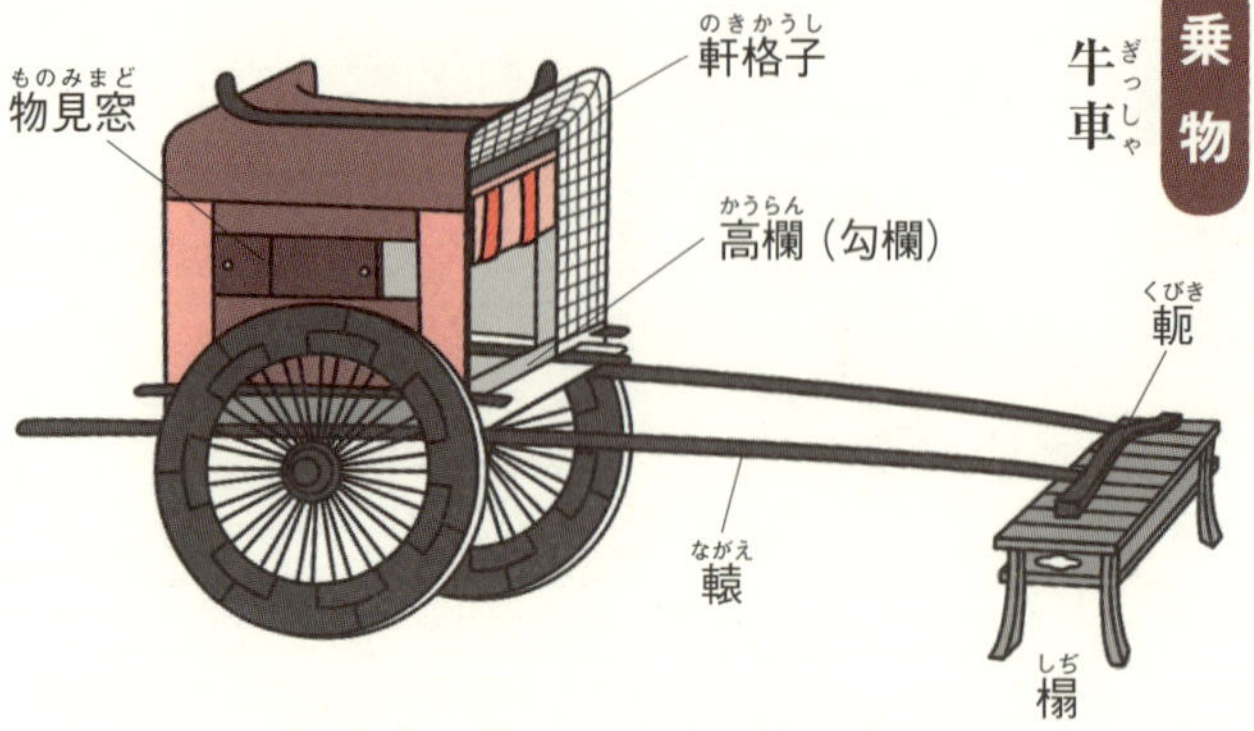
牛車《ぎっしゃ》
物見窓《ものみまど》
軒格子《のきかうし》
高欄《かうらん》（勾欄）
軛《くびき》
轅《ながえ》
榻《しぢ》

楽器関係

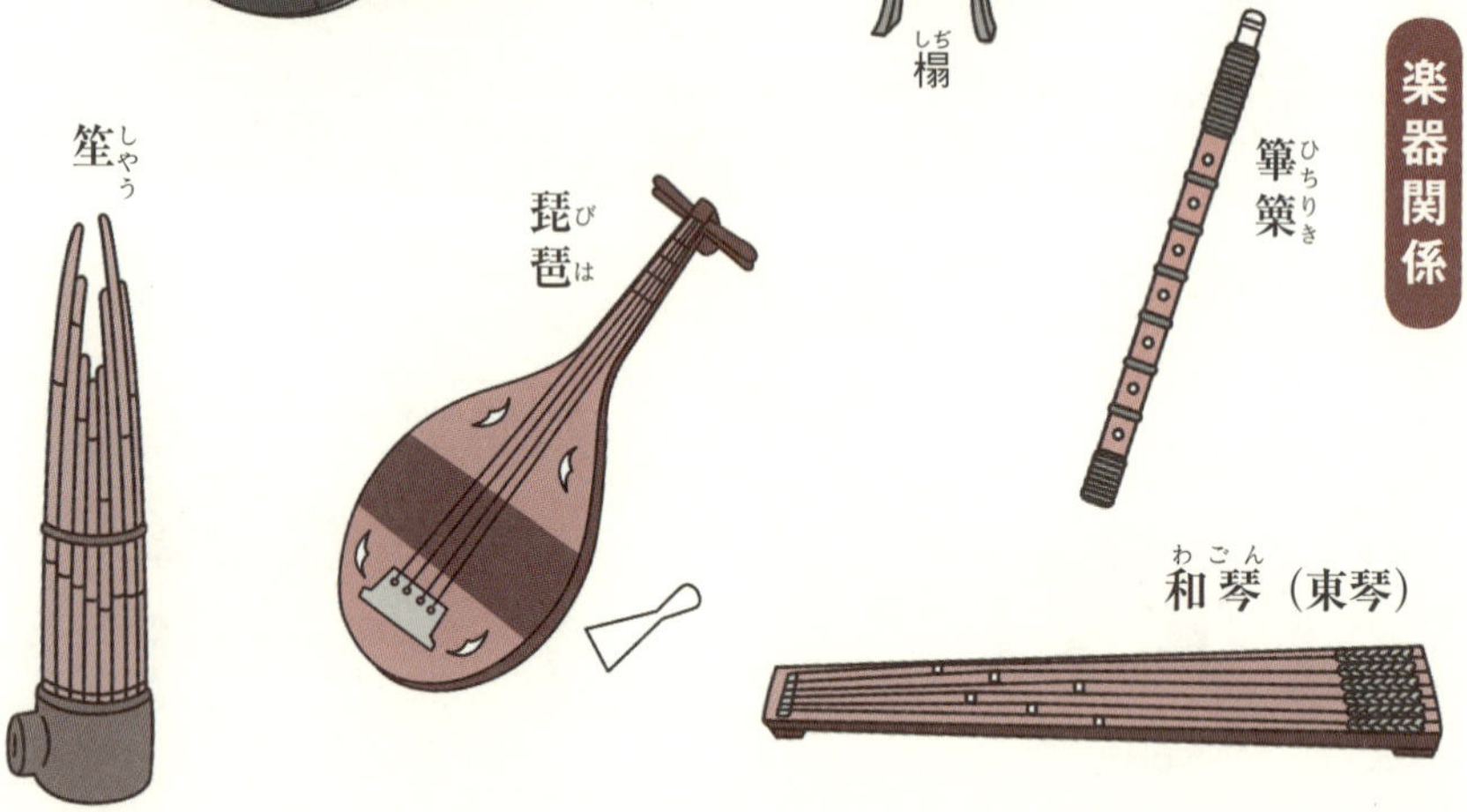
笙《しやう》
琵《び》琶《は》
篳篥《ひちりき》
和琴《わごん》（東琴）

住居

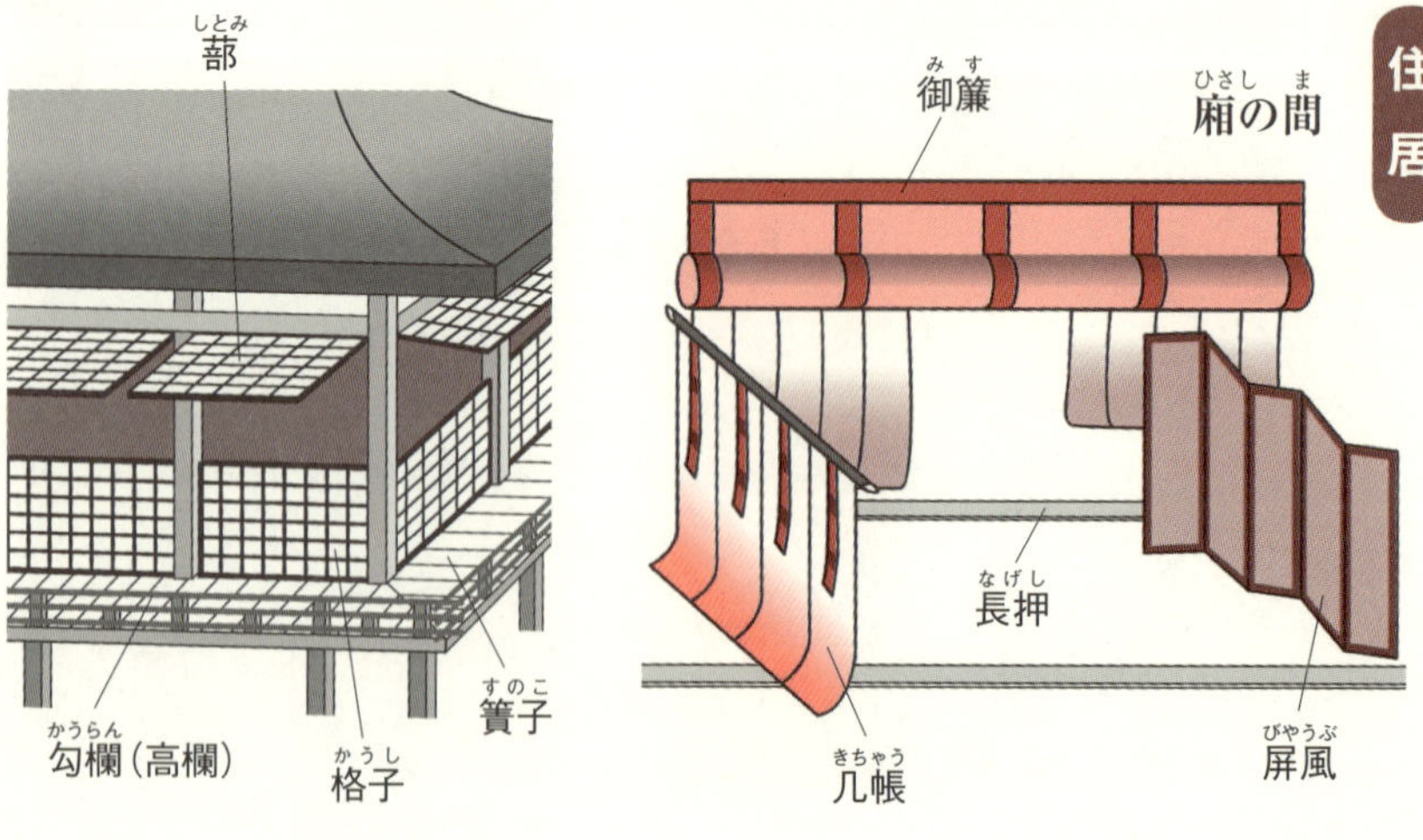
蔀《しとみ》
御簾《みす》
廂《ひさし》の間《ま》
長押《なげし》
簀子《すのこ》
勾欄《かうらん》(高欄)
格子《かうし》
几帳《きちゃう》
屏風《びやうぶ》

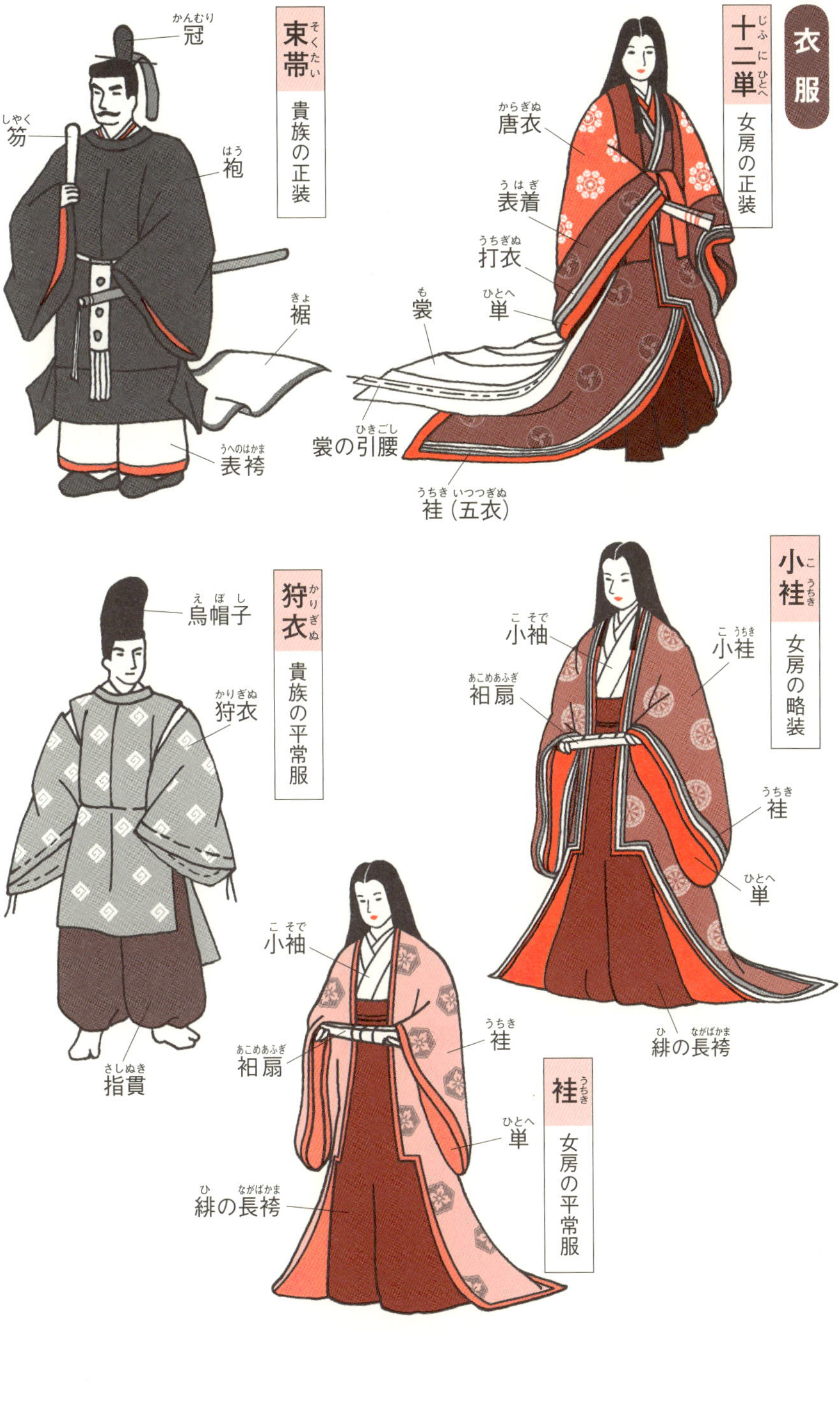
衣服
束帯《そくたい》
貴族の正装
冠《かんむり》
笏《しゃく》
袍《はう》
裾《きょ》
表袴《うへのはかま》
十二単《じふにひとへ》
女房の正装
唐衣《からぎぬ》
表着《うはぎ》
打衣《うちぎぬ》
単《ひとへ》
裳《も》
裳の引腰《ひきごし》
袿《うちき》（五衣《いつつぎぬ》）
狩衣《かりぎぬ》
貴族の平常服
烏帽子《えぼし》
狩衣《かりぎぬ》
指貫《さしぬき》
小袿《こうちき》
女房の略装
小袖《こそで》
衵扇《あこめあふぎ》
小袿《こうちき》
袿《うちき》
単《ひとへ》
緋《ひ》の長袴《ながばかま》
袿《うちき》
女房の平常服
小袖《こそで》
衵扇《あこめあふぎ》
袿《うちき》
単《ひとへ》
緋《ひ》の長袴《ながばかま》

十二支・月

〔方位〕

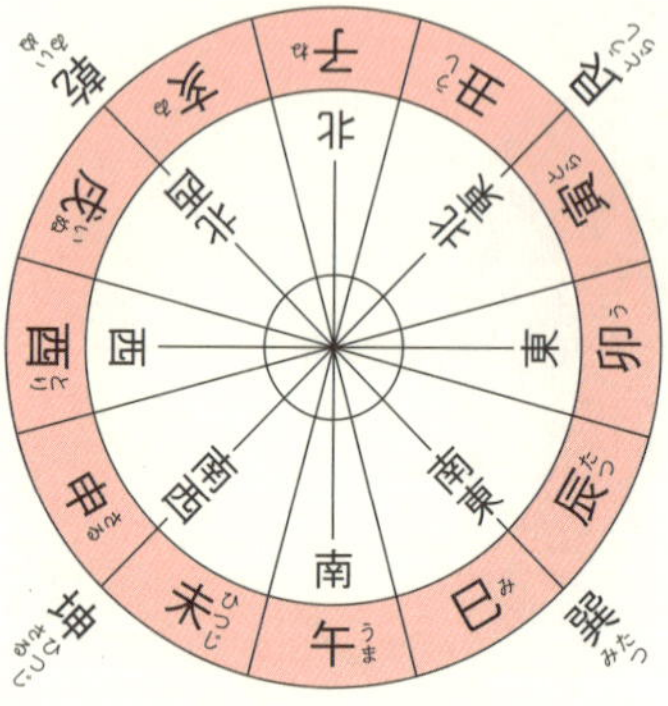

〔時刻〕

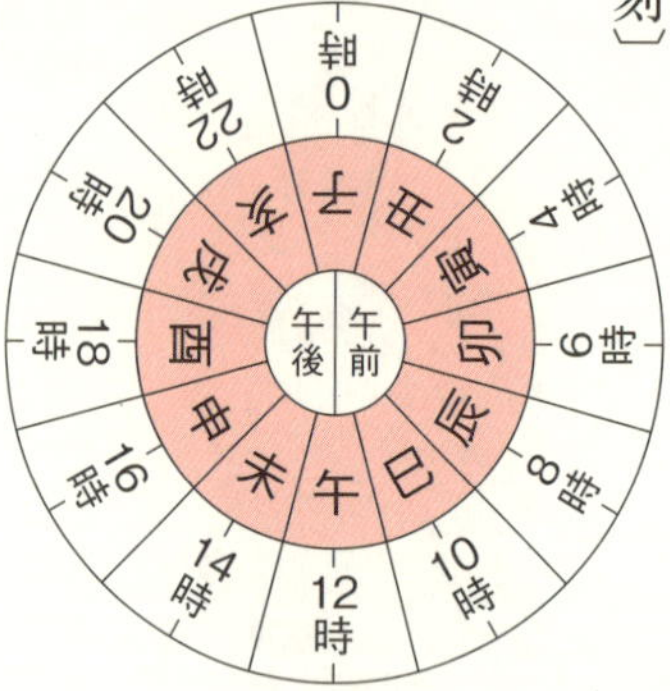

〔十二支・方位・時刻確認表〕

【子】ね（0時・北）
【丑】うし（2時）
【寅】とら（4時）
【卯】う（6時・東）
【辰】たつ（8時）
【巳】み（10時）
【午】うま（12時・南）
【未】ひつじ（14時）
【申】さる（16時）
【酉】とり（18時・西）
【戌】いぬ（20時）
【亥】ゐ（22時）

〔陰暦月齢表〕

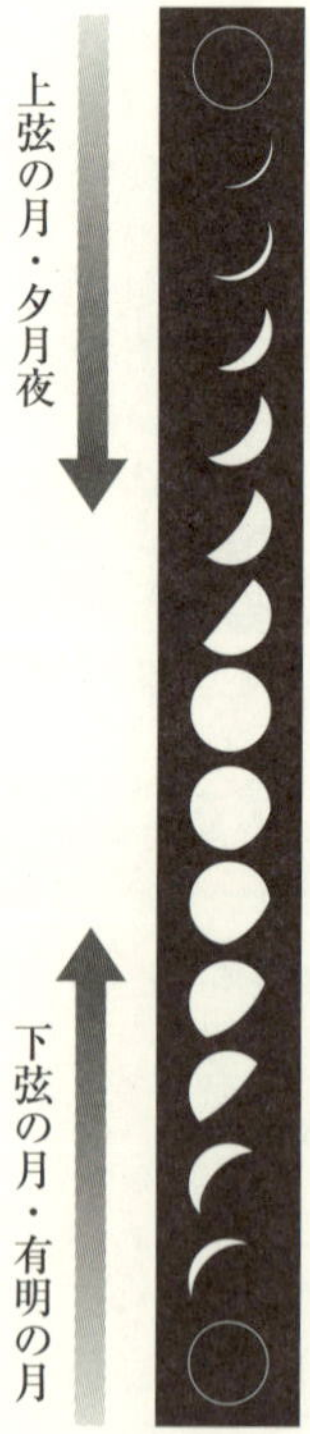

新月（朔日）
一日月（2日）
三日月（3日）
七日月（7日）
八日月（8日）
九日月（9日）
十日余りの月
望月（15日）
十六夜の月（16日）
立待ちの月（17日）
居待ちの月（18日）
寝待ちの月（19日）
二十日余りの月（22日ごろ）
二十三夜月（23日）
晦日（30日）

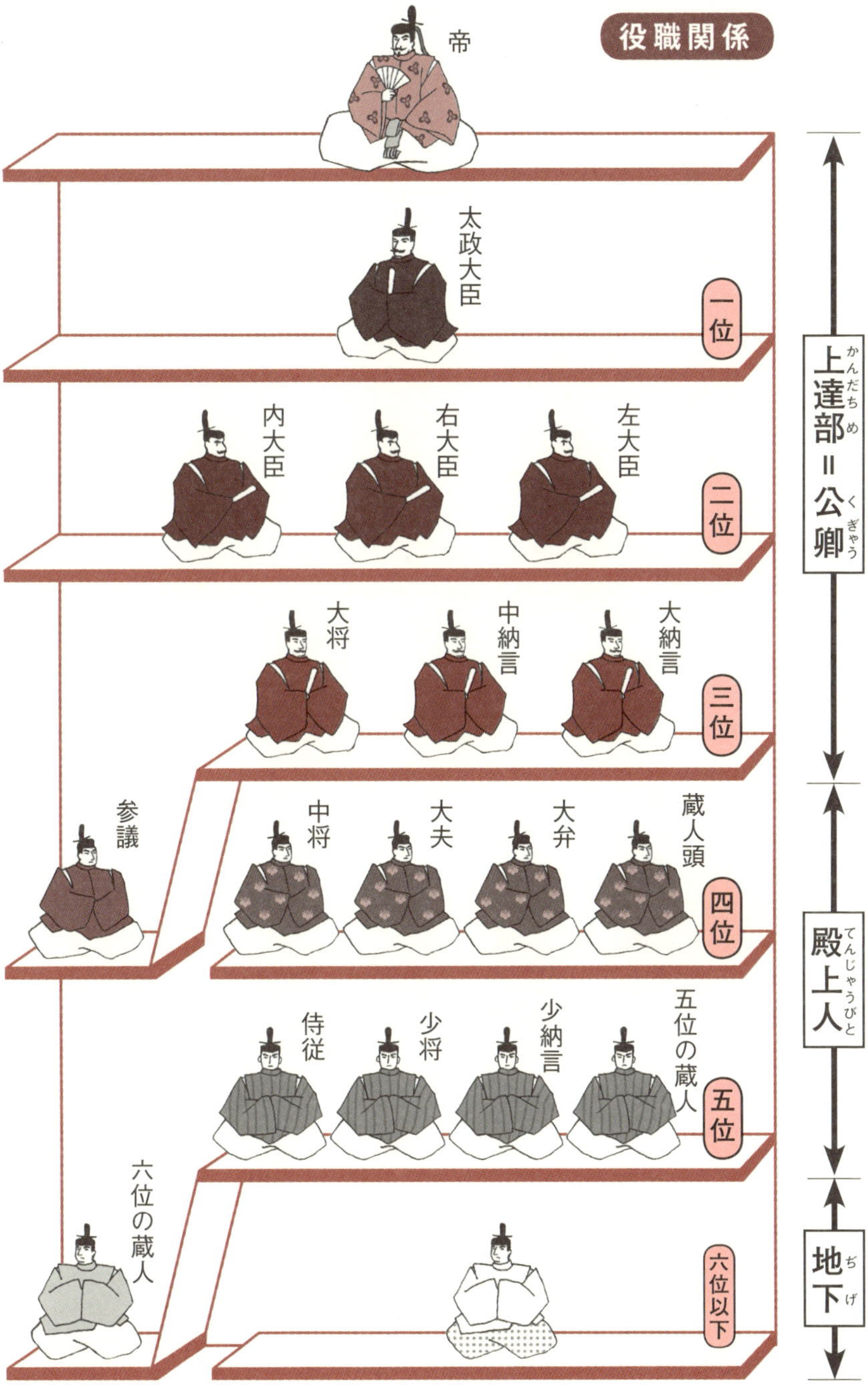
役職関係
帝
太政大臣
一位
内大臣
右大臣
左大臣
二位
大将
中納言
大納言
三位
参議
中将
大夫
大弁
蔵人頭
四位
侍従
少将
少納言
五位の蔵人
五位
六位の蔵人
六位以下
上達部《かんだちめ》＝公卿《くぎゃう》
殿上人《てんじゃうびと》
地下《ぢげ》

後宮について

帝
夫婦の関係
奉仕の関係
［帝の妻］
中宮
女御《にょうご》
更衣《かうい》
御息所《みやす(ん)どころ》（御子を産んだ女性を指す）
［内侍《ないし》］帝のそば近くで仕える職務
尚侍《ないしのかみ》
典侍《ないしのすけ》
掌侍《ないしのじょう》

αプラス 入試突破

古文解釈詳解 10 のレッスン

編著者　谷　島　康　敬
発行者　武　村　哲　司
印刷・製本　東京電化株式会社

発行所　株式会社 開　拓　社
〒113-0023　東京都文京区向丘 1 丁目 5 番 2 号
電話〈営業〉(03)5842-8900　〈編集〉(03)5842-8902
振替口座　00160-8-39587

ISBN978-4-7589-3523-4　C7381　装丁・挿絵　中村志保子